AF377914

DOCTRINE DU FASCISME CATHOLIQUE,

EN ABREGE.

DU MÊME AUTEUR :

• *Manifeste pour le salut de la vraie Droite*, Éditions Vincent Reynouard, 2002 (en collaboration avec Vincent REYNOUARD).

• *L'Universalité du danger gnostique, vrai ou faux ?*, Éditions Vincent Reynouard, 2004.

• *Réflexions sur le nationalisme : En relisant 'Doctrines du nationalisme' de Jacques Ploncard d'Assac*, Samizdat Publications, 2005/Reconquista Press, 2019 (enrichi d'une préface d'Yvan BENEDETTI).

• *Antidote : Pour une pensée libérée de la tyrannie judéo-maçonnique* (préface de Jérôme BOURBON), Reconquista Press, 2018.

• *Abécédaire mal-pensant : Manuel de combat du traditionalisme révolutionnaire*, Reconquista Press, 2019.

• *Une réponse nationaliste au mondialisme : Doctrine élémentaire du bien commun*, Reconquista Press, 2020.

• *Idées portraiturées et fantaisies quodlibétales*, Éditions Chrysalide, 2023.

• *Citations choisies et fantaisies quodlibétales*, Éditions Chrysalide, 2023.

signés Joseph MÉREL :

• *Fascisme et Monarchie : Essai de conciliation du point de vue catholique*, (préface de Claude ROUSSEAU), Éditions Vincent Reynouard, 2001/Reconquista Press, 2018.

• *Nihilisme, subjectivisme et décadence* (2 tomes), Samizdat, 2009.

• *Présentation de l'institut Charlemagne sous le patronage de l'archange saint Michel*, Éditions Dominique Martin Morin, 2016.

• *Pour une contre-révolution révolutionnaire*, Reconquista Press, 2017.

• *Désir de Dieu et organicité politique*, Reconquista Press, 2019.

• *Paganisme versus catholicisme : Le conflit non surmonté du nationalisme*, Reconquista Press, 2020.

• *Comme un agneau muet…*, Reconquista Press, 2021.

• *Pour un fascisme du jour d'après*, Éditions Chrysalide, 2022.

• *L'Essence de Dieu est-elle seulement d'exister ?*, Éditions Chrysalide, 2022.

Collaboration aux ouvrages :

• *Serviam : La Pensée politique d'Adrien Arcand* (Anthologie), Reconquista Press, 2017. (Essai)

• MISCIATTELLI (Piero), *Le Fascisme et les Catholiques*, Reconquista Press, 2018. (Postface)

Sous le pseudonyme de STEPINAC :

• *De quelques problèmes politico-religieux contemporains*, Samizdat, 2011.

• *Du problème du rapport entre nature et grâce dans le thomisme et le néo-thomisme, et de ses enjeux politiques contemporains*, Samizdat, 2011.

• *Éléments de philosophie politique* (préface de Claude ROUSSEAU), Éditions Franques, 2013.

• *Politique et Religion, Immanence et Transcendance : Amour difficile et mariage de raison*, Reconquista Press, 2021.

Jean-Jacques STORMAY

Doctrine
du Fascisme Catholique,
en abrégé.

Suivi de :

Du terrorisme abrutissant de divers mythes bien-pensants.

et

Des querelles entre thomistes sur le Bien Commun.

Éditions Chrysalide

Introduction

Dans une savoureuse série de nouvelles intitulée « Derrière chez Martin », Marcel Aymé narre l'histoire d'un auteur de romans policiers affligé de la manie de trucider systématiquement le personnage principal de chacune de ses fictions. Alors qu'il était en train de rédiger un nouveau roman, on sonna à la porte de son appartement ; une grosse et honorable dame sévère au regard plein de reproches se présenta ; c'était l'épouse de son personnage du moment, qui venait demander à l'auteur de ne pas faire assassiner son mari.

Quelque chose de semblable nous est arrivé parfois : l'un de nos personnages — il s'agit de Tartempion — lassé d'être figé dans le livre où il a pris naissance, s'en échappe et se libère de l'existence étroite en laquelle nous l'avions confiné ; il lui arrive même, pour nous rendre service (à moins que ce ne soit pour se faire mousser), de signer certains de nos travaux. Il y a quelques jours, il s'annonça chez nous assez furieux, bien décidé à nous secouer les puces, faisant observer que les carottes ne sont jamais cuites, qu'une jeunesse exigeante subsiste dans la marée des décadents, qu'il ne faut pas réduire son prochain à un mort-vivant, que c'est là un péché contre la vertu d'espérance et que le désespoir est un quiétisme douillet, une attitude, une manifestation de ce subjectivisme que nous nous étions employé méthodiquement à traquer chez notre contemporain en général, et en particulier chez celui qui est supposé faire partie de notre camp de Réprouvés.

« J'en veux pour preuve, nous disait Tartempion, cette rencontre avec une bonne trentaine de trentenaires qui ont eu la bonté, dans un esprit bon enfant, de te recevoir en dépit de ta sale gueule, de tes propos amphigouriques et de ta mauvaise humeur chronique, qui t'ont fait bon accueil en conjuguant gentillesse et humour, audace cavalière et délicatesse. Tu pourrais quand même en tenir compte au lieu de te vautrer dans une solitude d'incompris pusillanime qui, croyant avoir épuisé le stock de son inspiration, convoite secrètement de se faire oublier, de repartir de zéro en rêvant de voyages, de plaisirs, de nouveautés, de fraîcheur, d'action et de dépaysement, comme si l'on pouvait sérieusement, à ton âge, vivre une nouvelle jeunesse ; c'est là une manière de fuir l'effort d'espérer, ou encore un stratagème pour renoncer au pénible devoir de t'expliquer. Ne pas chercher la réussite, se complaire dans l'anonymat, je comprends encore mais enfin, puisque tu as décidé de te réduire à tes idées, l'indifférence à l'égard de toi-même donne l'impression que tu méprises tes idées, lesquelles ne t'appartiennent pas ; c'est toi qui leur appartiens. Et puis, tout de même, l'indifférence à l'égard de toi-même, c'est vexant pour moi puisque je suis toi.

Récemment, le Cercle ' À l'abordage ! ', né chez des Bretons que leur ouverture d'esprit, leur fraîcheur lucide et leurs manières fort policées n'empêchent pas d'avoir la tête dure et l'entendement exigeant, eut la gentillesse de te convier à donner une conférence. Tu as été invité, par ses responsables, à présenter succinctement ton ouvrage ' Comme un agneau muet ', mais dans une perspective telle que se dessinerait, ce faisant, l'essentiel de ce que tes lecteurs les plus bienveillants s'autorisent à nommer 'la doctrine du Fascisme catholique'. La soirée sympathique se déroula dans la meilleure humeur, suivie de quelques questions auxquelles tu n'as pas eu le temps de répondre convenablement. M'est avis que tu devrais, à leur intention qui le mérite, reprendre le contenu de cette conférence à maints égards improvisée, en lui donnant une forme plus réfléchie et un contenu plus étayé. Si tu n'es pas capable de faire cet effort, c'est que tu es un jean-foutre ».

Nous lui fîmes remarquer que cette conférence reprenait déjà un chapitre de notre « Fantaisies II », quelque peu adapté pour la circonstance, et que disserter sur une reprise finirait par devenir franchement fastidieux.

« Foutaises ! Il faut savoir redire pour apprendre à dire, ce qui est pour toi rabâchage est pour eux explicitation ; cela fait gagner du temps à tout le monde en dépit des apparences. Sans les efforts de ce genre, tu es mal compris, et alors ou bien tu lasses tout le monde et te retrouves Gros-Jean comme devant, c'est-à-dire comme si tu n'avais rien écrit, ou bien tu laisses proliférer des contresens que tu auras ensuite toutes les peines du monde à éradiquer afin de prévenir les procès d'intention et les accusations infondées. Je suis quand même bien placé pour savoir que tu as *une* idée, une seule idée au fond, et que tout le papier qui tu gâches depuis plus de trente ans à éponger ton jus de cervelle est destiné à donner forme transmissible à cette idée ; les gens les mieux intentionnés à ton endroit — il y en a peu, mais ils existent — éprouvent encore un malaise chaque fois que tu abordes ta marotte, ce qui prouve que tu n'as pas encore découvert son expression adéquate. Je les connais ; moi qui ai la chance de ne pas exister, je ne suis guère soumis aux conditions mondaines de la vie humaine et je sais me promener sans être aperçu de quiconque ; j'entends jaser, j'écoute les plaintes ; on attend des éclaircissements. Et puis franchement tu n'as pas tout dit, tu le sais bien, de ce que tu aurais voulu exposer à ton public. Ce petit livre, à vocation de manuel, sera en quelque sorte une série de compléments nourrissant avec parcimonie tes positions principales ; c'est l'avantage du livre par rapport aux conférences. Disons que ce qui aurait pu s'appeler « Fantaisies III » sera nommé ***Doctrine du fascisme catholique, en abrégé***.

Il y aussi un truc auquel, singeant l'indifférence, tu ne penses pas mais qui pense en toi. C'est ton aptitude singulière à te faire des ennemis, à susciter l'agacement, l'indignation et la répulsion. Ça se produit chez ceux d'en face évidemment, et ce n'est là que logique, mais aussi même chez ceux de ton camp ou qui sont supposés être de ton camp ; tu as un art consommé pour ne plaire à personne. On peut toujours invoquer la disparition tendancielle de la charité dans cet univers de fin des temps, et il y a probablement de cela en effet. Mais les motifs de discorde envenimés par l'absence de charité sont idéologiques, et ils jouissent d'une consistance propre. Tu n'es probablement pas plus haïssable qu'un autre, n'étant pas non plus meilleur qu'autrui, et ce sont tes idées qui te valent cet ostracisme. Il conviendrait quand même de s'interroger sur les raisons de cette aversion pour tes dilections cérébrales. Il y a des découvertes à faire qui t'intéresseront, mais qui concerneront aussi tes lecteurs.

Au boulot donc, mon double, et pour cette fois évite de me mettre en scène, je suis fatigué ; à force de me pousser en avant, tu vas finir par me faire croire que j'existe, et c'est alors que tu deviendrais, toi, celui qui est de trop et qui peut s'effacer sans vergogne, comme si tu voulais ne retenir et ne faire retenir de toi-même que ce que tu as pensé, le reste, à tes yeux trop désespérés pour être honnêtes, n'étant que trivialité ordinaire, fange et contingence sans raison d'être ; je ne te ferai pas ce plaisir.

Quoi que tu dises ou fasses, il y aura toujours des mauvaises langues, confites dans le ressentiment des prétentions frustrées, pour t'attribuer des intentions basses qui ne révèlent, en vérité, que la misère morale de tes dénigreurs, bras cassés, ratés et tarés, psychopathes et combinards socialement marginalisés qui trouvent refuge à droite de la Droite. Ceux-là, dont le souffle fétide empuantit leur atmosphère, ne méritent pas qu'on leur réponde. Mais derrière ces pauvres hères il y a des hommes soucieux de vérité que tes productions indisposent néanmoins. Seraient-elles autant de sophismes que rejette leur affinité intellectuelle avec le vrai ? Ou bien y a-t-il dans cette vérité qu'ils disent aimer quelque chose à quoi ils demeurent fermés ? Ayant les mêmes ennemis, ils sont dotés d'une unité négative qui n'est que l'envers d'un idéal positif commun à tous, et pourtant ils passent leur temps à s'entredéchirer. Si le souci de faire prévaloir un tel idéal était le seul mobile, il y a belle lurette qu'ils fussent parvenus à un consensus non seulement pratique mais encore théorique. Puisqu'il n'en est rien, c'est qu'ils aiment leurs querelles mortifères et incapacitantes, ils les nourrissent en feignant de s'en désoler. Chacun, au sein d'un même genre universel, cultive sa particularité dont il entend faire l'incarnation exclusive d'un tel universel. Il est plus qu'urgent d'essayer d'en dégager la raison.

Dis-nous donc une bonne fois ce que tu penses en quelques phrases, ça permettra de circonscrire plus aisément les raisons de l'hostilité, de l'exaspération ou de l'ennui que déclenchent tes paquets de mots ; ainsi verrons-nous mieux en quoi ton point de vue risque de les mettre d'accord, ce dont ils ne veulent à aucun prix.

Allons mon vieux, va te faire couvrir d'ordures ; c'est ton taf, lance-toi et fais court. Et oublie-moi ».

Dont acte.

Chapitre premier

Contenu étique du consensus doctrinal droitier.

Il n'est rien de ce travail qui n'ait été déjà abordé par nous ailleurs ; certains passages ont même été repris sans changement de travaux antérieurs. Mais la présentation des idées et leur enchaînement, leur formulation aussi parfois, ont peut-être une configuration quelque peu renouvelée, afin de mettre en évidence de manière plus accusée et surtout plus simple ce qui fait la spécificité de notre vision de la chose politique. Puisse notre initiative laborieuse apaiser les comminations de Tartempion.

§ **1.** Est *de droite* tout esprit qui reconnaît l'existence d'un ordre des choses auquel il est nécessaire de se soumettre si l'on entend vivre humainement et ne pas dégénérer en animal, voire tomber plus bas que l'animal ; ce dernier, quant à lui, est en effet habité par une nature en laquelle il est légitime de discerner une « ratio indita rebus ad arte divina » (saint Thomas d'Aquin, *Somme théologique*, Iª IIᵃᵉ qu. 13 a. 2), ainsi une espèce de rationalité immanente qui le finalise et qui, dépourvue de subjectivité, le dispense du risque de la transgresser. Est de gauche tout esprit qui fait reposer l'identité humaine sur la pure subjectivité *prise pour fin*, privilégiant la liberté absolue au détriment du souci de vérité de ce fait reléguée au rang d'une opinion toujours relative, évolutive, révisable et contestable.

§ **2.** Une telle subjectivité prise pour fin ne peut faire se résoudre les tendances qu'elle induit autrement que dans le consumérisme. La subjectivité, morbide parce que devenue quelque chose d'absolu, reconnaît son infinité dans l'infini de la réitération. C'est parce qu'ils font s'exalter en eux la subjectivité que les biens matériels sont tenus pour appétibles, ce n'est pas parce qu'ils seraient infiniment appétibles que la subjectivité devenue sa propre fin se focalise sur eux. Le capital d'efforts requis pour établir une société dite de consommation, avec ses servitudes, ses impératifs techniques, sa frénésie productiviste, son esprit de compétition haineuse parce qu'inspirée par l'égoïsme, est au moins égal à la quantité de plaisirs que l'on en tire. Ce n'est donc pas le plaisir de jouir dans sa chair qui est raison de l'industrialisme consumériste, c'est le subjectivisme. Et c'est pourquoi le subjectivisme est spontanément matérialiste. Le communisme platonicien, qui ne concernait au reste que l'élite de la Cité, reposait sur un mépris des biens matériels en vertu duquel on les jugeait de ce fait si peu estimables qu'on les mettait en commun, chacun n'y ayant recours que par nécessité instrumentale, et sans attachement subjectif. Le communisme moderne juge les biens matériels si essentiels à la vie de la subjectivité qu'il leur confère une valeur absolue ; mais, parce que tous les hommes sont également des subjectivités, ils sont tenus — déconnectant la subjectivité de la norme idéale d'une nature humaine qui finalise la première et que chacun réalise plus ou moins parfaitement — pour des subjectivités égales ; il en résulte que de telles subjectivités exigent la répartition égalitaire des biens matériels. Ainsi le consumérisme est-il de gauche. Les sociétés dites industrielles ne sont pas seulement des sociétés qui favorisent la croissance de la production des biens matériels et le développement technique habilitant l'homme à se rendre maître de la Nature. Ce sont des sociétés qui se proposent pour finalité l'accroissement indéfini des moyens matériels de vivre, qui donc font du moyen une fin, qui par là, évacuant toute vraie finalité, sont absurdes. Il n'en peut être autrement puisque c'est la subjectivité qui est tenue pour la finalité ultime. Mais cette dernière, soustraite à la causalité d'une nature dont elle n'est en vérité que l'individuation hypostatique, est insubstituable, unique, incommunicable, relevant essentiellement du privé, et de surcroît déifiée puisque tenue pour un absolu ; aussi ne peut-elle supporter la présence de l'autre que moyennant une réticence, une suspicion permanentes, lourdes d'hostilité, de telle sorte que toute société industrielle est une société qui répand la haine, l'inimitié, la jalousie et l'envie, qui donc ne peut nourrir qu'une aspiration incoercible à l'égalité, dans le moment où les conditions techniques de son fonctionnement, qui supposent travail, effort, compétition et compétence, excluent une telle égalité. Cette contradiction, entendue comme unité non surmontée d'attraction et de répulsion, rend la vie sociale proprement invivable, ce qui lui enjoint, afin de lui conférer ce principe d'unité dont elle est structurellement dépourvue, de s'inventer en permanence un ennemi, extérieur ou intérieur.

D'où la propension structurelle de toute société consumériste à favoriser un climat de guerre permanente.

§ **3.** Les principes généraux de la philosophie politique sont intemporels comme l'est la nature humaine qui les inspire. Mais la manière de les appliquer, de les redécouvrir et de les justifier est en bonne part dépendante de l'époque historique en laquelle ils se donnent à penser. Notre époque est celle de l'avènement du mondialisme. Le mondialisme est intrinsèquement mauvais, qui consiste à appliquer les leçons de Marx dans ses « thèses sur Feuerbach » : l'essence humaine est l'ensemble des rapports sociaux. Quand on refuse toute nature humaine, on repousse toute différence qui n'aurait pas été instituée par la liberté ou sécrétée par la subjectivité, car ce serait là l'aveu que l'homme ne se crée pas ; on se découvre alors telle une subjectivité nue et vide qui, en peine de se donner un contenu (être, c'est être quelque chose), se confère l'identité générique des relations sociales qui ont le « mérite », pour le subjectiviste, d'être des déterminations que l'homme se donne, la société étant un produit de l'art humain. Et si l'homme se donne sa nature, et une nature universelle ou « générique », c'est qu'il est créateur de lui-même ; chaque homme peut ainsi aspirer à être à lui seul toute l'humanité, le genre humain même, puisqu'il se voudra telle la conscience de soi du tout de la société, ainsi de l'ensemble des relations sociales qui la tissent et qui, précisément, sont tenues par chaque homme pour son essence. Il y aura, de plus et nécessairement, communisme, parce que, chaque homme ayant pour essence la société substantifiée, tous se reconnaîtront le statut ontologique d'accidents d'une même et unique substance, de sorte que la différence du tien et du mien n'aura plus droit de cité. Parce que l'individualisme, le libéralisme, le capitalisme, l'industrialisme, le mondialisme bancaire sont objectivement dépendants l'un de l'autre et pratiquement convertibles les uns dans les autres, la société libérale porte en son sein, de manière obligée, les tendances objectives à la genèse du communisme planétaire. Il est clair, sous ce rapport, que, de plein droit, le libéralisme est de gauche. Il n'est pas vain de faire mémoire ici, à ce sujet, des remarques prophétiques d'un auteur terriblement oublié, après avoir été brocardé par les esprits étriqués, académiques et sérieux de tous les bords : « L'athéisme moscoutaire n'est qu'une accentuation dans le sens nihiliste de l'esprit jacobin de France. De sorte que, lorsqu'on prétend que la France est de sa nature prémunie contre le bolchevisme, on parle avec peu de connaissance » (Alphonse de Châteaubriant, *La Gerbe des Forces*, Grasset 1937, p. 259). Précisons :

§ 4. L'Assemblée constituante, par le décret suivant du 16 août 1790, signifiait le caractère mondialiste de la Révolution française : « L'Assemblée Constituante, considérant que le droit d'aubaine est contraire aux principes de fraternité qui doivent lier tous les hommes, quels que soient leur pays et leur gouvernement ; que ce droit, établi dans des temps barbares doit être proscrit chez un peuple qui a fondé sa constitution sur les Droits de l'Homme et du Citoyen, **et que la France doit ouvrir son sein à tous les peuples de la terre, en les invitant à jouir sous un gouvernement libre des droits sacrés et inviolables de l'humanité**, a décrété et décrète ce qui suit : "le droit d'aubaine et celui de la détraction sont abolis pour toujours" ». Si le constitutif formel de l'appartenance à la nation française se réduit au principe de l'adhésion à la philosophie des droits de l'homme, laquelle est par définition à prétention universaliste, il n'est pas excessif d'en déduire que la France a vocation à s'identifier au monde entier.

§ 5. Dans les milieux contre-révolutionnaires, tout le monde s'accorde — catholiques traditionalistes et néo-païens, maurrassiens et légitimistes, régionalistes et nationalistes centralisateurs — pour faire des principes de 89 et de la Révolution française la matrice de la subversion, la racine de la décadence des peuples d'Europe; tous s'accordent pour reconnaître que ces idées funestes se consomment dans le mondialisme (laïcisation de l'Église), égout collecteur de toutes les formes de chambardement de l'ordre des choses et de la vérité catholique : être mondialiste, c'est affirmer que l'homme est Dieu, et il est impossible d'aller plus loin dans le mal. Lutter contre le mondialisme bancaire — notre mal contemporain —, c'est donc commencer par détruire l'esprit de 89 et les institutions qui en sont issues. Évidemment, on commence à se crêper le chignon aussitôt que l'on s'interroge sur ce par quoi l'on envisage de remplacer ce que l'on se fait un devoir de détruire. Il existe certes un consensus minimal entre participants de la vraie droite. C'est que, en effet, tout le monde sait bien, à un degré élémentaire d'intelligibilité de notre décadence, ce qui ne va pas : fiscalité excessive qui détruit, en exterminant la classe moyenne, l'esprit d'épargne et l'idée même de patrimoine à transmettre ; criminalité endémique ; invasion migratoire finalisée par le grand Remplacement qui, par miscégénation systématique, dissout sans retour l'identité nationale ; crise de l'autorité engendrée par l'individualisme générateur d'égotisme ; américanisation des mœurs déconnectant les peuples soumis des richesses de leurs racines ; promotion de comportements antinaturels inspirés tant par l'hédonisme le plus ravageur que par l'orgueil du progressisme prométhéen culminant dans le transhumanisme ; mécanisme de l'argent-dette et subordination du Politique à l'économie qui, livrée à elle-même, engendre une interdépendance entre peuples génératrice de mondialisme ; abandon de toute souveraineté nationale au profit d'institutions transnationales opaques et déresponsabilisées elles-mêmes instituées et soutenues par des intérêts bancaires tout-puissants ; esprit égalitaire ; matérialisme consumériste exténuant toute velléité de spiritualité et de vie intérieure ; esprit démocratique en forme de cache-sexe de l'oligarchie financière ; influence délétère des loges maçonniques et du judaïsme politique.

Rien de tout cela n'est contestable. Mais pourquoi nos sociétés se sont-elles mises à fonctionner de travers ? *Comment le mal peut-il surgir dans ce qui est sain* ? A-t-on seulement compris pourquoi nos sociétés se sont mises à se détester alors qu'elles étaient spirituellement grandement plus riches et plus estimables qu'aujourd'hui ? On peut évoquer les microbes qui viennent du dehors, mais enfin, quand un corps est attaqué par eux, il n'y succombe que s'il est déjà malade et affaibli. Il est affaibli dans son corps quand il l'est dans son âme, et il l'est dans son âme quand il l'est dans sa raison. Par ailleurs, le peuple est depuis toujours fondamentalement médiocre, médiocrement bon et médiocrement mauvais. Cela n'a pas empêché l'émergence de civilisations brillantes capables d'élever les âmes et de favoriser leur salut. On ne saurait imputer l'origine de la décadence à la seule médiocrité du peuple, qui suit les élites, et dont l'unique causalité actuelle dans notre maladie spirituelle est celle de l'inertie. Livrée à elle-même, la spiritualité du peuple tend à l'entropie ; mais elle est étonnamment féconde quand le peuple est mené par de vraies élites.

De plus, comment se soustraire à ces maux ? Il est nécessaire de connaître l'origine de son mal pour se libérer efficacement de son emprise. La voie des urnes nous est interdite parce que les dés sont pipés, et tout le monde le sait, même et surtout les partisans de la démocratie ; nous vivons dans une oligarchie corruptrice plébiscitée par les masses, qui interdit toute forme de réaction, d'expression et de changement. Tous les postes d'influence sont occupés et soigneusement verrouillés. L'action directe et la prise de pouvoir par la force nous sont évidemment fermées. Que faire alors ? *Penser*, ce qui — ainsi qu'on le montrera — est encore le plus urgent et la meilleure façon d'agir.

§ **6.** Dans ce courant de pensée qu'on nommera génériquement « nationaliste » — « nationalisme » ne signifiant ici que le refus de l'internationalisme politique —, existent des familles intellectuelles soutenues par des personnes courageuses et dévouées, souvent talentueuses, mais ces courants semblent incapables de se fédérer pour faire se dessiner la voie de la reconquête et de la guérison des âmes et des corps ; leur unité est toute négative, en ce sens qu'ils ont les mêmes ennemis. Et c'est là peut-être la vraie raison de l'incapacité du camp des Proscrits d'aujourd'hui — les nationalistes — à s'opposer efficacement à ce qu'il considère comme la subversion polymorphe contemporaine qui tient le haut du pavé et semble avoir définitivement gagné la partie. Il semble que la responsabilité de la décadence, dans sa pérennité et dans ses origines, tienne d'abord dans le fait d'une incapacité ou d'un refus, se contentant de développer à l'infini la liste de ce qu'il ne veut pas, de définir ce qu'il veut, ainsi d'élaborer une doctrine synthétique conjuguant théologie et philosophie dans un système en faisant droit, en les transformant intrinsèquement, à tous les aspects recevables de ces divers courants.

Chapitre Deuxieme

Les familles « de chez nous ».

§ 7. Trois courants, dits conservateurs ou de droite, ou réactionnaires ou traditionalistes, ou novateurs mais anti-progressistes, peuvent être évoqués en première approximation, et définis jadis par l'historien René Rémond :

Il y a d'abord le courant des légitimistes et traditionalistes, réactionnaires, catholiques en général ; pour eux, le Moyen Âge est l'idéal en fait de vision du monde parce qu'il est le sommet du « temps de chrétienté » ; sa philosophie est, pour aller vite, l'augustinisme politique : le pouvoir de l'homme sur l'homme est non naturel, effet du péché, sa fonction est étroitement castigatrice.

Il y a le courant libéral musclé, prônant un individualisme darwinien mais cantonné au domaine de l'économie, ainsi des biens privés ; il est foncièrement antipolitique, puisque, aussi bien, le Politique se cantonne, dans ce contexte, dans le rôle d'instrument d'échanges supposés pacifiques, tel un arbitre ; son référent historique français est l'orléanisme.

Il y a le courant spenglérien, celui du socialisme prussien, de Nietzsche, de Carlyle, tel le courant de la Révolution conservatrice, qui revendique fréquemment un subjectivisme (nihilisme) héroïque, mais qui ne fait pas de la subjectivité la fin de la vie, se contentant de reconnaître en elle l'unique origine des valeurs ; le sujet, selon cette « sensibilité », n'est supportable que s'il se met au service d'une cause, la subjectivité comme telle n'est pas adorée. Cette droite plébiscitaire est celle des bonapartistes et des fascistes, pris au sens large.

§ 8. Le lecteur nous autorisera à préciser cette typologie en la concrétisant et en l'actualisant aujourd'hui par l'évocation, en forme de rappel, des attitudes typiques suivantes :

§ 8. 1. Evoquons tout d'abord les « **prudents** », les bien-pensants hostiles à toute révolution, les chrétiens respectueux d'une mentalité au fond démocrate-chrétienne au moins quant à la praxis ; ils se font un devoir de charité civique de participer aux élections municipales, ils entendent faire — disent-ils — du bien là où ils le peuvent, c'est-à-dire là où il leur est permis d'exister, soit, encore, là où ils n'ont aucune chance de changer les choses de manière efficace. Pour eux la morale individuelle et le repli familial seraient la seule voie de salut en influençant par capillarité la société civile. Les « prudents » ne s'aperçoivent pas que, ce faisant, ils cautionnent le régime qu'ils entendent abattre. En vérité il faut accéder au pouvoir pour maîtriser les moyens d'influencer la multitude dans ce monde interconnecté où tous vivent à l'unisson dans une médiocrité générale avilissante et plébiscitée, essentiellement individualiste et consumériste, embourbée dans le cocooning. Il faut posséder le pouvoir pour influencer les masses, de sorte qu'il est utopique d'espérer influencer les masses pour accéder au pouvoir. Sous couvert de réalisme, prompts à dénoncer les « enragés », les « fanatiques », les « chimériques romantiques » radicalement hostiles à toute forme de concession, ils se font les idiots utiles d'un régime qui aura beau jeu de leur dire qu'ils ont été consultés selon des procédures démocratiques éthiquement irréprochables.

§ 8. 2. Nommons ensuite les « **Empiristes éclectiques** », dont le propre est de s'efforcer à dépasser le clivage *métaphysique* droite-gauche ; plusieurs d'entre eux ont su, par leur talent et leur indéniable courage, diffuser des idées et des vérités de fait aussi indésirables que précieuses, et conférer une allure — au reste non usurpée — d'avant-garde révolutionnaire annonçant avec une juvénile insolence l'avenir vengeur que les maîtres du jour s'efforcent à comprimer. Être révolté aujourd'hui, dans la figure séduisante du rebelle, c'est se dire de droite radicale, ou d'ultra-droite, depuis que la gauche a fini par faire l'aveu de son essence bourgeoise. Il s'agit de nourrir l'espérance qui surmonte tous les obstacles en redonnant vie à des thèses traditionnelles, telles l'idée de nation et de souveraineté nationale, de juste inégalité définie selon les deux formes — commutative et distributive — de la justice sociale ; telles celle de la toute-puissance satanique du mondialisme bancaire ; des méfaits du sionisme et du caractère corrupteur de la puissance judéo-maçonnique, laquelle a confisqué depuis longtemps tous les rouages des pouvoirs réels ; elle a même instauré la démocratie dans ce but, se réservant le rôle de ce que Jean-Jacques Rousseau nommait le « Législateur », herméneute infaillible de cette Volonté générale supposée émaner du peuple par voie démocratique et habiter chacun de ses membres au plus profond de lui-même, là où il ne va jamais.

La méthode utilisée pour produire de tels effets consiste à bousculer ostensiblement, selon une propagande transpartidaire, la dichotomie traditionnelle droite-gauche, à faire se rapprocher et collaborer les extrêmes dans une dynamique « insurréactive ». Une telle démarche présente le grand intérêt, si tant que ce soit là le sens que ses auteurs lui confèrent, de tourner le dos à l'hémicycle parlementaire, de dénoncer sa vacuité doctrinale et sa perversité morale et politique puisque, aussi bien, les membres du psychodrame parlementaire sont des marionnettes stipendiées par le régime dont le véritable pouvoir est celui de l'argent. L'autre mérite de cette démarche, et du sens que nous croyons lui reconnaître, est, sous le couvert gauchisant d'un socialisme qui n'est tel que de nom, de rappeler le primat du bien commun par rapport au bien privé, et d'en appeler à la nécessaire subordination de l'économique au Politique, et des intérêts et jouissances matériels aux délectations spirituelles. Ainsi fait-on volontiers, par un mépris intentionnel du souci d'exactitude et de cohérence conceptuelle, se rapprocher Marx et Jésus, le Coran et les lefebvristes, Marcion et Tolstoï, les Chouans et le mythe résistantialiste, Pierre Leroux et Carl Schmitt, le nationalisme et l'esprit nationalitaire, Drumont et Péguy ou Barrès et Léon Bloy.

Tout ce qui est « souverainiste » ou antimondialiste est nôtre, y dit-on ; la cogestion va de pair avec le corporatisme, la cause palestinienne avec l'Action française, Drumont avec le marquis de la Franquerie, la doctrine sociale de l'Église avec le socialisme national, De Gaulle avec Le Pen. On doit exalter la tripe nationaliste en faisant feu de tout bois, avec Bouvines et Jeanne d'Arc, mais aussi Jean Moulin et les « Blacks Blancs Beurs », Castillon et Valmy, saint Louis et Napoléon, etc. Il faut, selon ce point de vue, épouser les mouvements de révolte des masses telles qu'elles sont, sans se préoccuper des raisons qu'elles invoquent, parce que la plèbe ne sait pas conceptualiser les vraies raisons de son instinct de révolte et que sa puissance peut être éclairée et dirigée vers les authentiques coupables. Il faut susciter de nouveaux « gilets jaunes » dans une synergie émancipée de la férule des syndicats institutionnels ; on doit conjuguer égalité et réconciliation, droite des valeurs et gauche du travail etc. Cette manifestation de jeunesse audacieuse et sans préjugés, brouillonne de manière calculée, n'est pas sans charme et sans pertinence. Elle a prouvé son efficacité au moins à court terme. Sous un certain rapport, ce qui fut jadis nommé la « Nouvelle Droite », par-delà sa prétention à se situer dans la sphère spéculative du « métapolitique », participait du même esprit, qui n'est pas sans mérite : secouer les idées disparates, jeunes et vieilles, comme dans un caléidoscope, et voir ce qu'il en sort, dans une recherche de nouveautés attestant la conscience précieuse de la nécessité de sortir des sentiers battus en vertu de cette intuition selon laquelle les causes de notre décadence ne sont probablement pas extrinsèques au corpus idéologique de notre camp.

S'il est des difficultés que l'on est en demeure d'évoquer, ce sont tout de même les suivantes.

D'abord, de telles entreprises relèvent, de manière avouée ou non, de la praxis gramsciste transposée dans l'élément de la Droite ; il s'agit de faire précéder la révolution sociale par une révolution culturelle. Mais c'est là nourrir peut-être une dose excessive d'optimisme. Faire précéder les bouleversements politiques par une révolution culturelle censée préparer les esprits à ceux-là, c'est supposer dans le peuple une réactivité, une capacité d'indignation, un intérêt encore vif pour les idées, une aspiration à la nouveauté, un espoir aussi et un souci de justice dont, à notre avis, le peuple est désormais privé, devenu fataliste, qui sait qu'il a au fond ce qu'il veut et que les inconvénients — certes considérables, voire létaux — attachés à ce qu'il veut sont inévitables. Notre peuple consent à la mort, pourvu qu'elle soit lente et indolore. Un nombre considérable de familles d'origine française sont désormais métissées, aussi bien culturellement qu'ethniquement, qui ne peuvent se supporter qu'en essayant de se justifier par recours à l'adhésion à la philosophie des droits de l'homme et à l'antiracisme. Les Européens sont américanisés jusque dans leur moelle, le rythme négroïde fait désormais partie de leur sensibilité esthétique définitionnelle de leur identité, avec les kebabs, les merguez, les baladeurs et le téléphone portatif, les fast-foods, les jeux vidéo et le narcissisme exhibitionniste rendu possible par l'inscription de chaque citoyen dans les réseaux sociaux. Les mœurs contre nature sont si profondément enracinées dans l'inconscient collectif que le peuple aurait l'impression de se voir privé de son identité culturelle si les abrogations des lois iniques — avortement, divorce, « mariage » de paires d'homosexuels, consommation de drogues dites douces, amour libre, usage de contraceptifs, liberté de conscience, de religion, de parole, droit au suicide assisté — étaient prononcées. Il suffit de se souvenir des cris d'orfraie indignés de toute une jeunesse lors de l'affaire dite « Charlie » : « c'est grave, ils ont touché à nos 'valeurs' », entendait-on ; il s'agissait du droit à se trémousser dans les dancings, à pratiquer le « binge-drinking » sur fond musical sataniste lors de soirées « chaudes » propices à tous les dérèglements charnels. La « dignité » de la « personne humaine » est aujourd'hui, sans retour, comprise dans le sens suivant, tel un habitus presque absolument indéracinable : « je revendique le droit de faire et d'être ce que je veux, si cela ne compromet pas la liberté d'autrui ; je suis pour moi-même ma propre fin » ; faute de créer la réalité au gré de ses humeurs, notre contemporain se réfugie dans le virtuel devenu critère de la réalité du réel auquel il tourne le dos autant qu'il est possible, n'en usant que comme d'un stock d'instruments destinés à enrichir les royaumes imaginaires que l'on se forge ; il n'est pas jusqu'au droit d'être catholique réactionnaire en rupture de ban avec tout l'héritage de la Révolution française qui ne soit vécu comme suspendu au principe subjectiviste fondamental tenu pour seule source de légitimité. A supposer que tout le monde décide un jour de se libérer de la servitude de l'esprit démocratique, c'est encore démocratiquement qu'il conviendrait, si l'on ne se libère pas du subjectivisme, de le faire. Le peuple est replié sur lui-même, n'adhère à la société que par les avantages qu'elle apporte, conformément à la logique de la doctrine du contrat social. Le peuple sait — à tout le moins pressent — fort bien ce qu'il faut penser de la religion de la Shoah, de l'insupportable police juive de la pensée, des méthodes d'inquisition et de surveillance dont chaque citoyen est l'objet, des mensonges diffusés sur le réchauffement climatique, le Covid et les vaccins ; de la récupération et du détournement des préoccupations écologistes au profit de stratégies ultra-capitalistes et ultimement mondialistes, bien nommées « arc-en-ciel », qui ont vocation à se consommer dans un socialisme planétaire ayant pour condition de possibilité l'appauvrissement des pays blancs et riches et leur alignement sur les pays de couleur et pauvres ; le peuple consent pourtant à subir la tyrannie molle des confinements tant par peur panique de la mort que par adhésion aux mensonges par lesquels ces mesures de despotisme doux se font cautionner et qu'il sait nécessaires pour assurer la pérennité de la société antinaturelle en laquelle il évolue et se reconnaît.

Que l'homme soit congénitalement en position d'obligé à l'égard de Dieu, de ses ancêtres, de son héritage patriotique, de sa famille ou de sa race, est une idée qui n'a plus les moyens de se frayer un chemin dans les mentalités contemporaines. Que le bonheur puisse consister dans le service d'une tâche à accomplir, ainsi dans la recherche d'un bien auquel le moi est rapporté, selon le principe du plébiscite de l'abnégation, vrai fondement de la dignité de la personne humaine, c'est une chose qu'il est vain, en l'état actuel des choses, d'essayer de faire revivre dans l'âme de nos contemporains. Toute révolution culturelle est impossible aussi longtemps qu'ils jouissent des faux biens hallucinatoires qu'ils se sont donnés. Seul le fer rouge d'une effroyable souffrance, en intensité et en durée, est peut-être capable de les faire renoncer à leurs poisons.

Par ailleurs, supposé malgré tout qu'un moment de lucidité héroïque dispose l'homme d'aujourd'hui à se détacher de ses drogues aliénantes, l'empirisme éclectique entend agir dans le contexte républicain du jacobinisme, ainsi selon des principes qui contredisent le contenu de la réforme intellectuelle et morale qu'il entend promouvoir ; son mariage entre droite et gauche est lui-même de gauche, précisément parce qu'il refuse de reconnaître un sens *métaphysique* à ce couple conceptuel : considéré en son sens jacobin et parlementaire, ce clivage est foncièrement de gauche, parce qu'il fait sien, en revendiquant la paternité de Jean-Jacques Rousseau, le principe de la souveraineté populaire. Et il est clair que cet empirisme se veut passionnément antiraciste et attaché à l'universalisme abstrait de l'esprit des Lumières. On comprend l'agacement de l'empiriste éclectique à l'égard des hommes du refus absolu du monde tel qu'il est, c'est-à-dire à l'endroit de ces hommes qui ne font rien sous le prétexte de ne pas cautionner les lois qui régissent un tel monde. Encore convient-il néanmoins que les méthodes employées pour s'intégrer au monde social dans le but de le changer ne rendent pas impossible la communication et la recevabilité des nouveautés que l'on entend introduire en lui.

Le courant de l'empirisme éclectique offre de bonnes dénonciations de certains maux actuels ; un catholique ne manquera pas de constater que ce courant a éveillé à la foi — certes indirectement et sans intention délibérée — un certain nombre de jeunes gens en quête de vérité. Mais ses solutions sont improvisées et peu fiables parce que doctrinalement fragiles, voire inconsistantes comme il en est de tout éclectisme qui en reste à ce stade. Brouiller les cartes fait partie de la stratégie de cet empirisme — ainsi la Nouvelle Droite tenta-t-elle, un moment, de se faire passer pour une « Nouvelle Gauche » —, stratégie dont le propos est de redonner droit de cité à des thèses proscrites parce que relevant de la Tradition enracinée honnie par le monde contemporain. Ce faisant, on finit par brouiller ses propres cartes, ou d'assombrir l'esprit de celui qui s'efforce à les manipuler, au point de finir par adhérer aux équivoques primitivement entretenues par stratégie.

On peut certes croire au caractère à dessein inchoatif de la doctrine de ce courant, laquelle, dans l'hypothèse, consisterait à en rester à l'éclectisme en revendiquant certains éléments des doctrines de gauche plébiscitées par la décadence contemporaine ; ces éléments semblent être les suivants : rousseauisme, antiracisme, droits de l'homme, démocratie qui se voudrait dégagée de la ploutocratie, acceptation du fait migratoire et refus d'une expulsion de tous les immigrés non européens, attachement au principe marxiste de la lutte des classes comme moteur infrastructurel de l'évolution culturelle des sociétés ; mais aussi : référence à une spiritualité indistincte qui entend concilier, sous les auspices de René Guénon et de Julius Evola, le catholicisme et l'islam. Sous ce rapport, l'empirisme éclectique a son référent slave en Alexandre Douguine, qui va jusqu'à en appeler, au nom d'un national-bolchevisme strassérien (voire « niekischien »), aux mérites de la spiritualité d'Aleister Crowley. Une telle doctrine à dessein floue et en devenir aurait pour mérite de celer les vraies intentions du mouvement, effectivement politiquement incorrectes et franchement de droite radicale non contaminée par des relents d'esprit de gauche et attachée à la vérité intemporelle de l'ordre naturel des choses. Il s'agirait donc non tant d'une doctrine établie que d'un processus pédagogique destiné à ouvrir à la vérité ceux qu'on entend séduire.

Il ne nous semble pas qu'une conversion à la vérité puisse s'obtenir de manière profonde et durable par une exacerbation des sentiments et des passions conflictuelles liées aux complaisances pour des erreurs manifestes. Un état d'âme riche de potentialités diverses aussi vénéneuses quant à certaines que fécondes quant à d'autres, n'est pas un état d'esprit rationnel. Autre chose est de faire accompagner la raison par la passion, autre chose est de croire susciter la raison par l'incendie des passions ou les séductions de l'imaginaire. Le bien n'est pas pour nous dans le « cœur » d'abord, dans le caractère incandescent ou dans l'image flamboyante, mais dans la raison ; et la raison, pour nous, n'est pas « eurasiatique » mais indo-européenne et plus précisément gréco-latine ; et la spiritualité est le catholicisme, tout le catholicisme, mais rien que le catholicisme. En procédant à de tels rappels, nous rencontrons là un problème très actuel, qui n'est autre que celui de l'attitude qu'un proscrit idéologique occidental doit raisonnablement adopter à l'égard de l'actuelle Russie et de son chef Vladimir Poutine : la lutte contre le fiel anglo-saxon passe-t-elle par une adhésion à ce qui semble bien se donner pour une Troisième Rome destinée à se substituer tant à l'Empire romain qu'à l'Église catholique, ou bien s'agit-il d'un mirage, c'est-à-dire d'une forme de mondialisme contre une autre ? Ce problème sera abordé (mais non résolu) plus loin dans le présent ouvrage. Ce qui, pour en revenir à l'éclectisme pratique, est peu contestable, c'est ceci : les passions peuvent agiter les masses avec fruit, quand il s'agit de les faire agir, de les faire s'insurger contre l'état de choses du moment, en prenant les armes, dans un processus révolutionnaire ; il peut être opportun de tenter de soulever les masses en excitant leurs seules passions quand elles sont déjà disposées, par les frustrations, à se révolter ; mais ce n'est pas le cas aujourd'hui, bien au contraire, puisque les masses sont solidaires, droguées à leurs poisons auxquels elles tiennent, des initiatives opérées par les empoisonneurs qui les dirigent ; aussi, quand le temps de l'action n'est pas venu, c'est à la raison qu'il convient de s'adresser, non pour convertir les masses mais pour rallier les rares hommes de bonne volonté non gagnés à la décadence, et former une espèce d'aristocratie structurée et entraînée pour l'action, destinée à prendre le pouvoir par la force la plus brutale quand le temps de l'insurrection générale aura sonné. Nous venons de rappeler que la vraie spiritualité est le catholicisme, tout le catholicisme (il n'est tel que s'il est entier) mais seulement lui. À ce sujet, nous rencontrons un autre problème dont il sera aussi traité plus bas : aucune constitution d'une doctrine politique pour notre temps capable de déboucher sur un programme d'action ne sera possible aussi longtemps que les tenants de la Réaction dirigée contre les vices de la modernité s'attacheront à des chimères, à des fictions sentimentales objectivement incapacitantes parce que leur incohérence est telle qu'elles sont objectivement solidaires, croyant s'y opposer, de plusieurs caractères de cette modernité vomie : France « fille aînée de l'Église », « Testament de saint Remi », « France tribu de Juda du nouveau Testament », Barthélémy Holzhäuser, Léon Bloy, « marquis » de la Franquerie, Claire Ferchaud, etc.

§ 8. 3. Il est temps d'évoquer le discours de ceux que nous avons nommés « **les défaitistes de l'Apocalypse** ». Pour eux la messe est dite, tout est joué, il n'y a plus rien à faire, il ne reste qu'à prier parce que la fin du monde est proche. Il n'est plus question de s'efforcer à refonder la société. Au mieux convient-il de se sauver individuellement. C'en est au point que l'on en vient à douter de l'opportunité de se marier, de fonder une famille, de faire des enfants. Tout est perdu, l'Église est éclipsée, l'Antéchrist se manifestera très bientôt. Au mieux, en fait d'action, est-il utile de prendre ses dispositions pour passer à Garabandal les trois jours de Ténèbres qui seront comme un nouveau Déluge. Toute préoccupation destinée à améliorer le monde est vaine puisque la destruction de ce dernier est imminente. Les sédévacantistes — ceux surtout qui se définissent comme sédévacantistes complets — sont, au moins pour certains d'entre eux, les plus représentatifs de ce courant de pensée. En version édulcorée de ce refus de toute espérance mondaine, on trouve ceux qui pensent qu'il n'y a rien à faire, sinon à attendre un miracle : seul Dieu, pense-t-on, peut directement rétablir l'ordre, sans le concours des hommes. Luther considérait au fond qu'il est peccamineux de lutter contre le péché, d'aspirer au salut par ses œuvres ; nos antimodernes pourtant champions de la Contre-Réforme estiment aujourd'hui qu'il serait peccamineux de lutter politiquement contre la Subversion, et que seule une initiative divine miraculeuse nous sauvera de l'emprise satanique du mondialisme. D'où, afin d'étayer leur « passivisme » surnaturaliste, la tendance, chez les antimodernes, à émailler leur vision du passé d'interventions miraculeuses aussi nombreuses qu'étranges, au reste non reconnues par l'Église, dans un bric-à-brac de merveilleux chrétien frelaté auquel ils finissent par tenir plus qu'au Credo raisonnable et réaliste de leur foi catholique. Nous reviendrons plus bas sur ce point.

Quoi que l'on pense de l'imminence de la fin du monde, force est de se souvenir que le Christ, lors de la Parousie, entend bien trouver en Ses fidèles autant de combattants ; si, selon les paroles du divin Maître, nul ne sait ni le jour ni l'heure, on doit moralement, aussi longtemps que la chose n'est pas consommée, agir comme si l'histoire humaine terrestre avait encore un avenir devant elle.

§ 8. 4. Parmi ceux dont nous n'avons pas encore parlé, faisons mémoire des « **Politique d'abord** » (tantôt monarchistes attentistes, tantôt nationaux-catholiques plus ou moins traditionalistes), qui ont pour propos essentiel, voire exclusif, de dénoncer les complots judéo-maçonniques et les conspirations, d'ouvrir les yeux des masses par un harcèlement d'informations sur le dessous des cartes. « Si les gens savaient… Ils sont abusés, manipulés, mais dans leur fond ils demeurent sains et sauront réagir quand ils sauront ».

Il y a beaucoup d'optimisme à croire que les masses se révolteront quand elles seront informées ; on doit être assuré que les masses sont informées, mais ne veulent pas tenir compte de ce à quoi elles peuvent avoir accès. Ces « Politique d'abord » sont opposés aux « **Pessimistes de l'action immédiate** » pour qui la force des méchants est d'abord la faiblesse des bons ; le peuple, en vérité, aime qu'on lui mente ; seule la souffrance peut tirer les peuples de leur léthargie, de leurs vices, de leur cécité intentionnelle. Mais le peuple sait qu'on lui ment et il s'en accommode : l'indignation ne suffit pas à le faire se soulever. Le peuple se sait et se veut conditionné, il n'y a pas de différence réelle entre le pays réel et le pays légal. On n'a jamais que les gouvernants que l'on mérite, parce que le peuple est toujours plus fort que ses chefs ; s'il les subit c'est qu'il les plébiscite tacitement. Un grand homme (d'un « Duce » à un « Grand monarque », selon les fantasmes des uns ou des autres) ne surgit que dans les masses qui l'attendent ; les nôtres n'attendent personne et se satisfont des guignols imposés par les médiats, en sachant que ce sont des guignols. Le dessus du panier est l'écume de la plèbe, et c'est pourquoi il est plébiscité, selon une procédure qui, en dernier ressort, quelque authentique que soit la manipulation des foules sur laquelle repose la démocratie, vérifie dans les faits l'impératif du principe subjectiviste de la souveraineté populaire ; la hideur de la démocratie n'est pas dans les mensonges qu'elle appelle, elle est dans le respect de son esprit qu'elle satisfait — loin de le frustrer — en trahissant sa lettre.

Les gens informés, en fait de conspirationnisme répandu dans les milieux antimondialistes, disent savoir — ils n'ont peut-être pas tort — que la haute finance, enrichie par le prêt à intérêt couplé à la diffusion de l'argent-dette, est régie par un petit nombre de familles qui seraient tout simplement d'obédience sataniste, que ce satanisme soit un antithéisme faisant de Lucifer le grand frère des Révoltés, ou qu'il soit un athéisme réduisant Lucifer à un symbole ; dans les deux cas, il s'agit de supplanter Dieu, en promouvant la déification de l'homme par l'homme. Ces mêmes gens informés nous apprennent que la division règne entre ces élites dominantes ; l'affaire DSK, de dérisoire et grotesque mémoire, aurait été une illustration de l'existence de conflits entre deux de ces familles. Si l'objectif poursuivi par ces élites est le même — instauration d'un gouvernement mondial économiquement régi par une monnaie mondiale —, les moyens choisis pour y parvenir ne sont pas unanimement partagés. De plus, leurs stratégies ne sont pas toujours convergentes parce que certains, parmi ces élites, ont peur de perdre des plumes par rapport aux autres. On nous dit aussi que ces élites — la tribu

Rothschild et la meute Rockefeller étant les plus connues — seraient vieillissantes, et que les jeunes générations qui en sont issues seraient à la fois incompétentes et trop égoïstes, trop misérablement hédonistes pour se risquer à soutenir, avec les risques que cela comporte, la « grande cause » de leurs aînés. Et l'on cite volontiers Brzezinski déclarant devant le « Council on Forein Relations »[1] qu'il n'existe plus, faute d'unité entre les élites financières, de superpuissance capable d'imposer sa vision du monde au reste de l'humanité. Brzezinski aurait ajouté : « For the first time in all of human history mankind is politically awakened — that's a total new reality — it has not been so for most of human history ». Cela rappelé, même si les mécanismes économiques et le système financier étaient plus simples jadis, au point qu'il était encore possible, dit-on, de susciter les deux guerres mondiales du XXème siècle ; si donc ce système habilitait de telles élites à diriger la marche du monde, ce ne serait plus le cas aujourd'hui, tant par la complexification de l'aspect technique des choses qu'à cause de la lucidité récente des masses. Dès lors, les peuples seraient plus matures que naguère, et l'information conspirationniste serait opportune pour les éclairer et les mener à la révolte.

Force nous est de faire observer que si ces mêmes masses décidaient d'être humbles, de se débarrasser de leur télévision et de leurs gadgets (dont l'Internet et le « portable »), de se libérer de l'emprise des drogues et de la pornographie, des comportements consuméristes et des idées fausses qui ne sont adoptées que parce qu'elles flattent l'envie et le ressentiment des hommes, alors les stratégies mises en place par les grands manipulateurs perdraient immédiatement leur efficacité. Il y a une complicité indéniable entre les masses et ces funestes élites ; et les dirigés, pour autant qu'ils le décident, sont toujours objectivement plus forts que les dirigeants. Le problème est qu'ils ne le veulent pas, tout simplement. Dès lors, on peut se demander

---

[1] http : //www.youtube.com : watch ?v=HEHsUojUgzk.

si ces entreprises de dénonciation des dessous des cartes sont véritablement adéquates pour libérer les peuples.

§ 8. 5. Il nous reste à parler des « **intransigeants idéalistes** », dans le sillage desquels nous nous plaçons. Ces derniers acceptent — non sans certaines réserves ponctuelles — toutes les explications des autres courants, mais insistent sur le manque d'unité de la doctrine du camp des Réprouvés. Toutes les autres explications ont à leurs yeux leur part de vérité ; il n'y a selon eux que le libéralisme, supposé « darwinien », qu'ils tiennent pour étranger à la pensée antimondialiste, parce que c'est un individualisme vidant le Politique de toute consistance : l'économisme est mondialiste par essence, le libéralisme refuse de subordonner l'économie au Politique, et l'économisme se déploie toujours sur le mode d'une extension indéfinie des marchés ; il ne convoque des réflexes de droite que parce qu'il n'est pas égalitaire dans l'ordre de l'avoir, mais il est profondément égalitaire dans l'ordre de l'être : tous doivent être tenus pour également consommateurs ; et c'est pourquoi ils en viennent toujours, tôt ou tard, à se vouloir tels autant de consommateurs égaux ; le libéralisme droitier, reagano-papiste et lepéniste, est un oxymore.

Dans l'optique des intransigeants idéalistes, on n'accédera pas au pouvoir autrement que par la force, dans un processus révolutionnaire, et ce processus requiert l'appui d'une minorité populaire forte qui manque évidemment aujourd'hui ; l'engagement et la lucidité de cette minorité ne seront acquis que par le sevrage des glandes consuméristes ; un tel sevrage sera causé par une crise économique induisant une guerre civile avec délitement de l'État de droit et des forces de répression.

L'activité politique aujourd'hui sensée consiste à se préparer à agir au moment historique dont nous ne décidons pas.

Aussi une telle activité en sa forme de lutte armée n'est-elle pas à l'ordre du jour.

§ 9. En fait, le « défaitiste de l'Apocalypse » radicalise la position des « prudents » ; le « politique d'abord » a les mêmes soucis et méthodes que « l'empiriste éclectique » ; « l'intransigeant idéaliste » rejoint le « pessimiste de l'action immédiate ». Si l'on écarte ceux qui renoncent à l'action politique, il reste deux courants logiquement recevables : l'union des droites et des gauches nationales subjectivement antimondialistes sous l'égide de l'idée républicaine, et l'ultra-droite (fasciste) révolutionnaire. Nous nous situons, avons-nous écrit, dans ce dernier courant, mais seulement pour autant qu'il soit compris comme conversion à leur identité concrète des catholiques réactionnaires ou traditionalistes, et du nihilisme héroïque, ce qui engendre le « fascisme catholique », tel un « fascisme du jour d'après ».

Nous venons d'user du vocable « conversion des extrêmes à leur identité concrète », ce qui appelle une clarification.

Paul Valéry, pour décrire les premiers matériaux de l'inspiration, parlait de « débris d'un futur » ; pourtant, dira-t-on, un débris succède par définition à la réalité intègre, et donc cette dernière, par rapport à lui, appartient au passé et non au futur ; on ne voit pas que le cadavre puisse précéder l'homme bien portant. La remarque est indubitable si l'on considère les choses selon l'ordre chronologique de succession, mais elle perd sa pertinence si l'on envisage les choses du point de vue logico-ontologique, qui est celui de la causalité. Expliquons-nous.

La faculté de voir, la puissance à voir est antérieure à l'acte de voir, mais ce passage de la puissance à l'acte suppose l'intervention d'une autre réalité en acte, qui se trouve être ici le visible en acte, principe moteur d'actuation de la vue ; or on ne peut remonter à l'infini dans la série hiérarchisée des moteurs mobiles actuellement subordonnés, parce qu'une série dont tout l'office est de transmettre une information, ainsi une série de moteurs mus, est indigente à rendre raison de l'information qu'elle communique, de sorte qu'il faut s'arrêter à un Premier moteur non mû auquel tout est suspendu, jusques et y compris cette puissance à voir dont on était parti ; ainsi la puissance à voir est-elle, elle-même, intérieure ou suspendue à l'acte qu'elle a vocation à exercer, puisque cet acte est lui-même en dépendance d'un acte pur intemporel causalement antérieur à toute puissance et à toute actualité finie. C'est que, en effet, cet acte, en tant qu'il est une perfection finie, participe de cette perfection absolue qu'est l'acte pur dont dépend de ce fait — et dont procède ainsi nécessairement —, selon la causalité sinon selon le temps, la puissance elle-même. Ainsi comprend-on que l'être en puissance soit chronologiquement antérieur à l'être en acte, tout en procédant de lui selon la causalité ; or les premiers matériaux de l'inspiration sont à l'œuvre d'art comme l'est la puissance par rapport à l'acte. Donc ils procèdent d'elle selon la causalité, et sous ce rapport ils ont raison de « débris ». Ce qui précède la genèse de l'œuvre d'art, à savoir les premiers matériaux de l'inspiration, a raison de débris par rapport à elle, et de tels débris procèdent proleptiquement de l'œuvre qui se veut en l'artiste — au point que l'artiste, de son aveu le plus constant, s'éprouve comme commis par l'œuvre à venir, incapable de maîtriser sa production ; c'est elle qui, orientant vers eux l'artiste, va chercher, en tant que projet actif et efficient, les éléments qu'elle intègre et *convertit à son intention propre*. Comme dans un syllogisme, où la conclusion se fait positionnelle des prémisses dont elle se fait procéder, l'œuvre se fait positionnelle des matériaux dont elle se fait éduire ; ils sont « abstraits » de l'œuvre puisqu'ils préexistent en elle et ne sont que par elle, en sa concrétude originelle. L'ordre logique et ontologique n'est donc pas l'ordre chronologique.

« Convertir des extrêmes à leur identité concrète », ce n'est pas la synthèse du bien et du mal, ou du vrai et du faux, ou de deux erreurs, ou encore la composition de deux contraires ; c'est le dévoilement de cette unité ontologique originaire se décomposant en contraires sans avoir jamais été un composé de ces derniers (en tant que composée d'eux, elle serait un résultat et non une origine), et dont ils procèdent proleptiquement. Il s'agit de découvrir le principe médiateur dans lequel ils s'intègrent en se transformant intrinsèquement, mais qui, en l'état où on les trouve, sont déjà dénaturés du fait même de leur indépendance, c'est-à-dire de leur « abstraction ».

L'hylémorphisme d'Aristote n'eût pas été possible sans sa rencontre avec les thèses de Parménide et d'Héraclite, à savoir le monisme et le mobilisme. Et cet hylémorphisme n'est pas la « synthèse » des deux, mais le résultat d'une conversion des deux à leur identité concrète. Une privation, une erreur ou un défaut, c'est quelque chose qui n'existe que suspendu à ce qu'il nie, à une réalité qu'il présuppose ; si l'erreur précède pour nous la vérité, en soi elle lui succède. Si l'imparfait précède pour nous le parfait, en soi il en procède, ce qui revient à admettre qu'il est une déconstruction du parfait et qu'il mérite bien le nom de « débris », quand même il le précède. C'est pourquoi toute invention est une découverte, et c'est bien ce que nous apprend l'étymologie de l'invention. Et le débris est une défiguration du rôle qu'il exerçait dans le tout vivant dont il est la décomposition d'autant plus radicale qu'était plus intime, en ce tout, sa relation à ce dont il se sépare. Les Scolastiques nous enseignent que ce qui existe à l'état dispersé dans le monde fini surexiste à l'état d'unité en Dieu : le Pseudo-Denys (*de Cael. Hierar.* 12 § 2.) montre que les inférieurs sont contenus dans les supérieurs sur un mode plus parfait qu'en eux-mêmes ; cette loi se vérifie analogiquement à l'intérieur du monde fini : ce qui se laisse à connaître dans la forme d'un débris exclusif des autres quoique procédant tous selon la causalité du même tout en lequel ils étaient parfaitement unis, entretient, en son état de « débris », une relation de contrariété violente avec ce avec quoi il a vocation à se réconcilier, et c'est là non faire se marier des choses qui par nature répugnent à s'entendre, mais les « convertir à leur identité concrète ».

§ **10.** Le mérite attendu du « nihilisme héroïque », en sa vocation à faire politiquement un avec le traditionalisme catholique, est que l'homme est invité, par celui-là, à s'investir tout entier, sinon totalement, dans le service d'un idéal mondain, temporel, qui mobilise toutes les énergies, et qui les mobilise parce que celui qui les déploie y investit tout son être et le sens même de sa vie. S'il faut être plus précis pour prévenir toute équivoque, nous dirons que l'intromission de caractères issus du nihilisme héroïque dans l'élément du traditionalisme catholique n'est nullement une édulcoration du message catholique et du mode de penser scolastique ; le contenu d'une telle intromission n'est pas d'ordre doctrinal mais psychologique et affectif ; il est l'adoption d'une *mentalité* immanentiste (non ablative de transcendance) radicalement anti-surnaturaliste. Une telle mentalité, entendue comme manière spontanée de sentir et d'aimer, est objectivement promotrice d'une saine laïcité, c'est-à-dire d'une laïcité non ablative de la doctrine du Christ-Roi, par là de cette doctrine adoptant le principe d'une non-séparation de l'Église et de l'État, mais sans que cette union ne se solde par quelque forme de cléricalisme que ce soit. Une telle mentalité est fondée sur le discernement aussi poussé que possible de la distinction réelle entre ordres naturel et surnaturel, et de la répartition des tâches sociales que cette distinction conditionne. Pareille mentalité repousse violemment et légitimement toute prétention théocratique, toute complaisance pour cette forme sournoise de théocratie qu'est l'esprit de la démocratie chrétienne. Le service du bien commun politique doit mobiliser l'homme avec l'ardeur même qu'il met à faire son salut, tout simplement parce que ce service fait partie, d'une certaine façon, de son salut. La mentalité chrétienne en général ne méconnaît pas le devoir de servir le bien commun mais, livrée à elle-même, sans l'apport d'un organicisme radicalisé en exigence totalitaire, elle se contente au mieux de servir le bien commun avec le souci qu'on met à préserver un moyen, honorable dans son ordre, mais en dernier ressort réduit à un bien instrumental ; et le plus souvent un tel service est vécu comme un mal nécessaire. Or cela, pour le moins, ne suffit pas à sauver la Cité, parce que cela est impuissant à satisfaire aux réquisits complets de la nature humaine, c'est-à-dire de cet ordre naturel que présuppose, pour y fleurir, l'ordre surnaturel.

« Si le mot 'socialisme' doit avoir un sens, déclarait Adolf Hitler au Congrès du 3 septembre 1933, il ne peut que s'agir, par une justice d'airain, c'est-à-dire en vertu de la compréhension la plus profonde, d'investir chacun, pour la conservation de la collectivité, de la mission qui répond à ses aptitudes innées et par là même à sa valeur (…). Le peuple n'est pas la somme des citoyens, mais une communauté de destin nationale et sociale où chacun a sa tâche et son devoir, et dont il ne saurait se libérer sans léser la loi morale du socialisme. (…) Le socialisme n'est pas une politique sociale qui se traduit par des aumônes, mais une doctrine **qui engage chacun des membres de la nation à concevoir et à diriger son existence comme un service rendu au peuple[2] »**. Dans ces formules qui définissent l'organicisme politique, et qui valent en droit pour toute nation, est bien signifié que le bien commun politique, bien immanent, a raison de cause finale pour l'individu, quelle que soit sa vocation individuelle au regard du Souverain Bien. Seul l'organicisme invite l'homme et lui apprend à aimer le bien commun — bien qu'on aime en le servant et non en se servant de lui, et qui a raison de meilleur bien précisément parce qu'il n'est pas instrument — tel le meilleur de son bien propre, parce qu'il est aussi le bien du tout considéré comme tout. Que le service du bien commun immanent puisse et doive avoir raison de fin pour la personne humaine, sans cesser d'être intrinsèque au service du Souverain Bien transcendant et surnaturel auquel l'homme est ordonné par la religion, cela suppose une certaine conception du rapport entre nature et surnature, conception qui mobilise le concept de « point de suture » dont il sera question ici plus bas. Dans la société organique, est reconnu à tout homme l'honneur d'être investi d'un devoir moral qui est une mission : contribuer à la réalisation en acte d'un idéal national ; tous étant également mobilisés par le service d'un bien commun qui a raison de fin, chacun plébiscite l'inégalité nécessaire à la réalisation d'une telle tâche qui donne sens à sa vie et la rend héroïque, invitant les hommes à communier par le haut. La vie terrestre n'est plus l'antichambre nauséabonde et déprimante d'un bonheur ajourné situé dans l'au-delà, gagné surnaturellement sur les décombres d'une nature

---

[2] Cité par Johannes Ohquist, « Le national-socialisme », Avalon 1989, p. 248 et 256.

dilacérée ; elle est exaltante parce que tissée d'abnégation combative, invitant à quitter les biens finis précisément parce qu'ils sont reconnus comme éminemment aimables.

Sans le dogmatisme de la pensée catholique, le nihilisme héroïque s'essouffle et dégénère en individualisme libéral : l'horizon politique est cet absolu auquel le nihiliste héroïque s'ordonne comme à sa fin ultime, mais vient au jour, tôt ou tard, la conscience de ce qu'un tel absolu auquel il se consacre est engendré par l'homme qui s'y voue, lequel, ce faisant, s'absolutise en le déifiant, mais qui, en tant que lui-même absolutisé ou déifié, se prend pour fin et répugne à s'ordonner à quoi que ce soit, au point d'en venir à ne se pencher que vers ce qui entretient sa conscience d'être pour lui-même sa propre fin, et tels sont les biens matériels et les jouissances indéfiniment réitérables qui les accompagnent ; mais on a alors glissé dans le libéralisme, dans l'individualisme le plus abject.

Sans le nihilisme héroïque, sans cet appétit porteur d'exigence de perfection immanente, le traditionaliste catholique s'accommode au fond de la décadence, vit son idéal moral et religieux sur le mode des vertus privées et familiales cultivant l'idéal politique à la manière d'un idéal de la raison pure, régulateur de la pensée et non constitutif de la connaissance et de l'action. Et ce souci de l'idéal politique se vit par lui, concrètement, tantôt comme une nostalgie impuissante qui dévore toute velléité d'action réelle, tantôt comme cet idéal d'harmonie entre nature et surnature qu'il veut croire n'être réalisable qu'au Ciel ; c'est alors qu'il embrasse, avec une complaisance presque masochiste, cet esprit surnaturaliste selon lequel nature et surnature seraient congénitalement en guerre l'une contre l'autre. Toute réussite temporelle devient suspecte ; devient mauvaise toute ambition qui n'est pas celle de quitter ce monde en étant rejeté par lui tel un saint égaré en enfer et rejeté par les démons du lieu maudit. Et, bien entendu, cette propension à cultiver l'échec temporel sera insidieusement cultivée par la volonté de puissance trop humaine des pasteurs depuis trop longtemps en guerre contre les ambitions politiques laïques, parce que gagnés à l'esprit théocratique, dénaturation politique du rapport vrai entre nature et surnature.

§ **11. Notre idée est que toute crise génératrice de décadence est causée par l'incomplétude du système politique et du système de pensée de l'avant de la crise, de telle sorte que la subversion pose de bonnes questions (même si elle les pose mal) et impose de mauvaises réponses. Le salut, à notre sens, consiste toujours à ne jamais revenir en arrière (il ne convient pas d'être « antimoderne »), mais à prendre en compte les bonnes questions et à les résoudre selon les exigences des partisans de l'ordre qui est de nature intemporelle et, de ce fait, toujours « actuel » : il est valable pour tout « présent » (celui d'hier, d'aujourd'hui et de demain), il est toujours « d'actualité », parce qu'il relève de cette actualité qui s'oppose à la potentialité. Cette démarche revient à proposer comme vision du futur salvateur *une réconciliation du passé avec lui-même par la médiation de principes et/ou de concepts qui n'appartiennent pas au passé mais qu'il faut aller puiser dans le présent, dans le monde de la décadence, riche de vérités captives ; ce passé devenu cohérent ne « passe » plus* (« passer » équivaut à confesser une imperfection, ainsi une contradiction), et n'est plus du passé.**

On doit, avant toute chose, comprendre pourquoi ce passé adorné par les bien-pensants n'est plus capable de susciter de désir : il n'a pas été réconcilié avec lui-même. Et le réconcilier avec lui-même, c'est ce qu'il faut commencer par faire, avant de songer à l'action, car c'est ce qui permet d'unifier les forces et de rendre appétible notre courant de pensée.

Les fervents de l'apostolat et de l'activisme politiques croient que la propagande et le militantisme sauront séduire l'homme d'aujourd'hui. À leurs yeux, un tel homme est supposé n'être pas profondément solidaire de la tyrannie molle qu'il subit ; pour cette raison, en lui faisant voir ce qu'il y avait de beau et de grand dans le passé, on pense parvenir à le séduire et à le ramener à la raison et à la vertu. En vérité notre contemporain ne veut en aucun cas faire retour au passé parce qu'une partie de lui-même est profondément attachée à ce que son présent a de plus pourri, et nourrit une grande aversion à l'égard de ce que ce passé avait de bon.

Mais les observateurs convaincus par la thèse contraire — ceux donc pour lesquels il n'y a pas d'opposition entre pays légal et pays réel — tendent en retour à juger la situation actuelle non seulement catastrophique mais tordue sans retour : l'homme d'aujourd'hui, selon eux, est pourri jusque dans sa substance, pourri par tout lui-même, à ce point que le genre humain en est à son agonie et donc qu'il n'y a plus rien à faire. Mais ces mêmes pessimistes qui confondent pessimisme et lucidité, force et cynisme, ne se rendent pas compte que si leur jugement négatif sur le genre humain en son état actuel est sans appel, c'est parce que le salut selon eux consisterait à faire un retour en arrière dont en effet l'homme d'aujourd'hui est incapable. Cela dit, en est-il incapable du fait de ce que le passé pouvait avoir de bon, ou de ce que ce même passé contenait de mauvais, c'est-à-dire du fait que le passé, quand il était le présent des hommes, était déjà en porte-à-faux avec lui-même ?

L'homme n'est jamais aussi bon qu'il prétend l'être, et jamais aussi mauvais qu'il se plaît à se juger. Il y a même un mécanisme pervers à l'œuvre dans cette complaisance dans le pessimisme. S'objectiver, c'est toujours se libérer de soi-même, en ce sens que, s'il reste à quelqu'un assez de vigueur pour se mettre à distance de soi, ne serait-ce qu'en pensée, c'est qu'il n'est pas aussi dépravé — aussi affaibli et aussi fourvoyé dans l'erreur — qu'il prétend l'être, puisqu'il faut de la force et de la lucidité pour confesser sa faiblesse et son erreur. Si donc s'objectiver en confessant ses maux équivaut à se libérer au moins en partie de ces derniers, alors les déclarer indéracinables revient à se dispenser de faire l'effort de s'en libérer en pratique tout en se persuadant de s'y être déjà soustrait par le fait même de sa confession. Si notre contemporain est hermétique aux grandeurs du passé, c'est assurément, au moins pour partie, parce qu'il est dépravé, parce qu'il hait le bien et le vrai ; mais c'est aussi, pour une autre partie, parce que ce qu'on lui propose pour sa guérison manque d'appétibilité du fait qu'une telle médecine est elle-même gâtée.

Tout processus de décadence naît de ce que, à la société saine et vigoureuse, quelque chose faisait défaut pour s'assurer de sa pérennité. La conscience d'un tel manque ébranle alors la société et l'invite à se réformer, c'est-à-dire, aussi longtemps qu'elle est globalement saine, à approfondir le processus de son adéquation à son idéal. Mais la part gâtée de l'homme fait que l'ébranlement induit par une telle dangereuse prise de conscience en vient à remettre en cause cela que la société avait de bon. Il en résulte, du fait que la prise de conscience d'origine était bonne, qu'on fait appel à des éléments de solution en soi excellents mais corrompus par la remise en cause de ce que la société avait de bon, et c'est ce corps de questionnements opportuns et de réponses embryonnaires saines mais dévoyées en tant que mises au service de fins mauvaises que nous nommons ici *les vérités captives*.

§ **12.** Tout observateur de la vie intellectuelle du monde catholique sait que le Père de Lubac, dans son « Surnaturel », s'est contenté de mettre en évidence une difficulté — l'existence problématique d'un désir naturel de Dieu — qui grevait la pensée thomiste et néo-thomiste, c'est-à-dire la philosophie régissant la vie intellectuelle des catholiques depuis des siècles, et dont les dépositaires de l'orthodoxie refusaient de prendre conscience par crainte de périr sous le flot furieux d'une poussée moderniste emportant tout sur son passage. Cette poussée a eu lieu et elle a presque tout détruit en effet, avec l'avènement du concile Vatican II. Mais ce n'est pas à dire que les antimodernistes avaient raison lorsqu'ils contestaient l'existence d'un désir naturel de Dieu. Cela signifie qu'ils ont raison d'être antimodernistes mais qu'ils refusent de s'attaquer au traitement de vrais problèmes nés chez eux. Cela les invite à faire retour en arrière, à l'avant de Vatican

II, cependant qu'ils ne s'aperçoivent pas que, ce faisant, ils réenclenchent le processus ayant rendu possible Vatican II. Aussi leur tentative de lutter contre le modernisme est-elle spéculativement inopérante et, du point de vue de l'apostolat, inefficace. Le concept de désir naturel de Dieu n'a pas bonne presse chez les traditionalistes réactionnaires. On peut en dire autant des concepts modernes d'État, de nation, de volonté générale et de laïcité. Ils sont pourtant nécessaires à la cause même de la vraie Tradition, et c'est dans l'élément des nouveautés modernes qu'il faut aller les chercher, afin de les restituer à leur véritable contenu et de les faire servir à leur vraie finalité.

Au passage, on comprend sous un certain rapport le refus actuel, chez certains, de cautionner la dichotomie classique droite-gauche : si les vraies solutions consistent à procéder à une révision critique du passé de la pensée de droite, si l'on admet que la subversion contient des vérités captives précieuses, on a d'une certaine façon dépassé le clivage droite-gauche ; mais si ce dernier doit être **politiquement** dépassé, il correspond à une réalité **métaphysique** intangible.

Lorsque nous rappelons que l'homme n'est jamais aussi bon qu'il le prétend, ni aussi mauvais que ce que lui fait croire ce dégoût de soi-même en lui suscité par ses moments sporadiques de clairvoyance, nous ne voulons pas signifier qu'il y aurait encore quelque chose de bon et d'amendable dans l'homme moyen de nos sociétés contemporaines. Nous ne le croyons pas capable de se tourner de lui-même vers le vrai et vers le bien. Il ne faut pas compter sur lui pour constituer spontanément les légions de la « Reconquista ». Seules la souffrance et la terreur le feront se tourner, sans enthousiasme, vers la minorité des âmes d'élite qui auront pris le pouvoir ou seront en passe de le prendre, et se mettre au service de la bonne cause qui lui aura été imposée. Le peuple, répétons-le, suit toujours les élites qui s'imposent à lui, parce que sa médiocrité indépassable est indissociable de sa malléabilité. Ce que nous essayons de signifier, c'est que la constitution d'une aristocratie pour l'action à venir peut selon nous être opérée à partir du peuple au sein duquel une petite minorité, qui s'ignore peut-être elle-même, a encore conservé du goût pour ce que le monde moderne s'ingénie à exténuer. Mais il ne peut s'agir que d'une minorité. Son existence potentielle suffit à nous détourner d'un pessimisme apocalyptique, mais, relativement à la condition humaine, notre optimisme candide se reconnaît — le lecteur en conviendra — de puissantes limites.

§ **13.** Procédons à quelques rappels.

Le bien, de manière générale, est ce que toute chose désire en tant qu'elle aspire à sa perfection. Le désir est une modalité de l'appétit, ainsi de l'amour, et l'amour est force d'union et de concrétion, il fait tendre l'amant vers l'aimé en visant l'unité des deux, l'ablation de leur différence : quand l'amour vient au jour, l'amant s'éprouve, dans un ravissement douloureux, comme étranger à lui-même, ce qui fait que l'amant ne trouve son unité avec lui-même — ainsi son repos — que dans son unité avec l'autre ; parce qu'être, c'est être un, l'amant ne concrétise bien son être qu'en faisant un avec l'autre. Mais l'amour est aimable et, à ce titre, il entend se conserver en s'exerçant, or il ne subsiste que dans la relation — qui suppose leur différence — entre l'amant et l'aimé, de sorte que cet amour tend à se consommer dans une suppression de soi à laquelle il répugne. Livré par essence au tourment de l'attraction et de la répulsion, l'amour tend à revenir sur lui-même en quittant l'aimé que pourtant il convoite, et cette contradiction constitutive se résout dans l'engendrement d'un troisième, ainsi d'un rejeton en lequel l'amant et l'aimé sont un (ce qui consomme l'amour) sans cesser d'être deux (ce qui préserve la subsistance de l'amour). Ainsi l'amour est-il par essence engendrement, il est diffusif de soi. Par ailleurs, l'amour étant lui-même aimable, il participe, lui qui tend vers le bien dont il manque, de ce bien vers lequel il tend, ce qui revient à dire que l'aimé, à savoir le bien, s'aime lui-même. Puis donc qu'il est, de surcroît, dans la vocation de tout être de s'aimer, ainsi de se conserver dans l'être, c'est que tout être, en s'aimant, aspire à faire un avec lui-même en tant qu'autre, se révélant à la fois amant et aimé. C'est pourquoi tout être en tant qu'il est être tend, avec plus ou moins de perfection, à se faire le processus d'engendrement de lui-même (il est amant, aimé et rejeton), ce qui caractérise l'être *vivant*. Et cette vérité reconnaît dans la Révélation trinitaire, surnaturelle, le bien-fondé du raisonnement que mène la raison naturelle sur cette question. Or dire que le bien est diffusif de soi, c'est affirmer qu'il est d'autant meilleur que plus communicable, et ainsi que plus nombreux sont ceux auxquels il peut se communiquer. Il en résulte que le bien est d'autant meilleur qu'il est plus commun. Si l'on se souvient que ce qui est premier dans un genre est cause de tout ce qui appartient à ce genre, et que ce qui a raison de cause contient éminemment les perfections de ce dont il est cause, on conviendra que l'essence du bien, qui le veut et le pose comme bien commun, définit ce en quoi toute chose reconnaît son meilleur bien.

Le bien commun est donc ce bien commun à tous, ce bien du tout pris comme tout, et tout autant la partie la plus précieuse du bien privé de chacun. Une telle exigence à deux faces n'est réalisable que si le tout dont il est question est organique, définitionnel d'un vivant. S'il était donné à un organe de se représenter le sens de sa tendance foncière, il comprendrait qu'il aspire avant tout à servir l'organisme dont il est la partie, que tel est son bien le plus propre que de servir le bien du tout, et il saurait qu'il en est ainsi parce qu'il vit de la vie même du tout. Retenons donc, pour le moment, que le bien commun a raison de cause finale de ce tout qu'est la société, et qu'il n'est de bien commun ainsi entendu qu'à propos des réalités organiques, ne le fussent-elles que par analogie comme dans le cas d'une société composée de personnes. La Cité n'est qu'un tout d'ordre ; elle n'est pas, stricto sensu, substantielle, au lieu qu'un vivant jouit du statut de réalité substantielle ; il reste que, finalisée par un authentique bien commun, la Cité, entitativement tout d'ordre, est fonctionnellement substance, en ce sens qu'elle fonctionne telle une substance vivante, sans préjudice, paradoxalement, pour la préservation de la substantialité des personnes qu'elle intègre.

§ **14. 1.** Dans le sillage de ce qui vient d'être rappelé, on comprend sans peine qu'une société effectivement finalisée par le bien commun — et non par un « intérêt général » qui se limite à faire coexister sans dissensions létales des intérêts privés toujours potentiellement antagoniques — est en demeure, en tant que tout, de maîtriser la différenciation d'elle-même en ses parties, lesquelles ont fonction d'organes. Quand l'organe tend vers son bien propre, il tend spontanément à servir le bien du vivant dont il est l'organe, puisqu'il vit de la vie même de ce tout qui, par là, se veut en ses parties, se les subordonnant, et ainsi les faisant se subordonner à lui, par là les faisant tendre vers leur bien le meilleur comme vers un bien qu'elles servent, auquel elles se rapportent, loin de le rapporter à elles. Mais étant vivant, le tout est tel que la force l'habilitant à se faire le principe d'unité de ses organes est cette même force qui le fait se différencier lui-même en eux.

Or dans ce régime que fut la royauté française, les parties ne procédaient pas de la différenciation de soi du tout en elles, elles avaient une existence indépendante antérieure au tout : duchés, comtés, grandes familles, communes rattachées au gré des hasards de l'Histoire et des intérêts particuliers, honneurs attachés aux résidus de la fonction impériale devenus héréditaires à mesure que l'Empire s'affaiblissait. Et c'est pourquoi le tout n'était pas immanent aux parties comme une âme ; c'était un tout qui se contentait de les rassembler ou de les faire coexister sous l'égide du roi qui en retour n'était que nominalement au-dessus des parties, mais non réellement, parce que la forme dont il se voulait la personnification n'était pas immanente aux parties. Il y avait donc structurellement un principe latent d'hostilité et de désordre dans la société monarchique qui, dès le Moyen Âge, s'efforçait à tendre vers une monarchie centralisatrice maîtresse de la différenciation de ses parties, ainsi au-dessus d'elles.

C'est parce que cet effort n'a pas abouti qu'eut lieu la Révolution française.

La monarchie française s'est émancipée de la féodalité en se faisant absolue, après s'être constituée selon les caractères de liens de la féodalité au détriment de l'État impérial. De même, l'aristocratie frondeuse s'est insurgée contre l'État absolutiste en aspirant à se substituer au roi, mais elle a été balayée par la bourgeoisie qui finit par acheter le peuple par le système des assignats. C'est en se faisant organique — osons le mot : fasciste — que la monarchie aurait pu devenir absolue *et* populaire, en liquidant l'aristocratie héréditaire (non l'aristocratie en tant que telle, mais le caractère héréditaire et sclérosant de l'aristocratie), laquelle était un moment intermédiaire dans le processus de genèse de l'État.

Il y a solidarité logique entre aptitude du roi à dominer réellement le tout pour se rendre maître de la différenciation du tout en ses parties, et immanence de la forme du tout à chacune des parties de ce tout : si le tout n'engendre pas ses parties, si donc la forme n'est pas immanente aux parties, il les trouve toutes faites vivant de leur vie propre avec chacune ses intérêts particuliers, donc toujours susceptible de s'opposer au roi qui pourtant n'est en droit que la conscience de soi du tout et n'a de légitimité qu'à ce titre, comme opérateur du bien commun d'un tout. Encore faut-il que les parties consentent à s'intégrer dans ce tout-là et non dans un autre qu'elles pourraient concevoir autrement. Si au contraire elles sont engendrées par le tout, elles reconnaissent en lui spontanément leur lieu d'intégration naturel. En fait, le roi a bien essayé de dominer les parties, mais dans une perspective théocratique et providentialiste (ce droit divin des rois, chimère selon Maurras), et non organiciste.

En deux mots comme en cent, la monarchie, sous toutes ses formes et à toutes les époques de son existence, fut une extension du concept de pouvoir domestique ou familial, et l'on peut se demander si elle accéda jamais au statut de pouvoir proprement politique, celui de l'État rationnel. L'État, comme le rappelle Hegel, est l'identité concrète de la famille et de la société civile, il fait se conjuguer l'organicité de la vie familiale où les membres ne sont que par le tout, et la personne de la société civile, ne reposant que sur elle-même ; l'État rationnel intègre des personnes libres, chacune reposant sur soi tout en se faisant et se voulant membre organique du tout vivant analogiquement substantiel qu'est l'État, divin terrestre. Le pouvoir politique est bien pouvoir des hommes libres sur des hommes libres, comme l'enseigne Aristote, étant bien entendu qu'un homme libre est celui qui n'est pas esclave et auquel, de ce fait, est reconnue la dignité de se soucier du bien commun et de le servir : est libre celui qui est en devoir moral de s'ordonner de lui-même au tout dont il est la partie, celui qui agit par obligation et non par contrainte, qui obéit par choix et qui fait sien, l'ayant intériorisé, l'ordre reçu. L'homme libre est le citoyen, celui qui n'est pas esclave, au lieu que le pouvoir domestique est naturellement et spontanément monarchique, comme pouvoir de l'époux sur l'épouse et du père sur ses enfants, épouse et rejetons ne jouissant pas du pouvoir de conceptualiser et de vivre leur humanité aussi souverainement que l'homme. La monarchie d'avant 89 est la jeunesse du Politique, elle est immature, et 89 est un mal qui, par accident, lui a fait comprendre, comme abominable caricature de l'organicité antique — mais la caricature fait mémoire de ce qu'elle travestit —, qu'elle n'accéderait à sa maturité qu'en se faisant organique. Ce qui, nous semble-t-il, s'est dessiné de manière au moins inchoative dans la croisade des fascismes.

§ **14. 2.** Illustrons nos propos par les rappels historiques suivants :

Tant les monarchies médiévales que celle dite absolue ou d'Ancien Régime, privées d'un État national doté d'un système fiscal maîtrisé, étaient dépendantes des puissances d'argent privées et des banques. Seule l'idée moderne de nation, génératrice de conscience d'une communauté de destin, pouvait faire accepter le principe d'une fiscalité forte et régulière, équitablement appliquée, parce que cette conscience d'une communauté de destin est seule capable de rendre solidaires les membres de cette communauté, et que seule la solidarité dispose aux sacrifices en vue d'un bien commun. Le roi n'étant pas maître de la formation des grandes familles princières constitutives de sa haute aristocratie, cette dernière le tenait non pour la personnification du bien commun de la Cité, mais pour un pair, tel l'élu d'une démocratie aristocratique, ce qui le mettait en demeure de s'appuyer sur sa bourgeoisie pour contenir les turbulences des Grands. Or cette même bourgeoisie, du fait même d'un tel appui royal, aspirait à supplanter l'aristocratie. Il en résulta, de manière obligée, que le roi fut contraint de diviser pour régner : exacerber les dissensions entre aristocrates pour donner libre cours à son appui à la riche roture chargée des grandes fonctions étatiques, ou bien exploiter les tensions entre aristocratie et bourgeoisie pour tempérer les ambitions d'une roture oligarchique aux dents trop longues. Quand on en est réduit à diviser pour régner, il n'existe plus de bien commun parce que ce dernier est naturellement unitif de soi et, quand il n'y a plus de bien commun, les temps sont mûrs pour l'avènement de la Révolution.

Ce qui permit à la monarchie de durer treize siècles en dépit de tels dysfonctionnements structurels, ce furent d'une part le faible développement, pendant longtemps, des progrès techniques et des échanges commerciaux, d'autre part la prégnance dans les mœurs d'un vif esprit chrétien qui faisait relativiser, par la primauté accordée au Salut, les travers de la vie mondaine. Mais le développement technique est inévitable parce qu'il est appelé par les rivalités politiques induites entre les trônes par le souci de retrouver l'unité de l'Empire dont ils procédaient tous (voir ici notre § 42. 5) : si le bien est d'autant meilleur qu'il est plus commun, il existe un bien commun universel idéal (un *Saint-Empire* dont l'État mondial est la corruption) auquel aspireront toutes les nations mais de la réalisation effective duquel chaque nation constituée s'efforcera à se faire le principe, ce qui suscite inévitablement une compétition entre les nations, une relation potentiellement belliqueuse appelant une recherche de puissance obtenue, précisément, par les développements techniques ; le Politique ne saurait tempérer ces développements autrement qu'en les canalisant, mais encore faut-il que le pouvoir central soit véritablement fort, centralisateur et maître des pouvoirs qu'il est censé se subordonner. Par ailleurs, l'esprit chrétien, surnaturel, requiert l'ordre naturel dont les inachèvements le rendent progressivement incapable de se faire le réceptacle obligé de la vie surnaturelle, laquelle, en retour, s'édulcore et en vient à perdre son pouvoir de maintenir une unité politique oublieuse de ses principes immanents d'organicité.

CHAPITRE TROISIEME

Fascisme catholique.

§ **15. 1.** Le grand problème de la philosophie politique en général est celui de la conciliation entre les exigences et constats suivants :

§ **15. 2.** Nos désirs procèdent de notre nature : l'âne préfère la paille à l'or.

§ **15. 3.** Nos désirs nous ramènent à notre nature, parce que désirer consiste à manquer ; désirer est souffrir, être inadéquat à son concept ou essence ou nature, ce qui revient à tendre à se conformer à ce dernier, ainsi à retourner au principe de ces désirs. La nature d'un être est sa fin immanente (le processus de sa genèse le fait se reposer dans sa nature comme dans sa fin), donc la fin d'un être est sa nature. Donc notre nature se veut en nous et pour cette raison nous tendons vers elle en lui étant rapportés et non en la rapportant à nous-mêmes ; elle a raison de cause et de fin.

§ **15. 4.** Notre désir est réflexif, aime son objet et s'aime lui-même, donc il est infini : pour tout degré de perfection du bien aimé, le désir est non comblé puisqu'il peut encore revenir sur lui-même. Donc notre désir ne peut se satisfaire que d'un bien infini.

§ **15. 5.** L'homme est une réalité finie ; donc sa nature l'est aussi, elle n'épuise pas toutes les perfections, même si elle est parfaite dans son ordre. Donc l'objet ultime du désir humain excède sa nature qui a pourtant raison de fin (confer *Somme théologique*, Iª qu. 62 a. 1 : la béatitude n'est pas quelque chose de la nature (aliquid naturae) mais elle est fin de la nature).

§ 15. 6. La conjugaison de ces quatre exigences ou constats semble impossible : la nature a raison de fin du sujet qu'elle habite, *et* la fin visée par l'appétit foncier de ce sujet excède les limites de sa nature.

D'où la tendance soit à frustrer la nature (et le bien politique) au profit du salut individuel (surnaturalisme), soit à oblitérer la fin transcendante au profit d'une exaltation naturaliste du Politique, qui se résout au reste en individualisme (le Moi se glorifie dans la caisse de résonance du Moi collectif, la Cité n'existe que par l'homme qui se déifie en l'absolutisant).

§ 16. 1. Tentons une esquisse de solution. **L'homme n'est habilité à transgresser les limites du bien qu'est pour lui sa nature que parce que sa nature, voulue au titre de fin, l'y invite** ; c'est elle qui le libère d'elle-même en vue d'un bien absolu, et c'est en tant qu'il la veut comme sa fin qu'elle l'habilite à s'ordonner à plus qu'elle. Pour parvenir à ce résultat, il faut tenter de conjuguer l'hylémorphisme binaire de saint Thomas inspiré par Aristote (puissance et acte, substance et accident, essence et esse) avec la logique trinitaire de Hegel inspirée par Proclus (toute réalité naturelle ou spirituelle, tout ce qui est être et sens, s'offre à la pensée selon trois moments : le côté abstrait ou relevant de l'entendement, le côté dialectique ou négativement rationnel, le côté spéculatif ou positivement rationnel ; toute perfection a la forme d'une victoire sur son contraire).

Cette conjugaison permet de concevoir la causalité de la nature de telle sorte qu'elle rende raison de la disposition à l'excéder. Il faut que *la puissance à poser son acte soit intrinsèque à l'acte en tant qu'acte, de sorte que l'actuation de la puissance aboutisse à un acte qui renvoie à la puissance dont il se fait procéder et en laquelle coïncident, négativement, tous les degrés d'actuation de cette puissance, y compris ces degrés d'actuation excédant un tel acte.* En termes de représentation pédagogique, on peut rappeler ceci : un verre vide est dit plein en puissance, doté de la puissance d'être plein, et il est manifeste qu'il ne saurait être vide et plein en même temps et sous le même rapport, vacuité et plénitude sont des contraires ; pourtant, une fois rempli, le verre conserve sa puissance d'être plein, sans quoi il se viderait aussitôt ; sa puissance, son aptitude à être plein est même d'autant plus accusée qu'il est plus adéquatement rempli, et c'est en vertu de cette propriété de l'être en puissance qu'un vivant peut contracter des habitus qui revitalisent la puissance dans et par l'acte de l'exercer ; il y a coextensivité entre la puissance et l'acte autant qu'il peut y avoir opposition. L'actuation d'une puissance confirme la puissance comme puissance par l'acte même de combler la privation liée à une telle puissance ; et c'est bien ce que signifie la fameuse et paradoxale formule suivante tirée de la *Somme contre les Gentils* (II 68) : « quanto forma magis vincit materiam, tanto ex materia et forma magis efficitur unum » : plus la forme est victorieuse de la matière (qui dit victoire dit conflit), plus l'union (ainsi la relation d'amour) de la forme et de la matière est parfaite ; la matière ou puissance est bien confirmée, affirmée en tant que niée, et en retour la forme ou acte n'est forme que par sa vertu de revitaliser la puissance qu'elle nie souverainement, de sorte que la puissance se révèle bien intrinsèque à l'acte en tant qu'il est acte ; il y a donc identité du conflit et de la réconciliation, de l'attraction et de la répulsion, ce qui définit un processus dans lequel l'avancée est retour régressif ; soit encore : une réflexion ontologique.

§ **16. 2.** Tout ce qui conjugue attraction et répulsion a la forme d'une réflexion dans laquelle l'avancée dans le processus est régression en direction de l'origine de ce processus. **Ce dont le résultat est identique à son origine, laquelle n'est qu'à se lancer en s'y niant dans le processus qui ramène à elle, est identique à son processus, et ce qui est identique à son processus est ce qui *est* son devenir, lequel est le devenir de son *être* ; donc le devenir entier devient, ainsi *passe*, ce qui signifie que ce qui est le devenir de soi-même est l'immobilité pure (le devenir ne peut devenir que le contraire de lui-même), non le repos de ce qui est mort mais l'imperturbabilité de ce qui est parfait et qui, en tant que parfait, conserve la vitalité du devenir sans se réduire à ce**

dernier ; mais il n'appartient de passer qu'à ce qui a raison de *moment*, aussi ce qui est son devenir se réduit-il nécessairement, comme processus total, à un moment de lui-même. De même, ce qui *est* sa réflexion réfléchit son *être*, ainsi réfléchit sa réflexion ; dire que le devenir devient et a raison de moment de lui-même et par là *s'intériorise*, ce qui contraint un tel devenir à être un processus circulaire, c'est dire qu'il s'atteint ad tergum, dans son dos, en l'arrière de lui-même ; et, pour cette raison même, dire que la réflexion se réfléchit, c'est signifier qu'elle s'atteint **dans le dos d'elle-même, ainsi dans *l'envers* d'elle-même (un cercle n'a pas de dos...)**, dans le moment négatif de son identité à soi réflexive, et c'est indiquer que le résultat du processus, identique au processus, se réduit à un moment de lui-même, à un moment du processus dont il est le résultat.

Le résultat d'un processus circulaire, identique à son origine, a la forme d'une négation de négation. En tant que résultat, il est négation de la négation de soi de l'origine, il est inclusif de sa victoire sur sa négation ; en tant que, par retour sur soi, il coïncide avec son origine, il épouse la vocation de cette dernière à s'aliéner dans son processus. Mais, puisqu'il est déjà victorieux de l'épreuve de son aliénation, loin de subir passivement une négation de soi à laquelle était soumise l'origine, il *se* nie, *s'affirme* désormais dans sa négation, se maintient identique à soi dans sa différence, par là exerce l'épreuve de son aliénation redoublée tel un acte de se libérer d'elle en s'objectivant en elle, au point que, confirmant le moment négatif de sa réflexion, il *s'objective* en elle sa négativité ou vocation à se nier, et par là il *se libère* d'elle et se pose en lui-même, se libérant de sa contradiction assumée (être origine et résultat), comme non contradictoire. Ce qui est victorieux de son aliénation en son être-autre, ou basculement dans son contraire, et qui est invité par position à le revivre, ne l'éprouve plus comme une fatalité qu'il subit, mais comme une condescendance qu'il maîtrise, de sorte que la nécessaire différenciation intestine de soi n'est pas ablative de son identité, mais bien plutôt position fixée de cette dernière. On retrouve là les trois moments du Logique dont il était question plus haut (§ 16. 1) : l'origine est cette identité à soi abstraite condamnée à se nier, à s'éprouver dans sa différence d'avec soi dans le moment dialectique de sa réflexion, et capable de se libérer de ce destin, comme moment spéculatif, en se réfléchissant dans son processus, s'y libérant de sa contradiction originaire.

§ **16. 3.** C'est que, comme l'enseigne l'Aquinate : « Rien ne se divise d'avec l'être que le non-être ; de même, un être ne se divise d'avec un autre que par le fait qu'en celui-ci est contenue la *négation* de celui-là » (*In Boeth de Trinitate* 4, 1). Soit : A est A (selon le « côté abstrait ou relevant de l'entendement »), mais A est A seulement en tant qu'il n'est pas le reste, ainsi par là qu'il le conteste, cependant que ce qui consiste dans la négation d'un autre est relatif à ce qu'il conteste ; dès lors A se pose comme indépendant du reste, comme *absolu*, en confessant sa *dépendance* ou relativité à l'égard de tout ce qu'il n'est pas ; il est donc contradictoire et de ce fait il est le contraire de lui-même (selon le « côté dialectique ou négativement rationnel ») parce que, quand A est contradictoire, A n'est pas, et c'est non-A qui est ; il n'est donc lui-même en vérité qu'en se faisant le négatif de sa propre altérité à soi (selon le « côté spéculatif ou positivement rationnel ») ; tout ce qui est, en tant qu'il est, revêt de ce fait la forme d'une victoire sur sa différence d'avec soi, en sorte que c'est en revivant, l'ayant surmontée, sa contradiction constitutive qu'il s'en émancipe : ce qui est acte purement acte est corrélativement puissance active à et de ce même acte. C'est moyennant un tel dispositif logico-ontologique que l'être en acte peut, sans contradiction, rendre coextensifs la puissance et l'acte, faire de la puissance une détermination intrinsèque à l'acte en tant qu'il est acte, sans cesser, en tant qu'acte, d'exclure toute puissance et de se définir telle une victoire sur son être en puissance.

§ **16. 4.** Si tout acte, en tant qu'il est acte, a la forme d'une victoire sur l'être en puissance qu'il confirme (se le rendant consubstantiel) — ainsi pose — dans le moment où il l'abolit et s'en émancipe, c'est que tout acte, en tant qu'acte, est positionnel de l'être en puissance dont il se fait procéder, et que par là il a la forme d'une *cause de soi*. Qu'une pensée qui se veut dans le sillage du thomisme puisse faire sienne l'idée — expressément récusée par l'Aquinate — de cause de soi, c'est une démarche qui, aux yeux de beaucoup, devrait invalider de manière rédhibitoire la pertinence d'un tel discours. Pourtant tout thomiste reconnaîtra que ces principes d'être *un* être que sont la puissance et l'acte, la matière et la forme, l'essence et l'existence, ne sont pas des êtres puisqu'ils sont *principes* d'être, et qu'ils ne sont que dans leur composition ; or composer est une opération, et il faut être pour opérer. La puissance et l'acte entrent en composition et ne sont que dans et par cette composition même, nous dit-on ; mais chacun des deux termes doit être pour composer, et n'être pas pour être l'effet de cette composition ; il doit être effet de lui-même, de telle sorte que le composé, qui est, doit être pour faire être ces principes qui ne sont que par lui mais qui, étant ses principes, sont tels qu'il n'est que par eux. L'hylémorphisme qui refuse l'idée de « causa sui » la met en œuvre de manière subreptice par le fait même de l'intromission du concept d'être en puissance, intermédiaire obligé entre l'être (en acte) et le néant. L'hylémorphisme n'est donc lui-même recevable que s'il intègre l'idée de cause de soi et, pour ce faire, il doit en appeler au concept de réflexion (ontologique).

On peut dire aussi qu'il faut être pour être essence et que, tout autant (à peine de reconnaître deux actes d'exister à la même essence) cet être de l'essence est l'être (l'acte) dont elle est l'essence (la puissance), c'est-à-dire ce récepteur de l'être qui le limite en le mesurant, de sorte que l'essence est puissance à être essence aussi longtemps qu'elle est puissance à être (non actuée par un acte d'être), et que tout ce qui est puissance à être essence (déterminée) s'indifférencie, ou que *toutes les essences s'identifient dans leur être en puissance*. C'est pourquoi, lorsque l'acte en tant qu'acte est reconnu tel cet acte auquel est intrinsèque sa puissance à l'exercer parce qu'il la pose et la confirme comme ce en quoi il se libère de sa contradiction et se pose comme acte réellement distinct de sa puissance, cet acte se fait positionnel d'une puissance qui est non seulement puissance à lui-même, mais puissance à toute chose, y compris à ce qui l'excède.

§ **16. 5.** Si la notion de réflexion ontologique paraît peu intelligible à beaucoup, l'évocation suivante peut dissiper certaines obscurités. Il sera bientôt question du rapport entre pensée et langage. Chacun, cherchant ses mots non seulement pour communiquer sa pensée mais pour la faire éclore, peut faire l'expérience du fait que la pensée se constitue, en sa consistance de réalité intérieure, en s'extériorisant. De ce fait, elle s'affirme dans sa négation (l'extérieur est bien le contraire ou la négation de l'intérieur). Mais comment peut-on s'affirmer dans sa négation ? Dans la mesure où l'auto-négation de l'intérieur (en extérieur) dote le terme de sa négation de soi du pouvoir de se renier lui-même en direction de ce dont il procède, à savoir cet intérieur se faisant affirmer ou poser par son contraire en lequel il s'anticipe. La pensée, activité *spirituelle*, se révèle ainsi être en soi, dans son essence même, une victoire opérée sur cette aliénation chosiste (les mots considérés dans leur matérialité sonore ou graphique) en laquelle elle se *naturalise* et qu'elle confirme, la donnant à elle-même (« verba volant »), la libérant en s'en libérant, dans l'acte de la faire se renier en elle (le son s'y convertit en sens) ; ainsi, la pensée demeure-t-elle identique à soi dans sa différence d'avec soi, réduisant l'extérieur en extériorisation intérieure, demeurant auprès de soi en s'extériorisant, et cette pensée est d'autant plus actualisée en sa vitalité spirituelle intérieure que plus extériorisée dans l'extension spatio-temporelle de son verbe. Mais c'est là confesser que la pensée en acte se constitue par réflexion ontologique, de sorte que l'acte de toute réalité en acte est à son être en puissance comme l'est la pensée à l'égard des mots qui l'expriment. La négation de négation de l'origine est solidaire d'une seconde négation qui confirme la première dans et comme l'acte de la faire se renier.

§ **17 Voici donc, en appliquant ce qui précède (nos §§ 16) à la chose politique, notre résolution proposée.**

Il y a bien commun (meilleur bien de chaque partie *et* bien du tout envisagé comme tout) si et seulement s'il y a organicité (la partie vit de la vie du tout, et il se veut en elle de sorte qu'elle se rapporte à lui) ; il y a organicité si chaque partie est au tout comme un moment l'est au mouvement (le mobile est tout entier en chaque moment de son mouvement, sans y être totalement) : le tout se veut en ses parties, il est tout entier et non totalement en chacune ; mais si le tout est tout entier en chaque partie, c'est qu'il y a identité de structure entre la partie et le tout (comme le rappelle Platon au livre IV de sa *République*, et dont Dumézil fait mémoire dans son évocation du caractère tripartite des sociétés indo-européennes). Dès lors :

La nature humaine tend à s'actualiser dans la forme d'une personne publique (un « homme en grand ») intégrant les personnes comme ses organes, de sorte qu'elle fait vivre ceux dont elle se fait vivre, c'est-à-dire ceux qui la font vivre, et c'est ainsi qu'elle est organique, congrue aux exigences d'un bien commun (le tout se veut dans les parties). Les personnes se font la ***matière*** d'un tout (toute partie d'un tout a raison de matière) dont la forme est ce en quoi s'excède, pour s'y réaliser comme universelle, la forme individuée de chaque personne ; on verra bientôt que telle est la forme de l'État, ainsi l'État entendu telle l'« extra-position » de l'âme individuelle. **L'intérieur (la nature humaine qui se réalise en chaque homme portant en lui « la marque entière de l'humaine condition ») s'extériorise dans la Cité, et elle (la nature humaine) s'actualise en tant même qu'intérieur dans et par l'acte de s'extérioriser :**

Il y a identité *dialectique* de l'intérieur et de l'extérieur, à la manière dont la pensée, qui est intérieure au sujet pensant, s'actualise en s'extériorisant dans le langage, comme le rappelle Boileau : ce qui se conçoit bien s'énonce clairement. C'est la prolation du mot qui fait s'actualiser la pensée, laquelle, aussi longtemps qu'elle cherche ses mots pour se dire, fait l'aveu qu'elle n'est pas une pensée en acte mais seulement en puissance, à l'état de fermentation. L'intérieur exclusif de l'extérieur est *extérieur* à l'extérieur et n'est pas véritablement intérieur ; l'intérieur se pose en s'opposant, s'affirme en se niant. C'est pourquoi la subordination intentionnelle de l'homme à la Cité est l'acte par lequel il fait se déployer non seulement en elle mais encore **en lui-même** toutes les ressources de sa nature, ainsi de son intériorité, y compris celles qui ont vocation à excéder le bien commun politique. Sous ce rapport, le Politique en général est la médiation obligée entre fin humaine immanente et fin transcendante de l'homme. Sa vocation, qui définit son essence, est ce statut de médiateur entre deux moments de l'unique finalité humaine. **On retrouve bien l'idée selon laquelle la puissance est revitalisée par son acte qui pourtant l'épuise ou la comble ; l'intérieur et l'extérieur s'attirent et se repoussent, donc agissent selon les exigences d'une réflexion.**

§ **18.** L'homme est ainsi tout entier ordonné à sa nature, quoique non totalement, et tout entier ordonné au Bien absolu, mais aussi totalement. Il en résulte que l'homme s'ordonne d'autant plus adéquatement à la recherche du Bien absolu qu'il se soumet plus radicalement aux exigences de sa nature.

Il est, au passage, essentiel qu'il y ait désir naturel de Dieu, car c'est alors lui qui sous-tend tous les autres désirs et qui s'anticipe en eux, qui invite à aimer les biens qu'ils convoitent et, tout en un, à les abandonner, ce qui assure une continuité dans la rupture entre désirs des biens finis et désir du bien infini, ce qui donc ne contraint pas à être déchiré entre deux fins. Il n'y a pas écartèlement entre deux fins qui ne se rencontrent jamais, il y a (selon la dialectique de l'amour dans le *Banquet* de Platon) attraction-répulsion pour tout bien intermédiaire : aimer un bien fini, aimer son amour pour lui et prendre acte de l'inadéquation entre ce bien fini et l'amour qui porte vers lui, ainsi arrachement à ce bien et poursuite d'un bien supérieur. Le risque est de s'embourber dans un bien fini et de ne pouvoir s'en arracher ; mais ce risque est incontournable, parce que c'est en tendant vers un bien fini (dont fait partie le bien commun politique) que s'éveille le désir de Dieu, puisque ce désir s'anticipe dans les biens finis. **Si la structure de l'essence humaine est bien celle d'un être en acte qui fait de sa puissance à lui-même une détermination intrinsèque à son actualité, cela vaut pour tout être en tant qu'il est être, et même pour Dieu qui *est* acte d'être : l'infini actuel ne serait pas tel s'il ne se faisait assomptif, indépendamment de sa création, de tous les degrés finis de perfection qu'il dépasse, *dont celui du bien commun politique, de sorte qu'en tendant vers ce dernier, on tend vers une anticipation de soi du bien absolu.***

Que l'être en puissance ait raison d'une détermination intrinsèque à l'actualité en tant qu'actualité, détermination dont l'intrinsécisme révèle une telle puissance en tant que puissance *active*, cela n'a rien d'étonnant si l'on se souvient que le concept d'être est un transcendantal, c'est-à-dire un concept qui s'attribue à ses inférieurs logiques aussi bien quant à ce qu'ils ont de commun (à la manière d'un genre se prédiquant de ses espèces) que quant à ce que chacun a de propre (à la différence des genres qui ne se prédiquent de leurs inférieurs — les espèces — que dans ce que celles-ci ont de commun, mais non quant à la différence qui distingue chaque espèce d'une autre espèce). Tout est de l'être, même ce qui, dans l'être, distingue un être d'un autre être. **L'être en tant qu'être est principe d'identité *et* de différence.** Comme l'enseignait Parménide, tout ce qui est en dehors de l'être est du non-être, lequel n'est pas, donc rien n'est en dehors de l'être ; mais l'être est un, parce que ce qui diversifie est d'une autre nature que ce qui est diversifié : si la digue séparant le cours d'eau était elle-même formée d'eau, elle se confondrait avec ce qu'elle divise et elle ne diviserait rien ; et ce qui est d'une autre nature que l'être, c'est le néant, lequel n'est pas ; si donc l'être est un, il exclut d'être diversifié, et il n'y a logiquement qu'un être, qui est l'être même. Or il y a, de fait, des êtres. Donc il doit exister un principe de diversification qui, pour être différent de ce qu'il divise, ne soit pas, néanmoins, équivalent au rien ; tel est l'*être en puissance*, lequel est un non-être (être, c'est être en acte), mais un non-être qui est ou un être sur le mode du n'être pas. Et l'être en puissance est encore de l'être, à peine de n'être pas ce qu'il est, à savoir de l'être en puissance : il faut être, pour être ce que l'on est, dût-on être de l'être sur le seul mode du n'être pas. Si l'être, en tant qu'il est être, est principe d'identité et de différence, quand seul l'être en puissance diversifie l'être, c'est que l'être en puissance est intrinsèque à l'être en tant qu'acte, en puissance activo-passive pour les êtres finis, mais en puissance exclusivement active pour l'être absolument être, ou Acte pur auquel aucun thomiste ne refusera le statut de puissance active.

Si l'être est un, cependant qu'il y a *des* êtres, c'est que chaque être, en tant qu'il est être, est un, mais que, étant être parmi les êtres, il est *un* être. Être un *être*, c'est bien être *un* être, selon la leçon de Leibniz (*de Originatione radicali rerum*). Or chaque être, en tant qu'il est *un* être et n'est *être* qu'en tant qu'il est *un*, reconnaît, dans ce qui n'est pas lui, l'autre de l'un, à savoir le multiple, et par là sa négation (le divers de ce qui n'est pas lui n'a d'unité qu'accidentelle, ce divers n'a donc d'autre être que celui d'une négation, laquelle est relative à ce qu'elle nie, et cette diversité se résout dans l'agrégat de toutes les manières de n'être pas lui, mais en retour il est négation de tout ce qu'il n'est pas) ; il en résulte bien que chaque être contient en lui-même la négation de ce qu'il n'est pas, et n'est ce qu'il est qu'à raison de cette négation même. Ce qui confirme le résultat de notre § 16. 2. Le chat est le non-être du chien, du cheval, de l'ange et de l'homme, parce que tous sont autant de limitations — ainsi de négations relatives — de cet être auquel chacun prend part en le contractant, et auquel chacun s'identifie en tant qu'il y prend part : chacun nie ce à et en quoi tous s'identifient, donc en le niant il nie les autres, et il se révèle bien n'être ce qu'il est que par opposition à ce qu'il n'est pas. Plus simplement : si ce qui identifie les êtres entre eux est aussi ce qui les diversifie, c'est que l'être *se* diversifie en eux, s'oppose à lui-même en les posant comme des contraires, lesquels — l'être n'étant pas un genre — sont des contradictoires ; l'un est la négation de l'autre ; chaque être n'est ce qu'il est, dans sa différence intime, que par négation de ce qu'il n'est pas.

§ 19. La nature humaine est un universel tant de prédication que de causalité. Elle se concrétise en se particularisant, mais par là en se limitant. Elle aspire, si l'on peut ainsi parler, à se poser comme universel concret, réalisée sans restriction. La nature se veut en l'homme qui n'en est qu'une individuation partielle, donc elle lui enjoint de la faire se déployer selon un mode qui excède sa propre individualité d'homme singulier, ce qui s'accomplit chronologiquement par l'engendrement d'autres hommes, et synchroniquement par la genèse de la Cité dont l'unité riche de ses différences actualise les virtualités de la nature humaine plus adéquatement que ne le fait un seul individu. Donc l'homme est pour la Cité dont le bien propre, commun à tous les hommes, a raison de fin pour chaque homme. La nature humaine se concrétise en l'homme et l'invite à s'excéder en elle, c'est-à-dire à la poser comme nature humaine hypostasiée ; l'homme *a* une nature ; la cité *est,* autant qu'il est possible, inchoativement, cette nature personnifiée, parce qu'il est définitionnel de la nature humaine de subsister dans la forme d'une personne, mais ce sera une personne publique, prenant conscience d'elle-même dans un chef, conscience de soi de la volonté générale (au sens non rousseauiste du terme) ou volonté *du tout* (au génitif subjectif).

§ 20. Ce qui consiste dans « Jésus répandu et communiqué », ainsi dans la manière dont Dieu, Bien absolu, se rend immanent à l'homme, et qui mène ce dernier au-delà de la Cité, est l'Église. Donc la vie politique est pour la vie ecclésiale.

§ 21. Mais (confer § 17) : il n'est donné à l'homme d'excéder ce qui relève de sa nature que si sa nature le libère de la limite qu'elle lui impose, et elle ne l'en libère que s'il commence par se subordonner à elle et à se faire mesurer sans réserve par elle.

§ 22. Donc (confer §§ 20 et 21) l'homme ne se fait membre fidèle de l'Église lui assignant efficacement une finalité transcendante que s'il commence par plébisciter sans réserve le magistère immanent, normatif et finalisant, de la Cité. **Il y a donc co-extensivité, et non conflit, entre principe politique de**

totalité d'une part, et vocation supra-politique de la personne humaine d'autre part.

§ 23. La nature humaine n'existe qu'en se faisant personne, mais on n'est pas doté d'une nature humaine pour être une personne ; on est une personne pour incarner une nature dont la personne tire sa dignité. Que la personne soit invitée à excéder les limites de sa nature afin d'être déiformée par le don de la surnature (à savoir la nature même de Dieu) ne rend nullement obsolète la vocation de cette même personne à plébisciter le magistère de sa nature, jusque dans la manière politique dont cette dernière se réalise, et, en retour, l'assomption par l'homme de sa vocation surnaturelle lui enjoint, si elle est bien comprise, de plébisciter sans réserve le magistère de sa nature et, avec elle, des exigences politiques qu'elle induit.

§ 24. Dès lors, s'il est contre nature de refuser la surnature, il est, tout autant, contre surnature de frustrer les exigences mêmes politiques de la nature. Tant le refus néo-païen de la surnature, qui absolutise le Politique, que l'esprit théocratique, qui violente le Politique, sont à la fois contre nature et anticatholiques. Il est contre nature que la société se substantifie, parce que cela revient à l'absolutiser en ruinant la substantialité personnelle de l'homme, et à le priver du bien transcendant qui seul le peut combler. Mais la société n'est ordonnée à un vrai bien commun que si elle est organique, faisant ainsi vivre les parties de la vie même du tout. Il est donc nécessaire, ainsi qu'on l'a déjà noté, de reconnaître à la société le statut suivant : elle est dans son être un simple tout d'ordre et elle doit le rester, mais elle tend par nature à se comporter fonctionnellement comme une substance : « multitudo praeter multis non est sine in ratione ; multitudo tamen in multis est in rerum natura » (*de Pot.* III 16 ad 16 : la multitude, considérée indépendamment des personnes qu'elle réunit, n'est qu'un être de raison, mais considérée avec elles, c'est une réalité fondée dans la nature des choses). **Quand un homme meurt dans la Cité terrestre, c'est elle qui d'une certaine façon meurt à elle-même en lui et s'éclipse, puisque la Cité** ne subsiste que par les individus qui s'inscrivent en elle ; la Cité *s'achève* en lui, s'y supprime et s'y conserve, elle s'y métamorphose, elle se sublime en une communauté supra-politique classique-ment nommée communion des saints, ou bien, si l'homme avait été créé en état de pure nature et donc sans le don de la surnature, en ce qui eût été son analogue naturel.

Ce qui vérifie historiquement toutes les exigences qui viennent d'être formulées est l'organisation de la société en faisceaux, avec l'adoption du catholicisme comme religion d'État.

§ 25. L'État, un en son concept, est réalisé selon la diversité des nations qui sont ses principes d'individuation. Si l'État est tenu pour l'expression de la position ad extra de la nature humaine immanente à chaque homme, c'est dans la forme de l'État national, ou de la nation organisée en État, que l'homme se destine à s'excéder pour se parfaire. L'homme fasciste se veut au service de l'effectuation du destin national, et c'est en ce sens que le bien commun immanent, politique, a pour lui raison de fin, sans être ablatif de la fin dernière non mondaine. Une telle tâche, c'est la vie nationale entendue comme déploiement hiérarchisé de toutes les facettes d'un aspect idéal de la nature humaine, déploiement mené à l'intérieur d'une communauté de destin particulière. Si, au § 6 du présent travail, nous nous sommes contenté de définir le nationalisme comme refus de l'internationalisme, ou du mondialisme, nous pouvons à présent en proposer une acception positive : est nationaliste la doctrine politique qui reconnaît dans le bien commun de la Cité, cause finale du Politique, le service du déploiement hiérarchisé de cet « homme en grand » qu'est l'incarnation nationale de la nature humaine. Et le fascisme, pris en son acception générique (organisation de la Cité en faisceaux), n'est autre que la rationalisation du sentiment national, c'est-à-dire l'incarnation étatique du nationalisme.

Si l'on ne retient, du métier qu'il faut bien exercer pour gagner sa pitance, que l'aspect socialement gratifiant, ou pécuniairement intéressant, ou amusant, ou passionnant au regard de la curiosité de celui qui le pratique, il faut bien avouer que bien peu de métiers, bien peu de fonctions sociales peuvent susciter des vocations et convoquer les dévouements. On aboutit, dans ce contexte, à la condition laborieuse propre aux sociétés démocratiques, aux sociétés des loisirs dans lesquelles le travail est un mal nécessaire que l'on ne pratique que dans le but de s'y soustraire au plus vite et le plus fréquemment. D'où le recours à l'immigration pour l'exercice des tâches ingrates dont personne ne veut ; d'où l'accélération de la division internationale du travail, qui fait se défaire la nation dans une interdépendance de plus en plus accusée qui prépare l'avènement de l'État mondial, du fait d'un recours opéré sans vergogne à l'importation de denrées que l'on n'aime pas produire ; d'où l'hostilité entre corps professionnels qui s'accusent mutuellement de prendre une trop grande part du gâteau économique ; d'où l'hostilité entre classes. Tout change évidemment quand tous les hommes d'un même pays se voient investis de la dignité de coopérer, par leur travail, au destin de la nation, quand donc le devoir de servir le bien commun prend la forme — qui le rend appétible — d'une tâche collective consistant à faire s'extérioriser dans leur figure nationale les trésors de l'intériorité humaine, en vivant ce processus permanent sur le mode d'une anticipation de soi du désir de Dieu. Semblant faire parler Adolf Hitler, Johannes Ohquist (o. c. pp. 63-64) déclare : « *National et social* sont deux conceptions identiques. A la création du mouvement <die Nationalsozialistische Deutsche Arbeiter Partei>, nous avons décidé (en dépit de toutes les observations) de le baptiser national-socialiste. Nous nous disions qu'être 'national' c'était d'abord agir avec un amour sans limites et sans réserves pour le bien du peuple et, s'il le fallait, mourir pour lui. Et être 'social' c'est construire l'État et la communauté populaire de telle sorte que chacun travaille pour cette communauté, étant en même temps tellement convaincu de la bonté et de la loyauté de cette communauté populaire qu'il puisse donner sa vie pour elle ».

§ 26. Il faut bien avouer à ce sujet deux choses.

D'abord, seul le fascisme a rappelé la manière adéquate de convertir la répulsion à travailler en tâche exaltante, par l'intromission, dans la vie politique et surtout dans la conception du Politique, du concept de destin national entendu comme mission historique et morale. Ensuite, cette dégénérescence de la société consécutive à son impuissance à unir le peuple autour d'un destin affectait déjà la société avant le déclenchement de la Révolution française, précisément parce que la nation comme catégorie politique n'était pas thématisée. Si donc il est souhaitable de se soustraire à la pieuvre de la réalité jacobine, ce n'est pas en faisant retour à l'avant de 89 qu'on y parviendra. C'est en insufflant dans la monarchie cette instance idéaliste, cette exaltation des finalités immanentes et cette organicité promotrice du vrai bien commun, qui sont le propre du fascisme. **Mais cette insufflation n'est possible que si l'on récupère l'idée de volonté générale :**

Un bien commun est un bien que nous aimons en lui étant rapportés (nous lui voulons du bien, et c'est notre bien que de lui vouloir du bien), mais cela n'est possible que s'il est notre bien (pour être objet de notre appétit) tout en étant un bien qui se veut en nous, qui par là se subordonne ceux qui le désirent. Il est un bien commun s'il est à la fois le bien du tout et le meilleur bien du particulier. Il est bien commun s'il est tel que quand nous le voulons, *nous* le voulons (c'est *notre* bien) *de l'amour dont il s'aime lui-même* (nous voulons qu'il se possède, nous lui voulons du bien, il se subordonne notre être), et donc il se veut en nous. *Et en retour, s'il se veut en nous, c'est en se médiatisant dans l'amour que nous lui prodiguons.* **Voilà pourquoi la Volonté *du tout* (la tendance à l'autoconstitution du tout) doit être *volonté* du tout (il doit se vouloir en tous), ce qui revient à dire que la cause efficiente de la cité (la puissance à la produire, l'appétit de la constituer) est la nature humaine immanente à chaque homme.** Mais il s'agit non de ma volonté individuelle (qu'on peut appeler « volonté subjective »), il s'agit de ce que toute volonté est, en droit, en demeure de vouloir quand elle s'exerce conformément à sa nature rationnelle. On peut l'appeler « volonté objective de la multitude ». Et l'exercice de cette volonté n'appelle nullement le contrat : la cité ne procède pas d'un contrat mais de la nature politique de l'homme immanente à tout homme. L'existence de cette volonté exige que le pouvoir soit reconnu : le chef n'est nullement le délégué de la volonté du plus grand nombre, il est l'hypostase de la volonté objective, mais, **pour vérifier qu'il incarne bien cette volonté objective immanente à tous, ainsi pour acquérir cette légitimité du pouvoir obtenue par ordination de ce pouvoir au bien commun, il doit se faire reconnaître par tous, de gré ou de force**. La nature humaine est cause de chaque homme en s'individuant en lui, et elle est fin immanente de chaque homme puisque nos désirs procèdent de notre essence et nous ramènent à elle (désirer est manquer, être inadéquat à son concept). Et cette nature est adéquatement réalisée dans la Cité, et elle procède de Dieu qui veut que les créatures habitées par une telle nature agissent conformément aux exigences de cette nature. Comme le dit Hegel, la personnalité de l'État n'est réelle que comme une personne, le monarque. **La vraie Volonté générale, expressive de ce que les Allemands nomment le « Volksgeist », l'esprit d'un peuple, est cette tendance naturelle à la vie communautaire immanente à chaque homme et particularisée par le génie propre d'une nation, mais réfléchie en accédant à la conscience d'elle-même dans le monarque ou fondateur d'empire, qui, par son génie propre et/ou par position historique, actualise en et par lui-même cette Volonté générale immanente à tous, et l'actualise en tous.**

§ 27. Ensuite, **le bien commun est d'autant meilleur que plus commun, et pourtant il ne doit pas y avoir d'État mondial (au rebours des aspirations des participants du Forum de Davos, tel Klaus Schwab, et des puissances financières inouïes — plus puissantes que les États — qui les soutiennent).**

Il y a solidarité entre compréhension et extension : établir l'État mondial, c'est faire se réaliser toutes les potentialités de la nature humaine, de manière exhaustive (solidarité entre compréhension d'une part – l'humanité-concept est totalement actualisée -, et extension d'autre part – l'humanité comme pluralité d'individus est totalement rassemblée et unifiée) ; or seul ce qui est son espèce (tel l'ange) a le pouvoir d'actualiser en sa singularité toutes les ressources de sa nature (par ses opérations, l'ange Gabriel épuise toutes les ressources de la nature « gabriéléité »). Donc l'entité « État mondial » se comporte comme une essence capable de maîtriser opérativement toutes ses ressources essentielles. Mais un État politique n'existe que par ceux qui s'intègrent en lui et sur lesquels se fondent les ressources que l'on attribue au tout. Ainsi l'État mondial entend-il signifier que le pouvoir de déployer toutes les capacités de la nature humaine repose sur le génie de l'homme qui se donne son État, qui le fait être, qui par là fait être la réalité en acte de sa nature déployée, ce qui revient à signifier que le citoyen de l'État mondial se donne sa manière d'être, crée sa nature. Marx disait déjà que l'essence humaine est l'ensemble des rapports sociaux : l'homme crée la société, il crée son essence. Il n'est ainsi pas étonnant que l'État mondial des mondialistes contemporains ait vocation à reprendre les projets du marxisme (thèses sur Feuerbach). Donc :

Un bien est effectivement d'autant meilleur qu'il est plus commun, mais vient un degré d'universalité qui exige qu'on passe de la sphère politique de réalisation du bien commun à sa sphère religieuse. Le lien religieux est vérité du lien politique, la religion est l'« Aufhebung » du Politique. Selon la leçon de **Carl Schmitt** :

Il y a politique s'il y a unité, il y a unité s'il y a forme (parce que « forma dat esse rei », et que l'un et l'être sont convertibles), **il y a forme s'il y a État, il y a État s'il y a souveraineté (car l'autorité d'un seul fondée sur sa seule personne ne garantit pas la souveraineté, elle requiert une institution que le chef personnifie mais à laquelle il ne peut se substituer, un singulier ne peut avoir la raison de forme d'un tout, et c'est cette forme qui subsiste quand passent les hommes).** Or il y a souveraineté s'il y a pouvoir de décider de la situation d'exception (être au-dessus des lois, les suspendre, voire les casser) ; la situation d'exception maximale, où la nation risque sa vie, est la guerre ; il y a donc souveraineté seulement s'il y a possibilité de guerre. Il y a possibilité de guerre s'il y a possibilité d'un ennemi ; et l'État mondial, n'ayant pas d'extérieur, exclut tout ennemi. Donc il y a politique seulement s'il y a **des** États, ainsi **des** nations. Le substitut obligé (pour que la communauté humaine soit focalisée par un bien d'autant meilleur qu'il est plus commun) de l'impossible État mondial est l'Empire (dont une nation assume la fonction vicariante, selon un lien féodal entre nations, et non selon un lien étatique, ce qui a au fond toujours existé d'une certaine façon), qui rassemble les nations sœurs dans un même destin historique ; et ce qui rassemble l'humanité est l'Église, par-delà le Politique. Le Politique est par rapport à la Religion comme le Polygone par rapport au Cercle : plus il est polygone, plus il a de côtés, et sous ce rapport il est d'autant moins cercle qu'il est plus polygone puisque le cercle n'a pas de côtés ; mais plus il a de côtés, au point d'en avoir une infinité, plus il tend à s'identifier au cercle en lequel il s'inscrit ; l'accroissement quantitatif lui enjoint de changer de nature. Ce qui fait bien de la religion la vérité du politique ; et le sacre a pour véritable sens de signifier l'acte souverain par lequel le chef politique, qui est par nature « pontifex », remet — la surnature ayant librement choisi de se faire participer par les hommes — sa fonction religieuse à l'Église qui l'assume en la dépassant. Ce n'est nullement la doctrine des deux glaives d'« Unam sanctam » de Boniface VIII.

La religion est l'« Aufhebung » du Politique. Alphonse de Châteaubriant, dans *La Gerbe des forces* (p. 76 Grasset 1937), écrivait à ce sujet : « La force la plus grande se trouve dans l'incomparable joie de vivre que réalise celui qui sacrifie tout à quelque chose de plus grand que lui-même ». Telle est bien notre fin transcendante : la gloire de Dieu qui coïncide avec notre béatitude, ou souverain bien ; mais cette finalité se projette et s'anticipe dans une fin immanente : le service du bien commun politique, qui est le plus précieux

de nos biens propres ; par là, cette fin transcendante s'anticipe pédagogiquement dans une forme qui nous fait plébisciter l'attitude abnégative qu'elle induit en la présentant comme une victoire et non comme un consentement à la défaite : la chrysalide *s'achève* en papillon, elle ne renonce à soi qu'en se trouvant, en se reposant dans ce qu'elle est en vérité, comme le suggère le vers de Mallarmé (*Le Tombeau d'Edgar Poe*) : « tel qu'en lui-même enfin l'éternité le change » ; la chrysalide ne renonce à soi que dans la forme d'une conquête de soi-même ; et de même le renoncement aux biens finis, définitionnel de l'abnégation chrétienne, se donne à vivre, dans la vision fasciste du monde, sur le mode d'un achèvement ou d'une conquête de soi de la condition humaine : on ne quitte le monde et sa grandeur qu'en allant jusqu'au bout du souci de cette perfection immanente.

CHAPITRE QUATRIEME

La finalité opérative de la nature
et la nature comme finalité.

§ 28. 1. Procédons à une brève récapitulation.

« Par exemple, quelle est la cause matérielle de l'homme ? Ne sont-ce pas les menstrues ? Quelle est sa cause motrice ? N'est-ce pas la semence ? Quelle est sa cause formelle ? La quiddité de l'homme. Quelle est sa cause finale ? La fin de l'homme. *Peut-être d'ailleurs ces deux dernières causes n'en font-elles qu'une seule* » (Aristote, *Métaphysique* H 4, trad. Tricot).

« Puis donc qu'il y a quatre causes, il appartient au physicien de connaître de toutes et, pour indiquer le pourquoi en physicien, il le ramènera à elles toutes : la matière, la forme, le moteur, la cause finale. *Il est vrai que trois d'entre elles se réduisent à une en beaucoup de cas :* **car l'essence et la cause finale ne font qu'un** < aussi déclarions-nous plus haut, dans notre § 15.3, que le processus de la genèse d'un être le fait se reposer dans sa nature comme dans sa fin> ; alors que *l'origine prochaine du mouvement est identique spécifiquement à celles-ci* ; car c'est un homme qui engendre un homme ; et d'une manière générale, il en est ainsi pour tous les moteurs mus (…) » (Aristote, *Physique* II 7).

Que retenir ici de la leçon d'Aristote ? Ceci :

L'essence d'un être est définie par sa fin, la nature du couteau est de couper, et c'est bien en vue de cette opération qu'il est organisé et produit ; l'organisation dit la cause formelle, le but dit la cause finale, le coutelier désigne ici la cause efficiente mais, dans les êtres naturels, ce qui a raison de cause efficiente est la nature même (« phuô », « nascor » : faire croître) du vivant ; quant au matériau, il désigne la cause matérielle. Mais l'opération dit l'accident qui perfectionne et explicite la substance, c'est-à-dire l'essence individuée par la matière désignée (« materia signata », telle matière déjà particularisée). L'efficience est ce en quoi s'anticipe la fin ; l'artisan est en effet nommé cause efficiente du couteau, mais cela en tant qu'il est habité par le projet de couper, lequel se spécifie en se faisant cause formelle.

On est ainsi fondé à s'interroger sur le rapport entre essence ou nature d'une part, et opération d'autre part, puisqu'elles s'identifient sous un certain rapport (l'essence d'un être est définie par sa fin, laquelle est son opération) tout en se distinguant (l'opération n'est pas la forme puisque le couteau peut demeurer couteau sans être utilisé) l'une de l'autre.

L'opération du couteau, le « couper », relève de l'agir en tant qu'elle est immanente au couteau et pourtant, tout autant, elle relève du faire en tant qu'elle est transitive ; elle est immanente au couteau puisqu'elle est le couteau lui-même en tant qu'il exerce sa vertu formatrice, c'est-à-dire ce en vue de quoi il est ainsi constitué ; elle est transitive puisque son résultat est dans l'objet transformé et non dans le sujet transformateur : « actio et passio sunt idem », l'acte de couper et l'acte d'être coupé sont un seul et même acte. La fin d'un être est son bien, et ainsi, dans l'exemple présent, le couteau trouve son bien dans l'objet transformé (la statue obtenue à partir du marbre sur lequel opère le couteau du sculpteur). Mais on notera que ce bien du couteau est un bien auquel il tend comme se rapportant à lui et non comme le rapportant à soi : le couteau est par essence instrument de la statue, il a raison de moyen et se repose comme dans sa fin dans cette vocation de moyen assumée. Pourtant, si la nature d'un être est dans sa fin, quand cette même nature est son essence ou forme, force est d'affirmer que la fin d'un tel être est sa forme, laquelle lui est intrinsèque, de sorte qu'il n'a pas raison de moyen sous ce dernier rapport ; il existe à la fois pour couper *et* pour être — si l'on peut dire — excellemment lui-même, qu'il se trouve couper ou non. Comment concilier les deux exigences ?

Proposons la réponse suivante :

Le couteau a pour fin l'activité même de couper, *et* la forme dont il est l'individuation et à laquelle il tend à se rendre adéquat le plus parfaitement possible. La forme individuée, qu'il est, tendrait naturellement, s'il était vivant, à s'identifier inchoativement à la forme universelle dont il est une individuation contingente et par définition réductrice : il contracte, en tant que singulier concret, l'idée de couteau, et il ne concrétise pas en lui-même toutes les manières d'être couteau, et en cela cette contraction est bien aussi une réduction. Mais, à proprement parler, ce ne sont pas là (action et forme) deux finalités réellement différentes. Si le couteau était si parfait qu'il pût en venir à être son opération, il serait l'essence ou forme subsistante de couteau. Précisons cela.

§ **28. 2.** L'action de couper est d'une certaine façon l'essence même du couteau qui, si la pauvreté ontologique liée à son degré d'être ne le lui interdisait, s'identifierait à son opération, de sorte que son opération serait son essence et sa substance ; l'opération serait la forme, et corrélativement la forme serait la fin ; le vœu idéal d'un être est de faire coïncider en lui l'efficience, la forme et la fin (une telle coïncidence induit une exténuation de la matière), ce qui ne se produit inchoativement que dans les vivants ; cela ne se produit, plus adéquatement, que dans les vivants spirituels, et enfin cela ne se réalise absolument qu'en Dieu seul en lequel l'essence est, stricto sensu, l'opération, ce qui de surcroît fait que l'essence est une même chose avec l'acte d'exister : l'étant est à l'« actus essendi » ce que le coureur est à la course et, de même que ce n'est pas la course qui court mais le coureur, ce n'est pas l'acte d'exister qui est, mais l'étant ; l'être (esse) est à ce qui est comme le luire est à l'éclair[3] ; de même, donc, que le coureur

---

[3] Saint Thomas, **Commentaire du** *traité de l'Interprétation* **I, I, 5, n° 73** : « comparatur enim forma ad ipsum esse sicut lux ad lucere » ; luire est l'activité de la forme, l'essence est puissance active, et l'esse est son effet : « forma *dat* esse rei » (*Somme théologique, Somme théologique,* **Ia q. 76 a. 4**).
« Ipsum esse non significatur sicut subjectum essendi, sicut nec currere significatur sicut subjectum cursus. Unde sicut non possumus dicere quod ipsum currere curret, ita non possumus dicere quod ipsum esse sit » (*Comm. De*

court, de même l'étant est ; l'essence *exerce* — et l'exercice relève bien de l'opération — l'exister, elle est puissance *active* de l'exister, elle exerce si parfaitement l'exister qu'elle s'identifie à lui. Ce dont l'essence est d'exister — ainsi ce qui est divin — c'est ce en quoi les raisons d'essence, d'existence, d'opération et de finalité sont le plus parfaitement satisfaites, et ce qui les fait s'identifier en vertu de leur perfection même ; et leur disjonction dans les êtres créés procède de leur imperfection même. Aussi :

La perfection idéale du couteau — qui, de fait et de droit, ne lui revient pas puisque sa pauvreté ontologique l'exclut — serait d'être son opération, ce qui ferait s'identifier en lui substance et finalité, forme et finalité, forme et efficience. Et cette disjonction entre forme, fin, opération et substance, fait que sa finalité se dédouble en opération transitive d'une part, et en tendance à s'identifier à sa forme universelle d'autre part ; si le couteau était un vivant, cette tendance à s'identifier à sa forme universelle trouverait sa satisfaction dans son appétit de communiquer sa forme dans l'opération procréative, afin de faire se concrétiser toutes les manières, autant qu'il est possible, d'être couteau.

Ce qu'il est permis de retenir de cette brève analyse, c'est que l'opération propre d'un être fini, c'est-à-dire créé, expressive de sa différence spécifique et perfective de sa substance, a raison de fin pour cet être, et de fin en laquelle il ne se repose que comme étant rapporté à cet autre être plus parfait que lui, et auquel il est ordonné (en l'occurrence, ici, la statue éduite par le sculpteur de la matière du marbre). Mais cette finalité, qui l'invite à s'excéder, à sortir de soi-même en tendant vers plus que soi-même pour le servir, n'est pas ablative de son appétit de s'identifier à son essence, parce que cet acte immanent de s'identifier à son essence est tout aussi définitionnel de sa finalité. Il résulte de ces considérations que l'exercice de l'opération propre d'un être, qui

---

Hebdom. Lect. II, Léonine n° 271). « On n'use pas du terme d'acte d'être pour signifier le sujet qui exerce l'existence, de même qu'on n'utilise pas le terme d'acte de courir pour désigner le sujet qui court. Et de même que nous ne pouvons dire que l'acte de courir court, de même nous ne pouvons affirmer que l'acte d'être est ».

le mène au-delà de lui-même, demeure assujetti à la norme immanente de son essence, et ainsi le fait se reposer en lui-même.

Si l'on accepte avec Aristote et saint Thomas la pertinence du concept de causalité du lieu propre, au reste non vraiment invalidé par la physique moderne, on reconnaîtra avec eux que le mot « fin » (du mobile) a deux sens : le lieu lui-même *et* l'acte de se reposer dans le lieu, c'est-à-dire le but *et* l'être pour qui il est un but ; se reposer dans le lieu est la fin du mobile en tant qu'elle lui est immanente ; le lieu est sa fin considérée dans sa détermination transitive. Mais plus un être est élevé en perfection, plus sa finalité tend à lui être immanente, ainsi qu'on le voit en considérant le bonheur d'un être spirituel, qui n'est autre que l'activité spéculative. Dès lors, vaut proportionnellement pour tout être cette loi selon laquelle la subordination de l'aspect immanent de la fin à son aspect transitif n'abolit pas le caractère normatif, pour cet être, de l'aspect immanent de sa fin, et même un tel rapport de subordination s'inverse quand l'être considéré accède à la dignité de la vie spirituelle : on n'est pas pour agir, on agit pour être. Si, au sommet des degrés d'être, l'être et l'agir se confondent, ce n'est pas l'être qui se résorbe dans un agir pur, c'est l'agir qui, maximisant sa perfection, se résorbe dans l'être absolument être, mais dans un être qui est agir.

Le résultat intermédiaire auquel nous venons de parvenir exige une explication particulière, qui certes n'est pas aisée à exposer et à comprendre, mais dont il est difficile de faire l'économie si l'on entend conjurer les contresens et procès d'intention[4].

---

[4] Ce qui suit rencontre en partie les résultats des analyses développées par Guy Delaporte — auquel nous empruntons ici (dans notre § 28. 4) quelques-unes des citations judicieusement rapprochées par lui de saint Thomas d'Aquin — dans deux de ses articles (publiés sur Internet dans le *Grand portail Thomas d'Aquin*) : *Quasi … impossibile tantum, l'esse constitué par les principes de l'essence ?* (8 janvier 2023) et *Participation et causalité selon saint Thomas d'Aquin de Cornelio Fabro, note de lecture et saute d'humeur* (30 juillet 2016). De telles citations du saint docteur confirment nos propres thèses et enrichissent le corpus de nos propres citations de l'Aquinate. Guy Delaporte semble avoir pressenti le problème peut-être central du thomisme (conciliation entre l'essence entendue comme récepteur et

§ 28. 3. On agit pour être, pour s'identifier autant que possible à son essence. Il demeure néanmoins que, dût-il être le plus souvent utilisé comme nom, « être » est d'abord un verbe ; qu'un verbe désigne une opération ; que c'est dans sa vocation à être pensé comme une opération, ou une activité, que « être » revêt son vrai sens, même si l'« activité d'être » est irréductible à ce que l'on entend couramment par action. Il demeure donc qu'un « étant » (« un être », au sens ordinaire du terme) est un « exerçant l'activité d'être » ; « operatio sequitur esse », et cela est indubitable puisqu'il faut être pour agir, une action étant toujours menée par un sujet ; pourtant le cœur, l'étoffe, la quintessence et la raison intime de tout ce qui est consiste, en tant qu'il est, en l'exercice de cette espèce d'activité qu'est l'être, et se révèle lui-même tel un agir, une activité, une opération, un exercice : l'étant *est* comme le coureur court. Et c'est dans le concept de réflexion ontologique, évoqué ici plus haut (§ 16. 4), que se peut entrevoir l'identité de cet agir générateur d'être en retour sujet d'un tel agir : la réflexion est bien une opération, mais substantielle ou ontologique, puisqu'elle est fondatrice de ce qui opère ; elle est la pure activité productrice du sujet qui l'exerce. Un tel concept, à sa manière, dévoile la vérité captive du « Im Anfang war die Tat » du gnostico-panthéisme goethéen. En termes thomistes : « in principio erat Verbum », mais en Dieu — qui est pur être — être et agir ne font qu'un.

L'Aquinate, dans la *Somme contre les Gentils* (II 30), se propose de nous montrer qu'il existe des choses créées (ainsi contingentes puisque Dieu crée librement) dont l'existence est pourtant simplement et absolument nécessaire. Accédant à l'existence par la volonté divine, les choses sont telles que Dieu a voulu qu'elles fussent. Et Dieu a voulu *librement* que certaines fussent *par nécessité*. Rien n'empêche, pour saint Thomas, qu'une chose soit nécessaire tout en ayant une cause de sa nécessité. La forme est acte et, par

---

limitateur d'esse, et l'essence comprise comme puissance active d'exercice de l'exister), qui reçoit selon nous la solution consistant en l'intromission de la réflexion ontologique dans l'hylémorphisme ; Delaporte se contente quant à lui, semble-t-il, de renvoyer au mystère trinitaire.

elle, les choses existent en acte. Certaines réalités (tels les anges) sont des formes sans matière, et de ce fait ne sont pas en puissance au non-être, par là sont incorruptibles, mais sont toujours par leur forme « **in virtute essendi** » (en exercice d'existence, en puissance active d'existence). Dans la *Somme théologique* (Ia qu. 50 a. 5), il enseignera même que « esse autem secundum se competit formae, unumquodque enim est ens actu secundum quod habet formam » : l'exister convient à la forme à raison d'elle-même, puisque n'importe quel être n'est en acte qu'en tant qu'il a une forme ; et cette forme est à son acte d'exister comme le cercle est à sa rotondité. Il va de soi qu'un cercle ne saurait être séparé de sa rotondité ; aussi, si la forme est forme, la forme est (existe ou subsiste). Saint Thomas veut nous faire comprendre que l'ange est un être nécessaire dont la nécessité a une cause. Et la question qu'il faut semble-t-il se poser est la suivante : s'il est au pouvoir de Dieu, « de potentia absoluta », de renvoyer une créature dans le néant, cependant que son exister lui est intrinsèque, comment peut-elle perdre un tel exister, sinon parce qu'il est ajouté à l'essence et lui demeure au fond extrinsèque ?

On a là une aporie analogue à celle qui veut que Dieu soit cause première et totale de nos actes qui n'en demeurent pas moins libres (problème des futurs contingents, ou de la prémotion physique). Il est certes loisible de faire observer qu'un être peut être dit nécessaire en ce sens qu'il ne contient pas de principe interne de corruption, tout en ayant commencé d'exister et non sans pouvoir subir une annihilation, à défaut d'une corruption, de sorte que l'idée d'un être nécessaire dont la nécessité a une cause ne serait pas une idée contradictoire. La réponse est recevable, mais ce qui persiste à relever d'une aporie, c'est que cet être dit nécessaire dont la nécessité a une cause est un être dont la forme est une « virtus essendi », soit, une puissance *active* d'exister ; et il doit bien en être ainsi, s'il est vrai que l'étant est dit « être » comme le coureur est dit courir, de sorte que cette « virtus essendi » est analogue à une puissance opérative ayant dans le sujet qui l'exerce le principe de sa propre actuation ; or être annihilé consiste à perdre son exister qui, pour être séparé de la forme dont il est l'acte, doit avoir été *reçu* par elle qui, dès lors, est puissance *passive*, et non active, d'exister.

Bornons-nous aux indications qui suivent, parce que le traitement rigoureux de cette aporie excéderait de beaucoup le projet que nous nous sommes fixé dans le présent travail.

Rappelons préalablement qu'il existe — les historiens de la philosophie le savent — un thomisme de l'essence en acte et un thomisme de l'acte d'être, qui tous deux ont des titres à revendiquer l'autorité de l'Aquinate, et qui sont pourtant incompatibles. Si toute créature est contingente par définition, son exister n'est pas intrinsèque à son essence, elle peut le perdre et le *reçoit* de l'extérieur, et c'est bien ce que suggère le passage célèbre de la *Somme contre les Gentil*s (II 54) : la composition de matière et de forme est différente de la composition de substance et d'être, bien qu'elles soient toutes deux des compositions de puissance et d'acte, de telle sorte que l'essence (le composé de matière et de forme, pour ce qui est des réalités corporelles) est elle-même en puissance à *recevoir* son exister. Cela dit, il faut être pour recevoir, et il semble bien qu'il faille, selon cette lecture, parler, dans l'École et par-delà saint Thomas, d'un « esse essentiae » et d'un « esse existentiae » ; mais cela revient à faire exister l'essence deux fois, et ce qui est doté de deux actes d'exister perd son unité, or un *être* est *un* être. On est alors invité à remarquer que si la matière est à la forme comme la puissance *passive* à l'acte, en retour l'essence est à l'exister comme la puissance *active* à son acte (lequel est pensé sur le mode d'une opération ou d'une activité), ainsi qu'il l'a été évoqué ici (*C.G.* II 30) ; mais de ce point de vue la difficulté est de comprendre que puisse être causé de manière contingente ce qui existe pourtant nécessairement. Dans les indications qui suivront (§§ 28. 4 et 28. 5), il sera suggéré que le réalisme thomiste exige que soient rendues compatibles les deux lectures (l'essence reçoit l'exister, ou bien l'essence exerce l'exister), ce qui, selon nous, n'est possible que par l'intromission du concept non thomiste de réflexion ontologique.

CHAPITRE CINQUIEME

Deux thomismes.

§ **28. 4.** Dieu est son essence, son essence est son exister, et en Dieu être et agir ne font qu'un. L'ange est son essence mais n'est pas son exister, et de surcroît son essence n'est pas son action. Mais remarquons que même dans le cas de l'ange, qui est son espèce, son essence n'est pas stricto sensu lui-même, quand bien même on peut dire de lui qu'il épuise en sa singularité toute la perfection d'un degré essentiel d'être. Il n'est pas absolument son essence en ce sens que, dans sa substance, on doit distinguer entre son essence et ses puissances opératives. La simplicité de son essence n'exclut pas la différence réelle de ses puissances d'agir : son pouvoir de penser n'est pas son pouvoir de vouloir, et si ces puissances sont réellement différentes entre elles, elles sont différentes de l'essence qui les porte, bien qu'il soit définitionnel de cette essence de porter de telles puissances : identique à ses puissances, elle serait multipliée par elles et renoncerait à sa simplicité ; il est *dans* son essence d'avoir des puissances *que cette essence n'est pas* ; dès lors une telle essence est inclusive d'une diversité que contredit sa simplicité, ce qui nous enjoint de reconnaître que l'ange, qui est un, est doté d'une essence qu'il *est* (en tant qu'il épuise en cette unité la perfection du degré d'être exprimé par une telle essence) mais que, sous un autre rapport, *il a*, à peine d'être contradictoire et donc, en l'état, impossible. Par là qu'il est doté de puissances opératives qu'il n'est pas mais qu'il a, il n'est pas ses opérations ; ce qui est son essence sans être son exister n'est pas non plus ses opérations, et réciproquement. Aussi, en tant qu'il n'est pas son essence sous tous les rapports, son agir est destiné à le rendre conforme à son essence, à le faire s'identifier autant qu'il est possible à son essence, à surmonter cette différence intrinsèque à son identité. On agit bien pour être (confer § 28. 2). Mais tout autant, l'être que l'on aspire à être par le moyen de son agir est lui-même une activité et en quelque sorte le sommet de l'agir puisque tout agir particulier présuppose l'être et l'explicite ou le complète. Dès lors, au sommet des degrés d'être, là où être et agir se confondent (§ 28. 2), l'agir se résorbe dans l'être, mais dans ce suprêmement être qui est son agir ; l'agir qui procède de l'être se résout dans l'être qui consiste en son agir. En termes théologiques, Dieu est son agir parce que Dieu est simple, mais Dieu est maître de son agir parce que, tout-puissant, Dieu n'est pas nécessité par son agir ; Dieu a son agir qu'il est, ce qui n'est pensable que par recours au concept de réflexion ontologique ; la réflexion ontologique, loi de l'être en tant qu'être, opère en tout être, jusques en Dieu, mais Dieu est raison suffisante de la réflexion qu'il exerce, contrairement à la condition de créature. Et pour toute créature, on agit pour être (pour être son essence, origine et fin de l'agir), mais plus précisément pour être cet agir qui définit la perfection d'une telle essence. Souvenons-nous que l'être (l'exister, l'« esse ») est à l'étant (considéré dans sa forme ou essence) comme le luire est à la lumière ; l'étant exerce l'activité d'être comme le coureur exerce l'acte de courir ; si l'acte propre de l'essence est l'(activité d') être, quand son opération propre est l'agir définitionnel de son espèce (l'homme pense, le couteau coupe), c'est que l'activité d'être exercée par l'essence *est* l'activité propre à cette essence, et que son être ainsi entendu est son agir, de sorte qu'on serait presque tenté de déclarer qu'exister, c'est agir :

L'opération propre qui définit l'être spirituel, c'est la pensée ; aussi son être est-il l'activité de penser ; mais le sommet du vivre est l'esprit : vivre pour le vivant est son acte d'être puisqu'il perd son être en perdant sa vie, et le sommet du vivre est l'intellection. Puis donc que le sommet des degrés d'être est l'esprit, et que les degrés inférieurs sont comme les degrés d'une échelle qui procéderait du sommet dont sous ce rapport ils participent en le limitant, l'être absolument être est la pensée ; l'étoffe de l'être en tant qu'être est l'« intelligere ». On consentira à noter au passage qu'il existe bien, contre tout « apophatisme de l'esse », une essence de l'acte d'être (ou d'exister), ainsi une intelligibilité de l'exister en droit saisissable par concept, quelque principe d'actualisation des essences que soit par ailleurs, en général, l'acte d'être. Parce que le penser est l'acte commun du pensant et du pensé, ce qui est absolument être est cette pensée qui se pense, et ce qui est sans être pensant est une pensée dégradée, une tendance impuissante à se constituer comme pensée, laquelle est toujours en même temps pensée de pensée (savoir est toujours savoir que l'on sait). Même dans la créature pensante l'agir par quoi elle est n'est pas l'agir qui suit le fait qu'elle est ou explicite l'acte d'être qu'elle est, précisément parce qu'elle n'est pas la raison suffisante de la réflexion qui s'opère ontologiquement en elle. L'activité de couper serait positionnelle de l'existence du couteau si l'acte réflexif à raison duquel la forme de ce dernier se fait éduire de sa matière était de manière concomitante *et* l'acte de poser la matière dont elle se rend victorieuse *et* l'acte de confirmer, la constituant tel son sujet d'inhérence, cette matière qu'elle nie en s'en faisant éduire :

« Nam quantum unicuique inest de forma, tantum inest ei de **virtute essendi** (autant quelque chose possède de forme, autant il possède de pouvoir d'être : *QD de Pot.* q. 5 a 4 a. 1). Mais l'acte d'une virtus (essendi) est une opération : « in quibus vero forma non complet totam potentiam materiae, remanet adhuc in materia potentia ad aliam formam. Et ideo non est in eis necessitas essendi ; sed **virtus essendi** consequitur in eis *victoriam* formae super materiam, ut patet in elementis et elementatis » (*Contra Gentes* II 30 n° 11 : mais dans les réalités dont la forme ne comble pas exhaustivement la puissance de la matière, il reste en cette matière une puissance à une autre forme ; et c'est pourquoi il n'y a pas de nécessité d'exister en ces choses ; mais la puissance d'exister procède en elles de la victoire de la forme sur la matière, comme on le voit dans les éléments et les réalités dont ils sont les composants).

Si, de plus, le couteau pouvait accéder à la conscience de lui-même, il constaterait qu'il n'agit que pour tendre à être sa forme, ainsi lui-même, cependant que — son être étant l'activité propre de cet étant qu'il est, quand l'activité définitionnelle de son essence est l'activité de couper —, tout autant, il n'agit pour tendre à être (son essence) que pour tendre à être son agir. Ce qui précède autorise à affirmer que les fins immanente et transitive d'une réalité quelconque s'entrecroisent et se hiérarchisent de la manière suivante : considéré dans son rapport à une réalité supérieure dont il est l'instrument et qu'il aime comme se rapportant à elle, un être agit pour être (autrement dit : pour se rendre excellemment adéquat à son essence), et ce « devenir-soi-même » le lance dans un agir par lequel il s'excède et sert la réalité supérieure ; considéré dans son rapport à une réalité inférieure pour laquelle il a raison de fin, un tel être tend par son agir à être l'exercice de sa propre essence ayant pour lui raison de fin strictement immanente. En termes techniques renvoyant au vocabulaire hégélien, l'exister est la « sursomption » de l'agir, effet de la radicalisation absolue de l'immanence d'un tel agir.

§ **28. 5.** La question en forme d'aporie que nous posions plus haut (§ 28. 3) trouve selon nous sa réponse dans l'évocation du concept non thomiste de réflexion ontologique : de même que, pour saint Bonaventure, « si Dieu est Dieu, Dieu est », de même, si l'essence est essence, elle est, parce qu'elle est puissance active de l'exister ; dans les réalités matérielles, la forme n'est forme qu'en subsistant dans une matière ; aussi, séparée de la matière, elle n'est plus forme, et de ce fait elle n'est plus ; dans les réalités qui sont des formes subsistantes, la forme existe par là qu'elle est forme, sans qu'il soit besoin d'invoquer une « réceptivité » de la forme à l'égard d'un exister qui lui surviendrait de l'extérieur, comme si l'essence pouvait recevoir ce qu'elle n'exerce pas. Sous ce rapport, il serait verbal de déclarer : la forme est nécessairement liée à son exister seulement si elle existe, de même que le cercle est indissociable de sa rotondité mais seulement pour autant qu'il existe. Ce serait verbal parce que cela signifierait que la forme est liée de manière nécessaire à son exister pour autant qu'elle exerce un exister qui est de soi contingent ; elle ne se mettrait à être nécessaire que parce que recevant un exister contingent, ou encore l'exister contingent qu'elle reçoit la rendrait nécessaire, ce qui est contradictoire et court-circuite la raison en l'éclipsant semble-t-il sans retour.

Au vrai, il n'est pas certain qu'il soit possible d'éviter une telle contradiction. Si son évitement est exclu, il reste à la raison à s'efforcer d'établir que le contradictoire peut être rationnel, ce qui revient à montrer qu'est possible un acte de la raison faisant, de l'épreuve du contradictoire, l'acte même de se soustraire à une telle contradiction.

Nous suggérons donc la réponse suivante : l'essence est raison d'être ou puissance active de son exister en ce sens qu'elle se fait positionnelle d'elle-même, mais dans un acte réflexif dont elle n'est pas la raison suffisante. Qu'elle ne soit pas raison suffisante de sa réflexion constituante ne l'empêche pas d'être raison suffisante de son exister, ainsi d'être constitutive d'elle-même, en tant même qu'elle est réflexion. La réflexion ontologique, qui fait du non-contradictoire un dépassement de la contradiction assumée (être « causa sui »), permet d'expliquer qu'une essence puisse se constituer en essence, ainsi en ce qui est puissance active ou raison d'être de son exister, par là en exigence de ce dernier, sans que cet acte d'autoconstitution soit lui-même l'œuvre de la seule essence, parce qu'elle requiert l'intervention de la Cause première. Opérant dans le sillage de la Réflexion divine révélée comme Mystère trinitaire, la réflexion ontologique œuvrant au cœur des créatures est l'acte contingent à raison duquel une essence s'auto-constitue en essence nécessaire. Quand donc on déclare que Dieu pourrait, de puissance absolue, renvoyer toute créature dans le néant, on ne doit pas dire que Dieu déconnecte les formes de leurs actes respectifs d'exister, puisque cela est impossible ; on signifie par là que Dieu suspend son intervention dans l'exercice de la réflexion ontologique par quoi les essences ou formes des choses créées s'auto-constituent en puissances actives d'exister, c'est-à-dire s'auto-constituent en essences.

Que l'exister, acte et perfection de l'essence et tout autant essence en tant qu'elle est en acte, soit l'activité d'une essence, cela nous a permis de comprendre que, l'opération propre d'une essence étant aussi sa perfection et sa fin, l'essence d'une réalité est sa fin tout autant que la fin d'une chose est sa nature ou essence, quand bien même cette fin, configurée telle une opération, peut ordonner cette essence à plus qu'elle-même, à une autre réalité dont elle est l'instrument. C'est la seule indigence ontologique d'une réalité qui fait que sa fin opérative peut l'inviter à excéder son essence et à faire se prolonger son activité immanente en activité transitive. De ce fait, jamais la conformation d'une réalité à sa forme essentielle ne cesse d'avoir pour elle raison de fin, quelque indigent que soit le degré de perfection de cette essence ; aussi bien, la fin d'une telle réalité, dût-elle la mener au-delà d'elle-même, demeure-t-elle, en tant qu'elle est elle-même essence, le principe normatif de l'agir et du faire d'une telle réalité.

Récapitulons.

L'esse est *acte de l'essence* (entendue comme unité d'une matière et d'une forme, ainsi comme substance) ; il est, en tant que son acte, son bien, sa perfection et sa fin. Mais il est aussi *l'essence en acte*, l'essence en tant qu'elle est en acte dans son ordre d'essence et qui, à ce titre, tend à s'identifier à sa forme, puisque la forme est victoire sur la matière qu'elle parfait en la niant (qui dit victoire dit lutte et négation). Dès lors, l'essence actualisée dans son ordre d'essence, l'essence idéale ou formelle, est fin de la substance. Mais la fin de la substance est aussi définie par son opération propre, induite par sa différence spécifique, comme la course est le bien du coureur en tant que coureur. Par conséquent, l'agir ou acte d'opérer consiste à s'approprier autant qu'il est possible à son essence idéale. De plus, l'esse est l'activité de l'essence entendue comme puissance active de son exister. Donc l'opération propre de l'essence devrait être son exister. Si l'on se souvient qu'une puissance est actualisée par une réalité en acte, et qu'une puissance active est maîtresse de son acte, on comprend qu'une puissance active soit douée de la vertu de s'actualiser, de se faire passer elle-même de la puissance à l'acte, ce qui revient à dire qu'elle s'affecte et s'atteint par *réflexion*. Mais elle n'est pas raison suffisante de la réflexion qu'elle exerce, n'étant pas divine. Donc son actuation opérative est tout entière mais non totalement positionnelle de son exister. Il demeure a) que l'essence entendue comme forme est normative de l'opération de la même essence entendue comme substance, quand bien même cette opération mène la substance au-delà d'elle-même dans le service d'une autre réalité dont elle est l'instrument ; b) que ce dont l'agir est positionnel de son exister, raison suffisante de sa réflexion constituante, est une essence qui est son agir, de sorte que cette essence idéale est pour elle-même sa propre fin ; c) que l'essence de l'acte d'être (« ce que c'est que d'être », selon une appréhension quidditative de l'exister supposée impossible pour le thomisme orthodoxe) est cette activité ou action qu'est le penser, et que les êtres dont l'essence n'est pas leur action, dont corrélativement l'essence n'est pas l'exister, sont des pensées dégradées ; en d'autres termes, jouir du passe-droit d'exister sans être un acte de penser subsistant, c'est être le fruit d'une Pensée qui, librement, par décision contingente, donne à lui-même sans le reconduire à elle, le laissant aller hors d'elle-même, un moment de l'éternel savoir qu'elle a d'elle-même.

Au § 28. 3, nous évoquions l'aporie consistant à être mis en demeure de reconnaître à toute essence de créature le statut d'une puissance à la fois passive et active. Les considérations qui précèdent nous autorisent à proposer la réponse suivante : cette réflexion ontologique en laquelle se constitue tout être fini est telle qu'il n'en est pas la raison suffisante, aussi l'essence entendue comme puissance active est-elle tout entière et non totalement positionnelle de son exister ; autrement dit : elle est cause totale quoique non totalement de la position de son exister ; dès lors, la réflexion ontologique peut être dite raison totale quoique non totalement de l'autoconstitution d'un tel être ; en tant qu'elle en est la raison totale, on doit dire que l'esse est *exercé* par cette puissance active qu'est l'essence considérée dans sa configuration d'identité à soi réflexive ; en tant qu'elle n'est pas dite totalement raison de l'autoconstitution de l'être, on doit dire que l'esse de cet être est *reçu* par son essence qui sous ce rapport, distinct du précédent, a raison de puissance passive.

§ **28. 6.** Autorisons-nous, puisque nous avons de manière non délibérée déployé les outils conceptuels qui le rendent possible, un excursus prolongeant notre c) qui clôt le précédent §.

On connaît la formule de Pascal : « On ne peut entreprendre de définir l'être sans tomber dans cette absurdité : car on ne peut définir un mot sans commencer par celui-ci : *c'est*, soit qu'on l'exprime ou qu'on le sous-entende. Donc, pour définir l'être, il faudrait dire *c'est*, ainsi employer le mot défini dans sa définition » (*Pensées et opuscules*, éd. Brunschvicg 1912, p. 169). L'interdit métaphysique est-il indépassable ? L'exister serait-il à tous égards « extra genus notitiae » ? L'esse est l'acte de l'essence, selon la leçon de l'Aquinate, mais de ce fait, on l'a vu, il est l'essence en acte puisque l'acte d'être n'est pas, dès lors que *ce* qui est, c'est l'étant, ainsi l'essence. L'esse est en effet, selon saint Thomas, tout autant, l'activité d'être exercé par ce qui est, à savoir par l'essence, et plus précisément l'activité propre à l'essence d'exercer ce qu'elle est, c'est-à-dire l'action par quoi elle tend à s'identifier à son essence idéale. De ces deux vérités, on peut tirer la conséquence suivante : l'esse est ce qui fait qu'il y a essence, ce qui l'actue dans l'ordre de l'existence, mais en tant qu'il est cette activité de l'essence actualisée dans son ordre d'essence. Cela dit, l'essence, définie sans référence à cet esse, n'est autre que le possible, lequel ne dispense de renvoyer à l'esse que s'il désigne l'intelligible. L'esse (d'une essence) est ainsi cette activité de l'intelligible en acte dans son ordre d'intelligibilité ; et puisque l'intelligible en acte est intellect en acte, acte commun des deux nommé intellection, force est de conclure que *l'esse consiste dans l'intelligible en tant qu'il se voit conférer la forme d'une activité de se penser.* Ce qui n'est autre que la réflexion ontologique : acte circulaire de se poser par une réflexion qui s'achève dans l'objectivation (ainsi une libération) de soi, dans le circuit de sa réflexion, du résultat (contradictoire) de cette dernière. Toute réalité, même la plus éloignée de la dignité d'un être pensant, n'est réalité — ainsi n'est — qu'en tant que s'exerce en elle une intellection, laquelle est divine et laisse, dans le cas des créatures pensantes, comme en son sillage, un pouvoir d'intelliger propre à la créature dont la pensée d'elle-même est la reproduction, ou imitation, ou apparaître à soi, en cette créature, de l'activité d'être qu'elle exerce. C'est pourquoi le cogito est l'acte implicite de faire mémoire de Celui qui nous fait être en nous pensant, en lequel s'identifient ce qu'il est et l'acte d'être ce qu'il est. Et en cela même le cogito est révélation de l'idée d'être, objet de la métaphysique : le « je pense, je suis » signifie en vérité : l'acte de penser — qui est toujours, corrélativement, acte de se penser ou de penser qu'on pense — est la révélation de ce que l'activité d'être en général est une action de penser. Mais cela explique que la subjectivité puisse être tentée, par un glissement subreptice, de faire de l'activité d'être conscient de soi la racine de son acte d'exister. Ce qui est la fange natale du subjectivisme. Néanmoins, reléguer l'esse dans l'élément de l'impensé et de l'impensable, de l'inaccessible à notre raison finie, loin de conjurer le subjectivisme, le promeut : si le sens de « être » échappe à jamais au concept, quand c'est en lui que s'enracinent tous les sens (tout ce qui est à savoir est savoir de quelque chose qui est), on ne se tire du scepticisme que par l'appel au fidéisme (qui dénature la foi), ou bien à l'arbitraire de la pseudo-intuition, c'est-à-dire aux pulsions du sentiment ; chacun aura son infaillible vérité, sa perspective toute personnelle sur l'indicible. Le subjectivisme est la maladie de la subjectivité, laquelle est l'apparaître à soi de la raison, et le subjectivisme est cette conscience de soi de la raison, mais comme oublieuse de la portée ontologique de ses lois, ainsi de ses pouvoirs de vérité, comme déconnectée de son caractère logiquement coercitif. Le cogito, qui est réflexion sur soi, est le modèle de l'intuition en cela que l'objet ne saurait être étranger ou obscur au sujet puisqu'il est le sujet même ; mais la radicalisation de la discursivité, activité de la raison, est l'acte circulaire, dans une démarche dialectique à vocation systématique, de poser ce que l'on présuppose, et c'est là encore la configuration d'une réflexion ; intuition et discursivité s'identifient en s'absolutisant. Le subjectivisme, qui réduit la raison au formalisme d'une logique sans portée ontologique, qui donc fait de la raison l'instrument d'une synthèse de données qui ne devraient rien à la raison et tout au sujet qui les choisit par-delà ou en deçà de toute raison, est l'exercice du cogito devenu oublieux du fait qu'il est en soi et en droit le résultat d'une radicalisation de la raison discursive.

§ **28. 7**. Il nous reste, pour l'heure, à appliquer ces résultats au sujet qui nous occupe : la manière dont il convient de concevoir l'articulation entre le rapport de l'homme à sa nature, et le rapport de l'homme à sa fin opérative propre et ultime (l'activité contemplative qui culmine dans la Vision). Il s'agit de concilier les deux aspects de l'unique fin que l'homme se reconnaît : se rendre adéquat à son essence, *et* agir en vue d'une fin qui excède le souci de se rendre adéquat à son essence et qui donc le porte au-delà de lui-même, vers un Bien qui transcende celui qui consiste dans le fait de son adéquation à son essence.

Il nous semble nécessaire d'insister ici beaucoup sur ce qui fait la spécificité de l'organicisme catholique : tout ce qui concerne la vie terrestre est évidemment ordonné au Salut (c'est dans le contenu de notre foi catholique), donc toute la vie politique lui est ordonnée, comme le reste. Mais la condition requise pour que l'homme s'ouvre à un destin excédant l'ordre naturel et mondain, c'est qu'il commence par satisfaire aux réquisits de sa nature qui lui enjoint de se subordonner à elle comme à sa fin. L'homme est personne pour réaliser sa nature humaine (la nature humaine n'existe que dans une personne et doit être personne pour exister), il n'est pas doté d'une nature humaine pour être une personne ; la dignité de la personne procède de la dignité de la nature ; or la nature humaine est mieux réalisée dans une communauté des personnes que dans une personne seule, donc la Cité et son bien propre, à savoir le bien commun, ont raison de fin pour la personne humaine, bien que la vocation ultime de la personne humaine se consomme dans l'autre vie et consiste à aimer et à connaître Dieu tel qu'en Lui-même. C'est paradoxalement en ordonnant la personne à la réalisation de sa nature que l'on dispose la personne à excéder une condition purement politique pour l'achever en condition spirituelle, et, de surcroît, à excéder une condition purement naturelle afin de la faire s'ouvrir à la grâce et s'achever, par la grâce, en condition surnaturelle. Précisons ce point, en faisant mémoire des acquis philosophiques obtenus par la suscitation de la réflexion rationnelle sous l'injonction du dogme de l'Union hypostatique :

NSJC est une Personne divine de nature divine mais assumant la nature humaine, ce qui suppose, du côté de la nature humaine, qu'il faille distinguer entre nature individuée et personne ; le Christ est homme autant que tout homme, mais il n'y a pas de personne humaine dans le Christ, donc le Christ est, en tant qu'il est homme, une nature humaine individuée sans être une personne humaine. On peut dire que *NSJC est Personne divine de nature divine assumant la nature humaine.* Par la grâce, l'homme est déiformé puisqu'il se met à vivre de la vie même de Dieu ; de plus, la grâce ou surnature est la nature même de Dieu. On peut donc dire que l'*homme est une personne humaine de nature humaine qui assume par participation la nature divine.* On voit que la personne humaine, ou suppôt de sa nature humaine individuée, est invitée (par la grâce) à excéder sa condition de réalité naturelle pour se mettre à vivre d'une vie plus qu'humaine, mais sans cesser d'être une personne humaine. Cela dit, qu'il soit possible à la personne humaine d'excéder l'exercice d'une nature humaine pour se mettre à exercer, de surcroît, une nature divine, ne met pas (contre les personnalistes) la personne au-dessus de sa nature humaine ; il faut même dire que cette personne humaine demeure finalisée par les exigences de sa nature, et mesurée par elles. Il en est ainsi parce que si, sous un certain rapport, le suppôt se distingue de la nature individuée que de ce fait *il a,* sous un autre rapport **ce même suppôt** *est* cette nature individuée : « unumquodque secundum idem habet esse et individuationem » (saint Thomas d'Aquin, QD *de Anima* I a 2 : c'est selon le même principe qu'une réalité acquiert son exister et son individuation) ; or c'est le suppôt qui exerce l'exister. Si la substance **est** la nature individuée, les appétits et pouvoirs de la substance procèdent tous de sa nature, et le vœu de la substance est de se conformer aux exigences de sa nature *qui se veut* en la substance, parce qu'elle est tout entière dans la substance sans y être totalement ; elle se veut dans la substance au point d'exiger de la substance qu'elle s'excède elle-même pour communiquer sa nature à d'autres individus (tel est l'engendrement), ou bien qu'elle s'excède elle-même en tant qu'individuelle pour faire se réaliser collectivement les potentialités de sa nature (telle est la pulsion politique qui habite l'homme, génératrice de vie sociale). *Sous ce rapport, la nature a et conserve la raison d'origine et de fin de la personne.*

On doit donc concilier ceci : d'une part la personne est finalisée par les exigences de sa nature, lesquelles lui enjoignent de se subordonner à la Cité comme à sa fin ; d'autre part la personne est invitée à excéder — sans la quitter — la condition purement naturelle de son existence, en vue d'un Bien surnaturel excédant le bien commun politique, mais sans pour autant réduire la Cité à un moyen puisqu'elle a naturellement raison de fin. La solution permettant de concilier ces deux exigences consiste à faire observer que l'homme s'ordonne à la Cité comme à sa fin, *que par là il répond aux exigences de sa nature qui en retour l'habilite à se disposer à recevoir (si Dieu décide de le donner) un don surnaturel le plaçant opérativement au-delà de l'ordre naturel.* C'est donc le service des exigences totales de l'ordre naturel qui est condition de possibilité d'un dépassement surnaturel de l'ordre naturel. Or ce service est celui de la Cité selon le principe de totalité. Donc c'est en s'ordonnant sans réserve à la Cité que l'on se dispose à s'ordonner sans réserve à Dieu. Mais seul le fascisme, entendu comme organicisme catholique, thématise radicalement le principe de la subordination de la personne au bien commun de la Cité, à ce bien commun qui se confond avec la réalisation du destin national. Donc seul le fascisme, depuis l'avènement des nations survenues dans l'histoire après l'Incarnation, est pleinement adéquat aux exigences d'une politique vraiment catholique.

Cela dit, il reste à se demander pourquoi l'adéquation de la personne à sa nature la dispose excellemment à excéder (la grâce survenant) opérativement l'ordre des biens naturels.

La nature d'un être est sa fin, ou consiste dans cette fin ; la surnature assigne une fin nouvelle à la nature et, au lieu de détruire (comme on pourrait s'y attendre) cette nature en lui assignant une nouvelle fin, elle la soigne et la parfait. Donc il existe un point de suture entre nature et surnature, un point de suture tel qu'il est l'entéléchie de l'ordre naturel *et* le « terminus a quo » de l'ordre surnaturel : se soustraire à ce point médiateur, c'est, en tant qu'il est « terminus ad quem » ou entéléchie, se soustraire aux exigences de la nature et c'est donc contre nature ; mais c'est aussi, en tant qu'il est « terminus a quo », se soustraire aux exigences de la surnature. Aussi refuser la surnature est-il contre nature, bien que la surnature ne soit pas inscrite dans la nature ni même exigée par elle (*Somme théologique*, IIᵃ IIᵃᵉ qu. 10 a. 1). Cela dit, l'élaboration d'un tel concept de « point de suture » suppose l'intromission du concept de réflexion ontologique, lequel est aussi requis pour penser sans contradiction l'aptitude à avoir ce que l'on est : si le fini et l'Infini ont tous deux la forme d'une réflexion ontologique, on conçoit qu'ils puissent coïncider, sans cesser d'être positivement incommensurables, dans le moment négatif — qui leur est commun, comme puissance pure — de leurs identités à soi réflexives.

Si donc l'entéléchie naturelle de la personne est aussi (pour autant que la grâce décide de se donner) l'invitation à excéder l'ordre naturel, l'effort de conformation de la personne à sa nature est bien une disposition à faire s'excéder la nature par la personne, et réciproquement : l'invitation à faire s'excéder la personne en tendant vers un au-delà de sa nature est corrélative de l'effort opéré par la personne de se conformer à l'idéal normatif et formel de sa nature. C'est le totalitarisme de l'essence ou nature formelle d'un être exercé sur cet être en tant qu'individu, qui habilite ce même individu à tendre vers un au-delà de ce bien en quoi consiste, pour lui, l'incarnation parfaite de sa nature.

§ 29. 1. En conclusion de cette démonstration, nous observerons que, tout bien pesé, le fascisme catholique est ce qui paraît le plus raisonnable dans sa débauche rationaliste, le plus concret dans son abstraction métaphysique, le plus réaliste dans son idéalisme utopiste, le plus prudent dans sa démesure passionnelle, parce qu'il est rationnel qu'il y ait de l'irrationnel : si le parfait n'est tel que par l'imparfait qu'il assume et sublime, si donc il existe du *négatif non peccamineux*, c'est que le positif du bien a la forme éternelle d'une victoire sur le négatif du moins bon, et que la raison sereine n'est pas sans cette fissure tragique de déraison en quoi consiste le moment « dialectique ou négativement rationnel » de tout ce qui a être et sens. Ce qui signifie qu'il est raisonnable et apollinien qu'il y ait du passionnel et du dionysiaque, et que la raison sans la passion serait déraisonnable. Le fascisme catholique, c'est l'intromission de cette instance d'énergie passionnelle dans l'élément raisonnable du Politique fondé sur l'ordre des choses, instance sans laquelle un tel ordre, déconnecté de sa pulsion vitale dangereuse, n'accède à la quiétude du stable qu'en consentant à la mort.

Il peut y avoir un mauvais totalitarisme qui usurpe les prérogatives du bon (principe de totalité, primat du bien commun) pour le trahir, et c'est le communisme ou l'égalitarisme. **Le mauvais totalitarisme court-circuite les initiatives des parties et en vient à se substituer à elles, mais alors ce n'est plus un organisme (dont le propre est de se faire vivre des parties qu'il fait vivre, ainsi de susciter et de nourrir l'initiative de telles parties), c'est un mécanisme : le totalitarisme de gauche est l'exténuation du principe de totalité**. D'où, il faut bien l'avouer, le caractère peu étayé de cette antienne bien-pensante qu'est l'évocation, fondée sur une fausse symétrie, entre « la peste et le choléra ».

Si le fascisme, pris en son acception générique, n'a pas bonne presse dans les milieux catholiques, ce n'est pas tant à cause de ses excès et inachèvements circonstanciels, qui sont indéniables ; c'est à cause de sa prétention, et de son pouvoir effectif d'en finir avec cet esprit tantôt théocratique et ultra-clérical, tantôt janséniste et sulpicien, tantôt les deux à la fois (toutes les formes du surnaturalisme communient, nonobstant ce qui les oppose, dans le même refus), avec lequel la mentalité catholique a fini par se confondre. **Or c'est à cause de ce surnaturalisme que le catholicisme, par lui affaibli, s'est progressivement désolidarisé de la vie politique réelle, ne coexistant avec elle qu'en l'exténuant : exténuation du bien commun réduit à un moyen de la prospérité familiale, et réduction du Politique à l'apostolat dans la société civile (praxis démo-chrétienne) ; corrélativement, cette mentalité se voulant catholique a prétendu conformer la Cité à son image névrotique, au point d'en venir à faire expulser le catholicisme lui-même de la vie politique, pour le malheur tant de l'Église que de la Cité.** Par une haine obtuse de l'anti-surnaturalisme, par une crainte abêtissante du naturalisme, les bien-pensants ont préféré, à la croisade des fascismes, le modernisme démocrate-chrétien, le judéo-bolchevisme et le judéo-maçonnisme libéral. S'ils n'ont pas perdu l'espérance de voir se reconstruire un jour la Cité catholique, les bien-pensants antifascistes, se mettant à bien penser, comprendront peut-être que cette renaissance, si elle advient jamais, ne se fera pas sans l'apport irremplaçable du meilleur du fascisme[5].

---

[5] En septembre 1938, à Castelgandolfo, aux pèlerins de la Confédération française des travailleurs chrétiens, le pape Pie XI tint les propos suivants : « Comment l'État pourrait-il être vraiment totalitaire ? Il y a là une grande usurpation, car s'il existe un régime totalitaire — totalitaire de fait et de droit — c'est le régime de l'Église, parce que l'homme appartient totalement à l'Église, doit lui appartenir ; parce que l'homme est la créature du bon Dieu, il est le prix de la Rédemption divine, il est le serviteur de Dieu, destiné à vivre pour Dieu ici-bas et avec Dieu dans le ciel. Et le représentant des idées, des pensées et des droits de Dieu, ce n'est que l'Église. Alors l'Église a vraiment le droit et le devoir

§ 29. 2. Le concept de fascisme, pris génériquement, ne désigne rien d'autre que cette idée d'un régime politique élaboré en fonction du principe suivant, expressif de la condition humaine considérée dans son paradoxe fondamental : il est de l'essence du bonheur humain, fin dernière de toutes les activités de l'homme — celle donc par laquelle l'homme se trouve en vérité et s'affirme —, d'envelopper une instance d'abnégation qui le somme de renoncer à soi. Ainsi qu'il l'a été développé dans les

<hr>

de réclamer son pouvoir sur les individus ; tout l'homme tout entier appartient à l'Église, parce que, tout entier, il appartient à Dieu ».

Rien, à parler strictement, *en ce qui concerne l'Église,* ne devrait indisposer une conscience catholique dans ce texte. Venant de Pie XI, champion de l'esprit de l'Action catholique démocrate-chrétienne, quelque chose ne peut pas, néanmoins, ne pas rendre le catholique mal à l'aise. Pie XI identifiait dans les faits, et de manière éminemment abusive, Église et Action catholique, Corps mystique du Christ et entreprise stratégique contingente et pour le moins contestable relevant d'une certaine conception de l'apostolat. De ce fait, et parce que l'Action catholique ne visait rien de moins que la conquête indirecte du pouvoir politique, dans le cadre théocratique d'une conception entre nature et surnature qui substituait la finalité surnaturelle de l'homme à sa finalité naturelle, le pape voyait une usurpation dans la prétention de l'État à se dire totalitaire, parce que ce dernier, aux yeux du Saint-Père, avait au mieux raison de moyen. Pour le fascisme catholique au contraire, la fin naturelle n'étant pas abolie, l'État, forme du bien commun, peut avoir raison de fin de la personne humaine — idée qui ne gêna ni saint Thomas ni José Antonio Primo de Rivera — sans offenser l'Église, en tant que l'homme est tout entier ordonné au bien commun temporel, quoique non totalement, et tout entier et totalement ordonné au bien commun de l'Église, à savoir Notre Seigneur Jésus-Christ.   Et si l'homme est tout entier ordonné à l'État, rien n'interdit à l'État de se vouloir totalitaire. Si en revanche la fin surnaturelle est supposée se substituer à la fin naturelle, le chef de l'Église tend immanquablement à prétendre, dans les faits, à diriger directement et sous tous les rapports les affaires naturelles, oubliant que la surnature présuppose la nature, et faisant comme s'il était cause efficiente de l'ordre naturel lui-même en se voulant l'origine des pouvoirs qui s'y exercent. Le pape n'a droit de regard sur les affaires naturelles que pour dénoncer en ces dernières ce qui contrevient au service de la fin surnaturelle. Il n'est pas fondé à se substituer aux chefs naturels ou, ce qui revient au même, à s'en déclarer le suzerain. Exclure le totalitarisme politique au profit du totalitarisme ecclésial revient à les mettre au même niveau, par là revient à faire l'aveu de la prétention directement politique — ainsi théocratique — du chef de l'Église, et c'est là un abus d'autorité qui, blessant l'ordre naturel, compromet l'avènement de l'ordre surnaturel.

débuts de la présente résolution (§ 15. 4), le désir humain est infini parce qu'il est réflexif et, réflexif, il aspire à se conserver en tant que désir puisqu'il se prend pour objet, se révélant aimable à lui-même. De plus, un être doté de désirs entendus comme autant de manques est nécessairement imparfait, confessant son impuissance à se nourrir de lui-même et contraint de chercher hors de soi la condition de sa subsistance. En troisième lieu, un désir infini aime par définition un bien infini, et le bien infiniment bon est le parfait. Dès lors, l'homme ne saurait être sa propre fin, et c'est pourquoi le bien auquel il tend naturellement, qui par définition comble son manque constitutif, est non pas un bien qu'il rapporte à lui, mais un bien auquel il se rapporte. Or se rapporter à un bien, l'aimer pour lui-même, en lui voulant du bien, c'est accepter de se sacrifier pour lui, de souffrir et de renoncer à soi. Aussi est-il rationnel que le bonheur humain enveloppe une instance obligée d'abnégation qui fait s'excéder l'homme, lui enjoint de se perdre pour se trouver, de renoncer à lui-même pour se conquérir : trouver son équilibre sur Terre, ce n'est jamais que séjourner dans un moment intermédiaire entre deux crises, qui doit être aimé comme intermédiaire parce que, terme d'une crise, il est ce en quoi se recueille et prend son élan celle qui suit, de sorte que c'est en ce moment, et en se complaisant en lui, qu'on épouse le processus à raison duquel on est porté au-delà de lui — pour autant, certes, que l'on ne s'obstine pas à ignorer la négativité qui travaille en son sein. Cette vérité, à savoir que le sacrifice douloureux est consubstantiel au bonheur, vaut pour la relation entre ordres naturel et surnaturel, mais elle vaut déjà pour l'ordre naturel lui-même : l'entéléchie ultime du désir humain est hors de cette vie et par-delà ce monde au-delà duquel on ne se propulse qu'en l'aimant. Et le reflet de cette dynamique transposée dans l'élément de la vie communautaire est cette organisation de la Cité à raison de laquelle l'homme apprend à se chercher dans l'acte de servir, répugnant tant à la vie facile, à l'hédonisme qui réduit l'homme à son animalité et le fait se consumer en elle, qu'à la quiétude du dolorisme où l'homme vit sa traversée terrestre sur le mode d'une hibernation. Un tel repli sur soi cotonneux lui fait ignorer les beautés, les ambitions et les grandeurs du monde (afin de se dispenser d'éprouver la douleur de s'en arracher), mais, ce faisant, il agit selon une démarche qui, loin de l'émanciper de l'hédonisme, nourrit une mentalité sournoisement hédoniste : il ne renonce pas à ses désirs, il se contente de les rêver en les désolidarisant, en imagination, du sordide de leur matérialité, et d'ajourner le moment de leur satisfaction ; il se représente la béatitude céleste sur le mode d'un hédonisme pieux.

La loi naturelle, radicalisée par le surgissement du surnaturel, nous fait, pendant la vie terrestre, vivre les deux moments — arrachement à soi et rencontre avec soi — de la vie bienheureuse sur le mode *disjoint* qui convient à la créature, ainsi qui sied à l'élément des réalités finies : nous les exerçons de manière *successive*. Mais c'est là une similitude participée de l'acte *unique* à double détente, propre au divin, à raison duquel l'Absolu, bienheureux en son identité à soi éternellement conquise, plébiscite le moment, concomitant de l'acte de s'identifier à soi, de sa différence d'avec lui-même, c'est-à-dire le tragique de sa négativité intestine (l'infini concret est, « avant » la création du monde, victoire sur le fini qu'il assume et en lequel il se risque) : c'est ainsi qu'il *se* nie, s'affirmant souverainement dans sa négation de lui-même, à la manière dont le Christ qui, dans sa Révélation, nous dit ce qu'Il est tel qu'en Lui-même indépendamment de Sa Révélation, à savoir jouissant de la Vision béatifique jusque dans l'épreuve de la Croix. C'est la seule disjonction des moments du processus de la vie bienheureuse qui rend douloureux le moment de l'aliénation ; l'héroïsme de la condition humaine en son exercice terrestre consiste en cette force de la volonté capable de s'attacher à la Croix douloureuse, à l'activité multiforme de l'abnégation, sans renoncer à la certitude que sa douleur n'est pas son essence mais le mode temporel — ainsi passager, quoique obligé — de son exercice. Dans la Vision béatifique, l'abnégation subsiste, mais vécue telle l'expression même de la félicité surabondante et de la puissance absolue.

Du terrorisme abrutissant

de divers mythes bien-pensants.

CHAPITRE SIXIEME

Le merveilleux chrétien s'empare du drapeau.

§ **30**. Il reste à dénoncer ce qui, telle une viscosité mortifère sous des aspects pimpants et pieux, empuantit la raison politique droitière d'obédience catholique et compromet sans retour toute tentative de réaction effective, c'est-à-dire révolutionnaire, à l'entropie mondialiste ; nous voulons parler des coquecigrues surnaturalistes qui peuplent l'imaginaire « chrétien » de l'âme française réfugiée dans ses délires, effet rageur d'une présomption impuissante qui fait sourire, puis déconcerte, agace et scandalise les catholiques non français, non sans décrédibiliser la cause du catholicisme lui-même. Il est vraiment pénible qu'on ait à dire ces choses en des termes si désobligeants, mais le durcissement des points de vue des uns et des autres est devenu tel qu'il n'est plus possible de s'exprimer sur la question autrement qu'en ces formes brutales dont les ténors du surnaturalisme politique usent sans vergogne pour faire taire, avec une arrogance révoltante, ceux qui timidement, et courtoisement, s'autorisent à exprimer leurs réserves[6]. Il sévit aujourd'hui une insupportable police surnaturaliste chauvine, en version judéomorphe, de la pensée catholique traditionaliste française, qui appelle une réponse aussi

---

[6] Ceux qui, dans les années soixante du XXème siècle, ont su transmettre aux générations plus récentes les trésors de la Tradition catholique afin de conjurer les méfaits de Vatican II, font aujourd'hui figure d'Anciens et de pionniers auxquels sont dus respect et reconnaissance. C'est aussi des milieux dont ils procédaient eux-mêmes que viennent ces idées incapacitantes que nous dénonçons ici. Être fidèle à la mémoire des Anciens ne consiste pas à épouser servilement ce qu'il pouvait y avoir de contingent et de contestable dans leur héritage.

brutale de la part de ses victimes si ces dernières entendent n'être pas étouffées par la tyrannie caporaliste et bavarde des ténors du providentialisme « apparitionniste ». Nous procéderons en plusieurs temps, en commençant par rappeler, dans le spicilège qui suit, diverses informations non accompagnées de beaucoup de commentaires, parce qu'elles parlent d'elles-mêmes.

§ **31.** Sur le site *viveleroy.net*, on trouve les informations suivantes, fort instructives pour notre propos, publiées le 24 juillet 2021 :

Emblème du national-catholicisme, le drapeau bleu-blanc-rouge frappé du Sacré-Cœur consacre le mariage contre-nature des catholiques avec la Révolution. Au même titre que la croyance en une bonne assemblée délibérante, le drapeau national ainsi baptisé, relève du vieux mythe de la <u>bonne république chez les catholiques</u>. Dans un article du *Figaro* daté du 4 mai 1918, le cardinal Billot — grand théologien dont on connaît l'orthodoxie et l'antilibéralisme combatif — revient sur ces assemblages artificiels d'éléments aussi opposés qu'il qualifie de « *chimères* », autrement dit, si l'on se réfère au dictionnaire : de monstres, d'idées fausses, de produits d'une vaine imagination.

Né le 12 janvier 1846 à Sierck-les-Bains, Louis Billot est un théologien et jésuite français. Ordonné prêtre le 22 mai 1869, il enseigne l'Écriture sainte à Laval, puis la Théologie dogmatique à Angers et plus tard au scolasticat de Jersey. En 1885, il est appelé par Léon XIII pour enseigner à l'Université grégorienne. Il est nommé, par saint Pie X, consulteur au Saint-Office et est réputé pour avoir grandement participé à la rédaction de l'encyclique *Pascendi* qui condamne le modernisme. Il est créé cardinal au consistoire du 27 novembre 1911. Il devient président de l'Académie pontificale Saint-Thomas d'Aquin et membre de la Commission biblique pontificale.

Les traités de théologie qu'il a publiés entre 1892 et 1912 le font considérer comme un des plus grands théologiens de son époque. C'est un rude ennemi du libéralisme, du modernisme et du Sillon. Il est extrêmement réservé quant à l'Action catholique.

En désaccord avec Pie XI au moment de la condamnation de l'Action française, il est reçu en audience par le pape le 13 septembre 1927, une audience dont il ressort... sans son chapeau de cardinal. Redevenu simple jésuite, il meurt à Rome le 18 décembre 1931 et est enterré au cimetière de Campo Verano.

Le 4 mai 1918, il intervient, grâce à une lettre au *Figaro*, dans la « campagne » qui fait alors rage et qui vise à « *obtenir des pouvoirs publics l'adjonction de l'image du Sacré-Cœur au drapeau français* ».

[Voici l'introduction rédigée par un journaliste du Figaro à la lettre du cardinal] :

On se rappelle la campagne, fort peu sage en vérité, dont un groupe de catholiques prirent, au cours de la guerre, l'initiative, et le mouvement, vite arrêté, qui s'ensuivit dans le dessein d'obtenir des pouvoirs publics l'adjonction de l'image du Sacré-Cœur au drapeau français. **Cette campagne, que notre épiscopat se garda d'encourager, que plusieurs évêques condamnèrent même publiquement, et que le *Saint-Siège* déconseilla par des instructions envoyées aux cardinaux de France**, instructions qui ne furent pas publiées en leur texte, mais dont il me fut permis de produire une exacte analyse, cette campagne, dis-je, quelques-uns songeraient à la reprendre comme si Dieu avait mis vraiment au salut de notre pays une condition que tout esprit bien équilibré jugera, quoique par ailleurs il en pense, impossible à réaliser. Toujours est-il, que beaucoup de nos généraux — sans parler des démarches tentées à maintes reprises auprès des personnages politiques les plus divers, voire les plus hauts placés — reçoivent depuis quelque temps des lettres où on les avertit charitablement qu'ils perdront leur peine aussi longtemps que cette condition n'aura pas été remplie. Et les requérants s'appuient sur les « révélations » de Mlle Claire Ferchaud, dont le cas est présentement soumis à l'examen d'une commission nommée par l'évêque de Poitiers ; et les « révélations » de cette voyante — il ne s'agit de contester ni sa bonne foi, ni sa piété — se raccordent à un prétendu message que le Sacré-Cœur aurait chargé la bienheureuse Marguerite Marie de transmettre à Louis XIV, qui, d'ailleurs ne le reçut jamais. Or, voici que le cardinal Billot, dans une lettre dont je tiens à grand honneur de pouvoir donner la primeur aux lecteurs du *Figaro*, vient de prendre position fort nettement contre la campagne dont je viens de parler. Le cardinal Billot, jésuite français résidant à Rome, jouit, comme théologien, d'une très grande autorité. En outre, il est renommé dans le monde entier pour le radicalisme de son intransigeance doctrinale. Personne assurément ne sera tenté d'attribuer son attitude — toute pareille en l'occurrence à celle des libéraux — à je ne sais quelle complaisance pour les faiblesses de la société moderne.

[Voici donc la reproduction de la lettre du cardinal Billot au Figaro] :

« Rome, 23 mars. Bien cher Monsieur, **Vous me demandez mon avis sur** les *prétendues promesses* **d'après lesquelles la grandeur matérielle de la France serait la consécration de la réalisation littérale du désir exprimé à la bienheureuse Marguerite-Marie** : « *que l'image du Sacré-Cœur soit officiellement gravée sur les armes, peinte sur les drapeaux, etc.* » Tout d'abord, une question préalable. **Les révélations de la bienheureuse Marguerite-Marie concernant** la France, ou **plutôt le roi de France Louis XIV** (car c'est lui que nous voyons constamment nommé dans les quatre lettres à la mère de Saumaise et au P. Croiset qui sont les seuls documents sur lesquels on s'appuie) **ces révélations, dis-je, viennent-elles véritablement de Dieu ? »**

[Dans une note du *Figaro*, le cardinal Billot fait remarquer ici fort à propos que **« *l'Église, en canonisant ses saints, ne se porte jamais garante de l'origine divine de leurs révélations* »**, et que, de plus, **« *il y a toujours place, en quelque hypothèse que ce soit, pour un mélange inconscient de ce qui vient de l'esprit propre avec ce qui est l'esprit de Dieu* »**].

« On serait fondé à en douter quand on met en regard, d'un côté, l'orgueil de Louis XIV, son insatiable ambition, ses guerres de conquête, son attitude si hautaine et si insolente vis-à-vis du Saint Siège, son rôle dans l'éclosion de la grande erreur gallicane dont il fut le premier auteur et le principal inspirateur etc.[7] et, de l'autre, des phrases comme celle-ci :

« Fais savoir au Fils aîné de mon Sacré-Cœur que mon cœur veut régner dans son palais, être peint sur ses étendards et gravé dans ses armes pour les rendre victorieuses de ses ennemis, en abattant ces têtes orgueilleuses et superbes, pour le rendre triomphant de tous les ennemis de la Sainte Église ».

Ne croirait-on pas qu'il s'agit d'un Charlemagne ou d'un Saint Louis, et que **les ennemis du grand roi étaient précisément ceux du royaume de Dieu** ? Et n'y a-t-il pas quelque chose de bien étrange dans cette idée du Sacré-Cœur abattant les têtes orgueilleuses et superbes au pied d'un homme plus superbe et plus orgueilleux encore ? »

Mais venons-en, ajoute le rédacteur de l'article, à ce qu'il y a de capital dans la lettre du cardinal Billot. J'entends son opinion non plus sur l'authenticité, mais sur la substance du fameux « message » du Sacré-Cœur à Louis XIV. [Voici la suite de la lettre du cardinal] :

« Parmi les demandes que le message contenait, il en est une surtout, celle que vous marquez expressément, qui passe de bien loin tout ce qu'il semblerait permis de rêver. Car il faudrait un changement si radical dans l'assiette et les conditions générales de la Société française que l'esprit en demeure interdit. Je sais que rien n'est impossible à Dieu, mais nous n'en sommes pas, en ce moment, à estimer ce que Dieu peut de sa puissance absolue.

Nous devons considérer qu'il y a une certaine économie de la Providence actuelle dont Dieu, autant que

---

[7] Ici, les rédacteurs du site « viveleroy » font la remarque suivante, qui selon nous n'affaiblit nullement la pertinence du diagnostic sévère du cardinal Billot : « Si nous admettons volontiers que Louis XIV ne saurait représenter un modèle d'humilité, nous n'adhérons pas cependant à la *légende noire* que le XIXe siècle en a brossé et dont le cardinal Billot est, comme tous ses contemporains, intoxiqué. Les travaux universitaires de ces dernières décennies — comme ceux d'un François Bluche, et tout récemment d'un Alexandre Maral (avec son livre *Le Roi-Soleil et Dieu. Essai sur la religion de Louis XIV*) — mettent en pièces bien des préjugés sur ce grand roi ».

nous pouvons en juger par l'histoire, entend ne pas sortir, et que le miracle requis pour un drapeau national, au vingtième siècle, portant dans ses plis l'image du Sacré-Cœur, autrement dit, **le miracle d'un pays aussi profondément divisé que le nôtre, surtout sur la question religieuse, aussi pourri de libéralisme, aussi féru de l'idée révolutionnaire, venant à accepter dans son ensemble, une pareille alliance de la politique et de la religion dans ce qu'elle a de plus intime et de plus délicat, non, encore une fois, ce miracle-là n'aurait d'analogue en rien dans ce qui s'est jamais vu depuis que le monde est monde, depuis qu'il se fait des miracles sous le soleil, depuis qu'il y a des hommes sujets au gouvernement divin sur la terre.**

Je n'ai pas le temps de dire ici tout ce qui me vient à l'esprit. J'ajoute seulement que **l'idée d'un drapeau national portant l'image du Sacré-Cœur ne me semble pas même une idée acceptable en soi**, pour la bonne raison que le drapeau national n'est pas seulement un drapeau de paix, mais qu'il est aussi un drapeau de guerre. Et pourquoi les Allemands, par exemple, ne se croiraient-ils pas en droit de mettre sur leur drapeau ce que nous mettons sur le nôtre ? Et voilà ce cœur adorable où tous les hommes doivent s'unir dans l'étreinte d'une commune charité, conduisant les Français à l'égorgement des Allemands, et les Allemands à l'égorgement des Français ; est-ce convenable ?

Nous dirons encore un mot des promesses. **J'ai crié gare à je ne sais quelle nouvelle forme de millénarisme sur la pente duquel nous mettent ces assurances de triomphe sur nos ennemis et sur ceux de la Sainte Église, ce pouvoir d'abattre à nos pieds ces têtes superbes et orgueilleuses des grands, ces abondantes bénédictions sur toutes nos entreprises, etc. En vérité, ce n'est pas ce que semblent nous promettre les leçons du passé.** Ce n'est pas ce que le Sacré-Cœur réservait à Louis XVI, à Garcia Moreno, aux héroïques Vendéens de la Rochejacquelin, de Charette, de Lescure, d'Elbée, de Cathelineau. Enfin, **nous ne sommes plus des Juifs d'ancien Testament. Chimères ! chimères ! chimères qui ont le grand tort de donner le change sur une dévotion admirable, tout entière orientée vers l'acquisition**

et l'union des vertus surnaturelles et *vitam venturi sæculi*. Voilà, bien cher Monsieur, en abrégé, ce que je pense de la question que vous me posez. N'ayant pas le loisir de développer davantage ces quelques idées, je vous prie d'agréer l'hommage du respect avec lequel j'aime à me dire.

Votre très humble et très dévoué serviteur,

Cardinal Billot ».

[Voici la conclusion du *Figaro*, signée par Julien de Narfon] :

Est-ce que la cause n'est pas désormais entendue ? Je crois qu'elle l'est. Le cardinal Billot aura rendu, par ce lumineux et ferme appel au bon sens, le plus signalé service à l'Église de France que telles extravagances d'un mysticisme dévoyé finiraient par exposer à de graves périls.

§ 32. Le cardinal Billot fut l'un des rédacteurs de l'encyclique « Pascendi » de saint Pie X. Il serait donc difficile de lui reprocher de manquer d'esprit surnaturel ou de cultiver une secrète tendance moderniste ou sceptique au détriment de l'intégrité de la foi. **Cet éminent théologien conteste jusqu'à l'authenticité de la demande, faite par NSJC à Marguerite-Marie Alacoque, de placer le Sacré-Cœur sur le drapeau de Louis XIV.** Qu'on lise ce texte attentivement. On comprendra sans peine que les idées de « France fille aînée de l'Église », de « tribu de Juda du Nouveau Testament », y sont implicitement condamnées, et que même l'authenticité du « testament » de saint Remi doit être remise en cause (au moins dans sa version « résumée » très librement dans l'intention de lui conférer l'autorité d'un témoignage traditionnel, confer notre § 36). Cette sensibilité judéomorphe et surnaturaliste est peut-être la cause principale de l'impuissance de notre camp à se relever intellectuellement et politiquement, parce qu'elle paralyse ses velléités de lucidité, de réalisme, de rationalité et tout simplement de bon sens politiques. On ne peut pas être organiciste, ainsi fasciste, et attaché à l'idée de « France fille aînée ».

§ 33. Dans « Le vrai visage de Luther » (Clovis 2017 p. 48), l'abbé Jean-Michel Gleize rappelle que, selon Luther, l'institution de la papauté et le siège de Rome seraient l'antéchrist dans l'Église. L'abbé fait observer ceci : que cette formule ait été forgée et ressassée par Luther doit inviter à une certaine prudence dans son usage. Il ajoute :

« C'est pourquoi l'Église s'est toujours montrée réservée à l'égard du Grand secret de Mélanie, la voyante de La Salette. Cette réserve est devenue nécessaire à cause de l'expression mise dans la bouche de la très sainte Vierge : 'Rome perdra la foi et deviendra le siège de l'antéchrist'. Prise en toute rigueur de termes, une telle proposition ne peut manquer de paraître au moins téméraire et injurieuse dans sa deuxième partie ; quant à sa première partie, l'ambiguïté est encore plus grave puisque, prise au pied de la lettre, comme si elle désignait non la personne mais l'institution, cette affirmation est rien de moins qu'hérétique <en effet : les portes de l'enfer ne prévaudront pas contre elle>. Même si les événements de la fin du XXème siècle autorisent, jusqu'à un certain point et toutes proportions gardées, l'usage de l'expression, il n'en reste pas moins vrai que les avertissements du Ciel doivent rester indemnes de la moindre équivoque pour pouvoir se présenter avec toutes les garanties d'authenticité. On comprend pourquoi Rome n'a pas voulu autoriser la publication de ce texte en lui donnant le feu vert d'un *nihil obstat* canonique ; et il faut bien reconnaître que le jugement du Père Poulain, dans son traité de théologie mystique (*Les grâces d'oraison*, chapitre 22, § 36), demeure l'expression même du bon sens. Le **cardinal Billot était encore plus sévère, mais non moins juste**. Pour mieux saisir le bien-fondé de cette sévérité, il n'est pas inutile de comparer l'expression de La Salette avec celle de Fatima : « Le Saint Père aura beaucoup à souffrir ». Évidemment, le recours à un tel euphémisme évite de porter un quelconque préjudice à l'institution divine, et rien ne vient choquer notre instinct de la foi : nous pouvons ici respirer à l'aise, dans un climat parfaitement catholique. La formule de La Salette est peut-être plus forte, mais elle manque de la suavité requise. Bien entendu, ce n'est pas exactement la manière de Luther, mais ce n'est pas non plus celle du Saint-Esprit. Dans le sermon des sacres du 30 juin 1988, Mgr Lefebvre cite cette prophétie de La Salette, mais il évite de mentionner l'expression que Mélanie attribue à la sainte Vierge. Il se contente de dire : 'La Sainte Vierge a annoncé comme une éclipse à Rome, une éclipse de la foi '. Parler ainsi est beaucoup plus sage et doit nous servir d'exemple ».

§ **33.** Les catholiques français aspirent tous à l'instauration d'une société vraiment chrétienne, pour la gloire de Dieu et pour le salut des hommes. Mais la tendance est forte, presque invincible, à prendre pour modèle de référence cette période de l'histoire qui vit fleurir des monarchies catholiques ; la tendance est non moins forte, pour penser une société catholique, à s'en remettre à l'ordre strictement surnaturel en désertant le chantier de la recherche intellectuelle, ce qui se traduit par une tendance à en appeler toujours à ce que l'on croit être les prescriptions de l'Église, et qui trop souvent sont celles des hommes d'Église investis très prosaïquement dans les affaires du monde. « La fin ultime est le salut, l'Église est l'arche qui nous mène au salut, la foi est un absolu et la simple raison est faible, servons d'abord l'Église qui est Jésus répandu et communiqué, tout instaurer dans le Christ revient à tout fonder sur l'Église et sur ses prêtres ; en politique, le modèle est l'âge médiéval, etc. ». **Mais la bonne volonté, qui invite le croyant à vouloir, comme on dit trivialement, « tout penser et tout faire tout bien », et les évidences réconfortantes qui dispensent de penser, ne suffisent pas ; l'enfer est pavé de bonnes intentions.** La chose peut être illustrée par le développement suivant :

La Charbonnerie et le Risorgimento, d'inspiration maçonnique, ont supprimé les États pontificaux. « Donc », déclare-t-on un peu vite, les ennemis de mes amis étant mes ennemis, la donation de Constantin ne serait pas un faux et les États pontificaux devraient être restaurés.

Pourtant c'est le souci désordonné de ces États qui, comme le rappelle l'abbé Gleize (op. cité), permit l'expansion du protestantisme, et avec lui de l'esprit démocratique et de la révolution jacobine. Léon X voulait appuyer François Ier contre Charles Ier d'Espagne et de Naples (futur Charles-Quint), qui menaçait les territoires du pape. Léon X (Jean de Médicis, fils de Laurent le Magnifique) appuie alors Frédéric de Saxe qu'il veut utiliser contre Charles-Quint. Or **Frédéric de Saxe était protecteur de Luther, d'où une coupable lenteur dans la réaction contre l'hérésie ; il fallut trois ans au pape pour faire condamner Luther, dont les erreurs étaient trop répandues pour être rattrapées**. Adrien VI succède à Léon X, Charles-Quint sera couronné par Clément VII (Jules de Médicis, cousin de Léon X) en 1530, mais le pape lui sera quand même hostile puisqu'il organisera la ligue de Cognac. François Ier complotait depuis Pavie (1525) avec Soliman (amant de l'esclave grec Ibrahim, et père de Selim l'Ivrogne) ; Clément sera acquis à François Ier qui trahira ses engagements de 1526 lors de la paix de Madrid ; Clément VII trahira aussi Charles-Quint, d'où le sac de Rome du connétable de Bourbon en 1527, regrettable mais en dernier ressort humainement compréhensible. Michel Géoris (*Charles-Quint*, France-Empire 1999) écrit page 125 que la croisade contre les Infidèles aurait pu réussir si le camp chrétien s'était montré solidaire. « Le roi de France François Ier et le pape Paul III (Alexandre Farnèse, élu en 1534) portent là une lourde responsabilité ».

Cela donne une idée de la valeur d'un attachement inconditionnel au pouvoir temporel du pape, attachement supposé être inspiré par un attachement à l'Église. Cela éclaire aussi l'idée de « France fille aînée de l'Église », qu'on brandit contre les germanophiles, alors que cette formule vient d'Ozanam qui la transmit à Lacordaire, tous deux républicains, quand ce sont les catholiques royalistes qui sont les plus inconditionnels partisans de cette thèse ; on voulait que la France restât celle du roi très chrétien, mais sans roi, alors on a fait de la France la nation peuple élu, « tribu de Juda du Nouveau Testament ». Et saint Pie X l'a cru…, à moins que ses propos sur ce sujet n'aient jamais relevé que de la rhétorique ecclésiastique en étant inspirés par les circonstances.

§ 34. Dans le journal « Lecture et Tradition » (n° 71, mars 2017), l'historien Patrick Demouy, professeur d'université, catholique et monarchiste légitimiste complètement gagné à l'idée de « France fille aînée », déclare néanmoins page 3 :

« J'ai consacré, dans cet ouvrage[8], un chapitre à la Sainte Ampoule, ou plus exactement au mystère de la Sainte Ampoule. Les textes sont extrêmement discrets jusqu'au XIIème siècle sur cette relique. Comme vous le soulignez, je ne suis pas un mécréant *mais je peux difficilement souscrire à l'hypothèse d'un miracle dans la mesure où il n'y a pas de documents qui peuvent l'attester*. La Sainte Ampoule apparaît dans les textes à partir du IXème siècle et est surtout mise en exergue au XIIème ».

Cet historien ne croit pas au miracle de la Sainte Ampoule, mais seulement à l'existence de cette fiole associée à la mémoire de saint Remi, remplie d'aromates à l'odeur suave et apportée à la cathédrale pour la consécration du roi, de génération en génération. L'importance de la Sainte Ampoule, explique-t-il, était de montrer la continuité royale, l'enracinement de la royauté française dans la mémoire du baptême de Clovis.

§ 35. Dans le prolongement de notre § 33, il nous semble nécessaire d'évoquer La Salette et Mélanie Calvat, qui était naundorffiste, ce qui ne plaide pas en faveur de son sérieux et de son équilibre. Sur ce sujet, nous présenterons ici quelques notes tirées de l'audition d'une conférence consacrée à la mythologisation de la mission divine de la France (par Théodon, *Radio Regina*, sur Youtube) :

Le marquis de la Franquerie était camérier <dignitaire ecclésiastique attaché à la personne du pape> secret de cape et d'épée ; il a rencontré Pie XII rarement et jamais de manière

---

[8] *Le Sacre du Roi*, Éditions La Nuée Bleue, Strasbourg, 2016.

intime ; il s'appelait en vérité André Lesage (1901-1992)[9]. Il collabora à la RISS de Mgr Jouin ; il était maurrassien, ainsi furieusement germanophobe. Ses thèses principales sont les suivantes : naundorffiste (survie de Louis XVII), il se voulait légitimiste ; il existerait une Mission divine de la France fondée sur l'authenticité supposée du « Testament de saint Remi » ; les rois de France auraient accompli des miracles (guérison des écrouelles) ; bien entendu, il serait sacrilège de douter du « miracle » de la « **sainte Ampoule** »[10] ; il faudrait prendre au sérieux l'idée de pacte de Tolbiac, et celle du grand pape et grand monarque chargés d'assurer l'hégémonie de la France sur le monde ; la mission divine du peuple juif aurait été dévolue par transfert à la France, avec toutes les grâces et toutes les prérogatives des Juifs, ce qui fait, au passage, que l'Église ne serait plus l'héritière des Juifs puisque c'est la France qui est supposée l'être.

Il n'existe en vérité aucun acte du magistère sur cette question, et son silence a valeur d'enseignement.

Selon Lesage, les rois de France seraient descendants du roi David (ainsi des rois de Juda, avec parenté avec NSJC et Notre Dame) : les juifs engendreraient les Troyens qui engendreraient les Mérovingiens qui engendreraient les Capétiens ; Léon Bloy (cet excité farci de gnose et d'ésotérisme, attaché à la thèse de l'apocatastase) et Mélanie Calvat étaient naundorffistes. La restauration ayant été décevante, on cherchait à rêver d'une autre

---

[9] Voir aussi : Yves Chiron, *André Lesage, dit « Marquis de la Franquerie »*, lettre ALETHEIA, n°234 du 20 juillet 2015 accessible sur academia.edu.

[10] **Hincmar archevêque de Reims**, IXème siècle, discours prononcé lors du sacre de Charles II le Chauve, 869, Metz, roi de Lotharingie. Histoire intégrée à sa vie de saint Remi. Jean Devisse, « Hincmar archevêque de Reims » 1976, déclare : « Dieu seul fait le roi avec l'aide visible de l'office sacerdotal ». Il suffit de penser aux évangiles : l'Esprit de Dieu descend sur NSJC lors de son baptême sous la forme d'une colombe, et de même le Saint-Esprit serait descendu sur Clovis en apportant la Sainte Ampoule… Les tenants de ces thèses ajoutent que le Pape est vicaire du Christ, donc que le pouvoir politique viendrait du pape, d'où Boniface VIII et *Unam sanctam*, doctrine surnaturaliste et théocratique des Deux Glaives…

restauration qui serait divine. En fait les maires du palais, futurs carolingiens, étaient des Belges. Lesage était disciple revendiqué de Barthélémy Holzhäuser fondateur des Barthélémites (l'antéchrist devait mourir en 1911, naître en 1855 et vivre 666 mois), et de Nostradamus. Lesage reprend la thèse « France fille aînée de l'Église » lancée par Ozanam, libéral et républicain, en 1836. Cette thèse fut reprise par Henri-Dominique Lacordaire en 1841 ; on substitue ainsi la nation à la monarchie parce qu'on est en République. Saint Pie X reprend certes ces formules, mais c'est à l'occasion de la remise de barrettes (chapeau des ecclésiastiques) aux cardinaux français en 1911, peu après 1905 ; il s'agissait de relancer l'espérance catholique en France. Dans le même ordre d'idée, Jean-Paul II, lors de sa visite en France, dira : « France fille aînée de l'Église, qu'as-tu fait de ton baptême ? ». Saint Pie X dira aussi : « j'ai pour les Belges une affection spéciale et une admiration, elle est ' la seule nation que l'on puisse dire vraiment catholique' » ; ces formules relèvent de la rhétorique ecclésiastique appliquée à la diplomatie. Il y eut une grande influence de Lesage sur Jean Vaquié. Henri Lesage se voulait le chantre du grand pape et du grand monarque et Holzhäuzer était son prophète inspiré. Cette prophétie fondée sur l'Ancien Testament détourne — l'abbé Zins (pourtant sédévacantiste) l'a montré — le vrai sens de la Bible : les rois bibliques évoqués concernent NSJC et non le « grand monarque » français, lamentable avatar du Messiah et du Madhi ; telle est la vraie interprétation, proposée par toute la Tradition et les Pères de l'Église.

CHAPITRE SEPTIEME

Mission divine de la nation.

§ **36.** Considérons à présent le point de vue de Louis Lallement, auteur de « La Mission de la France » (École nationale des Cadres d'Uriage, page 8, ouvrage sans date d'édition visible) :

« Selon une de nos plus anciennes traditions, il <saint Remi> aurait alors annoncé : **'que le royaume de France était prédestiné par Dieu à la défense de la véritable Église du Christ. Que ce royaume serait un jour grand entre tous les royaumes de la terre, embrasserait les limites de l'Empire romain, et soumettrait tous les autres royaumes à son sceptre. Qu'il durerait jusqu'à la fin des temps. Qu'il serait victorieux et prospère tant qu'il resterait fidèle à la foi chrétienne, mais serait durement châtié chaque fois qu'il serait infidèle à sa vocation** ».

Et Louis Lallement d'ajouter dans une note : « C'est en ces termes que l'on a souvent résumé, librement, mais selon l'esprit de la tradition, les textes d'Hincmar (*Vita Sancti Remigi*, cap. XXXVI) et de Flodoard (*Historia Ecclesiae Remensis*, Lit. I, cap. XIII) qui ont recueilli au IXème siècle le souvenir de cette investiture, et les 'testaments' attribués à saint Remi ».

Ce même Lallement, page 46, déclare :

« Car l'Europe entière accepta aussi passionnément l'hégémonie culturelle de la France qu'elle en avait repoussé la domination politique, rêvée par Louis XIV. Et cet exemple historique a valeur de loi, car **la première seule est impliquée dans la mission de la France** ».

Si la seule hégémonie culturelle est dans la vocation de la France, c'est que les autres royaumes n'ont pas à être soumis au sceptre français victorieux (donc dominant par les armes) de ses ennemis, comme il l'est pourtant affirmé dans le prétendu testament de saint Remi. De plus, cet aveu d'une hégémonie seulement culturelle est peu compatible avec la prétendue demande de Marguerite-Marie Alacoque de placer le Sacré-Cœur sur les drapeaux de Louis XIV, lequel rêvait bien en effet de soumettre militairement l'Europe. Il y a donc des contradictions dans toutes ces « traditions » farcies de merveilleux judéomorphe et non innocent. Par ailleurs, la France a-t-elle jamais embrassé les limites de l'empire romain, comme l'affirmerait saint Remi ? A-t-elle jamais effectivement soumis tous les autres royaumes à son sceptre ?

C'est à l'Église seule, et non à la France qui, décidément, dans la tête de certains de ses enfants illuminés, souffre d'une pathologique tendance à s'identifier à l'Église, qu'il a été promis que les portes de l'enfer ne prévaudraient pas contre elle et qu'elle durerait jusqu'à la fin du monde. Toutes ces traditions judéomorphes tendent en fait, objectivement aussi bien que subjectivement, à judaïser la France et à judaïser l'Église en substituant la France à l'Église, dans une perspective en effet millénariste, c'est-à-dire hérétique.

Comment prendre de telles affirmations au sérieux ?

Beaucoup plus équilibré, beaucoup plus proche de la vérité nous semble être le jugement suivant du Père Humbert Clérissac, quelque fragilité qu'il puisse par ailleurs manifester — nous le verrons bientôt — à l'égard des sirènes de l'idée de « France peuple élu du Nouveau Testament » : la mission de saint Jeanne d'Arc est (page 10) un « rappel des droits du surnaturel dans les affaires de ce monde, et la délivrance d'Orléans et de la France n'en fut que l'enveloppe circonstancielle et l'illustration » (Première des trois conférences consacrées à Jeanne, datant de 1910 ; « La mission de sainte Jeanne d'Arc », Dismas, 1983). En d'autres termes : la mission de sainte Jeanne d'Arc était de rappeler aux princes, dans les formes contingentes de l'organisation et des institutions politiques de son temps, le devoir de subordination du Politique à l'Église, au nom de la royauté éternelle de Dieu. Dans le même esprit éloigné de toute propension au merveilleux onirique, il rappelle que le sacre n'est pas le constitutif formel de la légitimité : l'onction royale présuppose et ne crée pas le droit royal ; elle n'est pas le signe de la légitimité comme elle l'était dans la théocratie de l'Ancien Testament (p. 39).

§ 37. Au temps où, jeune père de famille pénétré d'une révérence pusillanime pour l'habit religieux, Tartempion fréquentait diverses écoles et paroisses traditionalistes, il ne lui fut pas rare de vivre les événements suivants.

Lors d'une réunion de parents d'élèves dans une institution de jeunes filles toutes parées de foulards Hermès arborant des fleurs de lys, les demoiselles pensionnaires avaient été invitées à organiser un spectacle inspiré de l'histoire de France, au cours duquel elles ne cessèrent d'évoquer « cette crapule de Charles-Quint ». Tartempion s'en ouvrit auprès de Mère Générale qui lui signifia très clairement, en reconnaissant que la chose n'était pas de dogme, qu'elle et sa congrégation, de formation furieusement maurrassienne, adoptaient les positions du marquis de la Franquerie, avec l'idée de transfert de tous les privilèges de l'ancien Israël à la France, et en dernier ressort avec l'idée de fin de l'histoire en forme de réhabilitation des juifs appelés, après leur conversion, à diriger les peuples catholiques et toute l'Église ; telle est leur manière de comprendre l'affirmation des « dons sans repentance ». Dans la perspective de cette sainte femme, il est évident qu'il y a identité stricte entre « nouveau peuple élu » et « Tribu de Juda du Nouveau Testament ». Tartempion se souvient encore des propos d'un (trop) médiatiques curé de Saint-Nicolas du Chardonnet, dévot revendiqué du marquis de la Franquerie et de la thèse de la « France fille aînée de l'Église » ; ce curé, issu d'une famille de gaullistes, faisait l'apologie des « résistants » français insurgés contre la « barbarie nazie ». Il est clair que dans son esprit, au reste fort logiquement, si la France est peuple élu de Dieu nonobstant ses infidélités, Dieu la soutient quoi qu'il arrive et ne permet pas qu'elle passe sous le joug de l'Étranger teuton. C'est pourquoi les maurrassiens et autres catholiques français fidèles à la doctrine de la « France fille aînée », ont choisi l'Angleterre contre l'Allemagne, ont par là ont opté objectivement, et subjectivement sans vergogne, pour Staline et Roosevelt. C'est ainsi, qu'on s'en réjouisse ou non. Une telle engeance patriotiquement judéomorphe est au reste fermée à l'idée selon laquelle le salut politique pourrait aujourd'hui venir d'ailleurs que du petit marigot français ranci dans ses légendes d'apparence pieuse et en vérité lourdes de prétentions orgueilleuses aussi échevelées qu'irréalistes.

Dans les versions accessibles du supposé « testament de saint Remi », il est question de race royale, celle qui concerne le roi des Francs et sa descendance, « race que j'ai baptisée » ; les malédictions portent sur cette seule « race royale » que saint Remi destine en dernier ressort à être « séparée de l'Église » si elle persiste dans l'erreur. Il n'est pas question dans ce « testament » de la France ni de la « fille aînée de l'Église », mais seulement de dynastie franque ; on sait au reste la différence considérable qui peut exister entre le royaume franc et la France réfléchie par le penseur de Martigues. Et l'authenticité de ce « testament » n'est pas vraiment attestée. Quand on connaît la propension des ecclésiastiques de ce temps à fabriquer des faux (« Donation de Constantin », « Décrétales ») pour faire valoir ce qu'ils croyaient être leur bon droit, on peut raisonnablement douter de l'authenticité de ce document, sans compter qu'il convient de distinguer entre ce qui relève de la déclaration univoque et ce qui relève du style hyperbolique et des formules de circonstance. **Ce qui est certain, c'est que la France n'a jamais vraiment accepté la création du Saint-Empire, a toujours été en rivalité avec lui pour revendiquer l'héritage de Rome** (la papauté a créé le Saint-Empire héritier de Rome, mais elle a aussi, avec Clovis, lancé ce qui finirait en partie par devenir la France, puis elle s'est toujours débrouillée ensuite pour les maintenir en rivalité afin de ne dépendre d'aucun des deux, selon l'art de diviser pour régner) ; la France a soutenu les Mahométans contre les armées catholiques, a financé le protestantisme en Allemagne, a soutenu une politique gallicane continue. En fait de vocation religieuse, la France ne peut prétendre au rang de modèle. C'est par Grégoire de Tours que se diffuse l'idée de vocation divine de la France ; cet historien prétend que des anges auraient annoncé la naissance de Clovis, que les victoires de ce dernier seraient dues à saint Martin ; le mythe des origines troyennes des Francs (puis des Gaulois…) date de la compilation (chronique) de Frédégaire (ou pseudo-Frédégaire, ce nom recouvrant probablement l'identité de trois auteurs) au VIIème siècle, postérieur à Grégoire (VIème siècle) ; cette compilation contient un résumé des livres I à IV de *l'Histoire des Francs* de Grégoire ; on est en droit de se demander si ce mythe n'est pas lui-même issu de Grégoire de Tours. Le peu de crédit que l'on peut accorder à cette thèse farfelue invite à remettre en cause le sérieux de ce qu'il raconte à propos de la mission divine de la France. Par ailleurs, supposé que le « testament » de saint Remi soit historiquement recevable, il faut noter qu'il prévoit que le rejeton de cette « race » serait exclu de l'Église s'il persistait dans son infidélité à sa supposée vocation. Qu'est-ce à dire, sinon qu'un jour viendrait où la France (à laquelle ceux qui revendiquent l'héritage de saint Remi identifient la dynastie des Mérovingiens) cesserait d'être dépositaire d'une mission dont elle se serait révélée indigne ? Car enfin, peut-on conserver une vocation divine, ainsi catholique, si l'on est excommunié ? Et si saint Remi envisage cette issue en forme d'échec, ses déclarations sur la destinée des rois à s'asseoir sur le trône de David ne relèvent-elles pas plus du souhait que d'une vertu prophétique assurée ? Le mythe de l'origine troyenne des Francs puis des Gaulois a tenu pendant plus de mille ans, soutenu par les rois et les clercs, adopté par le peuple parce que tout le monde avait intérêt à y croire du fait du besoin d'inventer cette nation qu'est la France, nation en gestation, hantée par le souci de se conférer une identité originale. Ce n'était pourtant qu'un mythe, on le sait aujourd'hui avec certitude. Pourquoi devrait-il en être autrement pour la Sainte Ampoule et la mission divine de la France ? La Franquerie s'est contenté d'ajouter au mythe troyen l'idée de l'origine juive des Troyens, afin de relier les Mérovingiens aux Juifs, dans le but de faire la liaison entre royauté française et ce trône de David sur lequel devraient s'asseoir Clovis et sa descendance. Est-il déraisonnable de soupçonner ces histoires d'être le fruit d'un goût pour le merveilleux fondé sur de « pieux » mensonges ?

La Sainte Ampoule, c'est, nous semble-t-il, un peu comme les chambres à gaz ; cela relève de la croyance aveugle[11]. Du VIIème

---

[11] « Parmi les très nombreuses publications qui ont marqué ce XVe centenaire <baptême de Clovis>, aucune, pratiquement, n'a maintenu la croyance au miracle de la Sainte Ampoule et au sacre de Clovis qui en aurait été le motif le plus vraisemblable. Chez certains auteurs, cette élimination provient d'un *a priori* résolu sur une possibilité d'intervention surnaturelle dans l'histoire ; chez d'autres, elle est seulement l'aboutissement d'une critique historique honnête et rigoureuse. La Sainte Ampoule et le Sacre de Clovis, en cette fin d'année <1996>, sembleraient définitivement relégués parmi les pieuses légendes. Le rêve secret subsiste cependant dans plus d'un cœur chrétien que quelque découverte ou même quelque miracle parvienne à replacer dans l'histoire ce que le mythe a saisi. Rêve bien innocent <en fait, il ne l'est pas du tout…> que les savants sauront tolérer, avec un sourire indulgent, chez le menu peuple » <et dans l'esprit des romantiques lettrés fanatisés par leurs tripes chauvines, selon une pathologie surnaturaliste contre laquelle leurs diplômes ne les immunisent nullement> (abbé Régis de Cacqueray, LE SEL DE LA TERRE n° 23, hiver 1997-1998, pp. 23 à 32, « De la nature théologique du sacre des rois de France »). Ajoutons néanmoins ceci aux rappels intéressants formulés par cet abbé :

Que le sacre du roi lui confère une participation à la royauté du Christ (plus précisément : une participation au ministère de l'évêque lui-même participant de la royauté du Christ) et habilite ce roi temporel à recevoir des grâces d'état pour disposer temporellement son ou ses peuples à poursuivre leur fin surnaturelle, cela ne signifie pas que le constitutif formel de la légitimité politique serait le sacre et donc que le pape posséderait primitivement les deux glaives. Cela signifie que le roi se dépossède volontairement — ainsi librement — d'une prérogative religieuse (pontife de la religion naturelle) qui, de droit naturel, eût été sienne en état non historique de pure nature, laquelle prérogative, en régime historique de chute et de rachat, est obsolète puisqu'elle est assumée par l'Église. En se dépossédant d'une prérogative dont il reconnaît l'obsolescence, le roi sacré, comme personnification du peuple, fait publiquement profession de catholicité, et c'est la nation qui, en et par lui, se dit catholique ; ce sont non seulement les individus qui matériellement constituent la nation, mais c'est siècle et jusqu'au-delà de Boniface VIII, les papes ont cru, avec plus ou moins d'aplomb (certains doutaient et n'avançaient pas l'argument), à l'authenticité de la « Donation de Constantin » dont ils faisaient mémoire pour faire avancer leurs intérêts temporels. Un tel consensus ne les empêchait pas de se tromper. Pourquoi n'en serait-il pas de même pour la Sainte Ampoule, la « mission divine » de la France « tribu de Juda du Nouveau Testament » ?

§ **38.** Revenons sur la notion de « Providence », afin de montrer plus clairement le lien infrangible entre l'idée de « tribu de Juda du NT » (France entendue comme « fille aînée de l'Église », choisie pour une « mission divine ») d'une part, et « peuple élu » d'autre part. D'une certaine façon, tout est providentiel puisque tout est dirigé infailliblement par Dieu. Mais le mot revêt un sens plus restreint et plus fréquent. Par exemple, se casser une jambe et être hospitalisé dans un lieu où il rencontrera son épouse, ou la bonne âme qui le convertira, peut bien être tenu, par celui qui vit

---

encore la nation elle-même en tant que totalité qui le déclare : le Christ règne sur les sociétés et non seulement sur les individus qu'elles enveloppent ; de plus, le roi obtient en retour des grâces particulières pour viser le bien commun politique — ainsi naturel — selon une intention qui excède l'ordre politique lui-même ; mais ce n'est pas cette intention qui fonde ontologiquement sa légitimité d'opérateur et de gardien de l'ordre naturel.

De même qu'un médecin est en droit (sinon en fait) perfectionné jusque dans l'exercice de son art par sa foi catholique qui lui donne de saisir les fruits de son art dans la perspective d'un au-delà (spirituel) de cet art (ordonné au bien du corps), de même un chef d'État est, en droit, d'autant mieux ordonné au bien commun qu'il est plus catholique, et sous ce rapport il est en demeure de souscrire à la cérémonie du sacre quand cette dernière est possible. Mais la catholicité du médecin ne le dispense pas de faire des études de médecine, et son baptême ne lui confère pas son art et sa science de médecin ; et de surcroît un bon médecin non catholique est plus utile, en tant que médecin, qu'un mauvais médecin catholique. De même, la catholicité du chef d'État ne le dispense pas de posséder sur le plan naturel des vertus de chef d'État que sa catholicité peut parfaire mais qu'elle présuppose et ne crée pas ; et de plus un bon chef d'État non explicitement catholique sert mieux le bien commun temporel — et avec lui le service de la recherche du souverain bien — qu'un bon catholique qui serait mauvais chef d'État. L'unique constitutif formel de la légitimité du chef d'État est son aptitude à réaliser le bien commun temporel.

un tel événement, pour l'effet d'une intervention providentielle. Le bénéficiaire d'une telle intervention n'est pas pour autant un « élu », un objet irrévocable de prédilections divines. On qualifie de providentiel un événement qui s'est révélé a **posteriori** bénéfique. Clovis avait pour ennemis les Alamans et les Wisigoths, il avait besoin du soutien de l'Église pour les infiltrer et les vaincre ; l'Église avait besoin de Clovis pour écraser l'arianisme. Ce mariage d'intérêts a été bénéfique a posteriori pour l'Église et pour ce qui serait la France, et donc il peut être qualifié de providentiel. **Mais, parce que la qualification de « providentiel » est conditionnée par le résultat, le caractère providentiel est ôté quand le résultat n'est pas là** ; si donc le qualificatif doit être maintenu même quand le résultat fait défaut, si donc le peuple objet d'un choix providentiel reste chéri de Dieu nonobstant son infidélité, c'est que ce peuple est **non seulement instrument providentiel mais encore peuple élu**. La France a failli depuis longtemps à sa tâche de soutien de l'Église ; donc, si elle est supposée rester « fille aînée » et « tribu de Juda du Nouveau Testament », c'est qu'elle est nouveau peuple élu, héritier de l'Ancien Israël. **Et cela même est théologiquement irrecevable, comme le rappelait le cardinal Billot. Il n'y a plus de peuple élu, fors celui des baptisés.** Le peuple juif fut forgé par l'art divin pour préfigurer l'Église et préparer l'avènement du Christ dont l'irruption rend ipso facto dénuée de sens — aussi bien de direction, ou de finalité, que de signification — l'idée même d'élection d'une nation.

Paul Valéry a écrit que la particularité de la France, c'est son sens de l'universel. Par la diversité de ses paysages, par sa position géographique en Europe, par la pluralité de ses peuples (cependant tous d'origine indo-européenne, au moins jusqu'au XIXème siècle) constitutifs, le peuple français développe un goût pour l'équilibre et la mesure, l'unité dans la diversité, qui l'habilite à nourrir et à déployer un sens unique de l'universel. Ce sens de l'universel fait des Français les nouveaux Hellènes ; il les approprie tout particulièrement à la tâche intellectuelle de l'intelligence de la foi. De plus, dans sa lutte contre les excès du césarisme germanique, la France, non sans y voir son propre intérêt stratégique lourd d'ambitions inavouées, a été désignée par le Saint-Siège, pendant longtemps, comme la nation providentiellement chargée de défendre la liberté de l'Église contre les empiètements politiques des Princes. Mais cela relève des circonstances, des hasards de l'Histoire, de l'entrechoquement des libertés et des ambitions fort prosaïques. Point n'est besoin d'aller chercher des raisons surnaturelles à ce qui peut s'expliquer naturellement. Toutes ces thèses supposées fonder l'idée de mission divine de la France relèvent en leur fond du surnaturalisme. On doit croire à tout ce qu'enseigne l'Église, sans condition aucune quand elle engage son infaillibilité, et l'on doit recevoir avec respect — mais sans éclipse de l'esprit critique — tout ce qu'elle enseigne en dehors des formes de l'infaillibilité. Nous ne sachons pas que l'Église ait jamais enseigné quoi que ce soit dogmatiquement sur la « mission divine de la France ». Les amateurs de révélations privées n'ont pas le droit de nous accuser de mauvaise foi et de nous imposer leurs croyances comme des dogmes.

§ 39. Prolongeons notre succincte enquête relativement à cet indigeste fatras de légendes inspirées — « France nouveau peuple élu, France fille aînée de l'Église, France tribu de Juda du Nouveau testament, origines davidiques des rois de France, France peuple troyen, France du Grand Roi et du Grand Monarque, France salut du monde, 'miracle' de Tolbiac et 'miracle' de la Sainte Ampoule » (la liste est probablement incomplète,…) — en évoquant l'ouvrage du Père Clérissac, déjà cité ici. La prose d'un tel auteur qui fait siennes presque toutes les légendes qui viennent d'être évoquées, a pour mérite de nous restituer la manière dont on passe insensiblement de la mémoire historique réelle à la fiction et au mythe, à la sédimentation de prétentions chauvines crispées sur leurs formulations caporalistes.

Le Père Clérissac rappelle la déclaration de Jeanne à Charles VII : « vous serez lieutenant du roi des cieux qui est roi de

France », et il l'interprète dans le sens suivant : vous serez feudataire de Dieu *en vertu de la prédestination providentielle de la France*, fief de NSJC parce que *l'huile de la Sainte Ampoule a consacré les rois* (p. 51). « (…) Si tous les pouvoirs terrestres sont également subordonnés au Droit divin, cependant Dieu a pu vouloir prélever sur l'un ou l'autre des peuples chrétiens un tribut spécial <un « peuple élu » se doit d'être « spécial »…> de dévouement et de services, et le distinguer entre les autres par une véritable prédilection. Cette intention de la Providence divine, qui semble si évidente dans l'histoire, appelons-la tout de suite par son nom, c'est l'idée impériale, l'Impérialisme divin » (p. 54). Dieu semble ainsi faire l'essai, nous explique cet auteur (p. 56), de l'Empire pour Sa gloire ; la paix d'Auguste protège l'Incarnation, la naissance et l'Epiphanie de Son Fils. Saint Paul affirme que c'est l'Empire qui retient l'Antéchrist impatient de se produire contre l'Église naissante ; avec Constantin le rôle de l'Empire devient conscient et public ; mais se produit l'effacement de l'Empire avec l'assaut des Barbares ; l'auteur diagnostique à ce sujet le « **premier échec de la Politique divine** ». Mais la conversion de Clovis signe la « **deuxième étape de l'impérialisme divin** », de sorte que Charlemagne représente l'apogée de la politique divine, les Francs ayant été « *élus* » pour la mission impériale tombée en déshérence en Occident depuis les fils de Constantin. Cela dit, (p. 58) on assiste bientôt au « **deuxième échec de l'impérialisme divin** » avec la faiblesse des successeurs de Charlemagne, Charles le Gros ayant été déposé en 887, ce qui laisse la couronne impériale suspendue sur la tête de princes italiens, et ce qui amène la période allemande de l'Empire avec Othon le Grand sacré en 962 et ses successeurs (dont saint Henri II) qui furent effectivement protecteurs de l'Église. Notre auteur ne se fait pas faute d'observer, sans souci de dénoncer corrélativement les abus de pouvoir temporel tombé entre les mains de divers papes, que la suzeraineté des empereurs allemands sur les autres princes chrétiens devint l'objet d'ambitions sans service profitable pour l'Église, ce qui constitua un **troisième échec de la Politique divine**. Dès lors, le Père Clérissac peut emboucher la trompette favorite des nationalistes français gagnés à la cause judéomorphe du thème de la « France peuple élu » : il observe (p. 58) que s'opère une « nouvelle courbure rentrante » de la Politique divine, au XIIIème siècle, avec notre saint Louis, chef temporel, selon notre auteur, de la Chrétienté, par le rayonnement intellectuel de Paris sa capitale. C'est alors, nous apprend-il, que la France serait ici **désignée une troisième fois aux prédilections de l'Église,** après Clovis et Charlemagne : « **On dirait (pp. 59-60) que, lassée des échecs de son plan impérial, la Politique divine ne veut plus désormais se reposer que sur le génie de cette race si apparentée avec le génie de l'Église elle-même** ». Pas moins... Autant dire que Clovis et Charlemagne étaient des Français, mais tout autant que Dieu est de nationalité française et que la France est le peuple de Dieu. C'est bien signifier que la France est intronisée « Israël du Nouveau Testament ». Le Père Clérissac peut dès lors donner libre cours à son lyrisme théologico-politique déployé comme l'effet d'une ivresse sans fin, se nourrissant de ses propres effusions :

« Quand le caractère chrétien de saint Louis se sera aigri ou affadi dans ses successeurs, **la Providence ne se retirera pas de la France**. Ce qu'elle n'a pas fait pour le Saint-Empire, la Providence divine le fera, au XVème siècle, pour la Monarchie Française. Alors, **le signe de la continuité de la prédilection divine pour nous, c'est Jeanne d'Arc qui nous l'apporte** » (p. 61).

« **Ne dirait-on pas que Jeanne d'Arc a pensé au Saint-Empire** (elle avait déclaré à Charles VII que saint Louis et saint <sic> Charlemagne priaient pour la ville d'Orléans), **et l'a vu réellement continué dans la France chrétienne ? En tout cas, grâce à elle, nous suivons la ligne sinueuse de l'Impérialisme divin à travers l'Histoire, et nous la voyons aboutir encore une fois de notre côté** » (p. 60).

« **Peut-être que la grande idée chrétienne de saint Louis, trop haute même pour les plus grands de ses descendants, est définitivement obscurcie dans l'esprit de la France. Mais son cœur du moins garde toute sa vieille fidélité pour** longtemps ; et ni la Providence, ni l'Église ne se décourageront de l'aimer. A son tour, le Sauveur lui révélera et lui donnera son Sacré-Cœur, pour être — ce fut son expresse volonté — l'attribut national de la France » (p. 61-62).

« L'empreinte de sa prédestination a passé de sa vie politique dans son âme, mais elle y est resplendissante et ineffaçable <faut-il y voir un *caractère* ?! >. C'est que la prédilection divine lui a conféré plus qu'un droit d'aînesse. La prédilection divine, et aussi celle de l'Église, là où elle se repose, crée une réalité nouvelle de valeur et de bien, c'est un amour efficient qui affecte un homme et un peuple au plus profond de lui-même, ne dirige pas seulement le cours extrême de sa destinée, mais gouverne le ressort profond de cette destinée, qui est l'âme, et surtout place ses intérêts et sa vie dans une plus étroite dépendance des intérêts et de la vie de l'Église du Christ. Voilà le vrai privilège de la France, et qui, depuis Jeanne d'Arc, dure encore aujourd'hui » <nous sommes en 1910, mais cela vaudra dans l'esprit de l'auteur même pour 2023, 2033 et jusqu'à la Parousie, ce qui est la moindre des choses puisque — nous l'avons compris —, Dieu est Français>

§ **40. 1.** A la lecture de cette série d'affirmations enflammées, il est aisé de s'apercevoir que leur auteur commence par tenir pour acquis ce que l'histoire est supposée établir, puis, au moyen de cette clé d'intelligibilité forgée pour les besoins de la cause, interprète l'histoire en fonction de ce qu'il veut lui faire démontrer. Ce qui est tout simplement une pétition de principe inspirée par une passion qui, pour pieuse qu'elle soit, n'en demeure pas moins partisane.

La démarche du Père Clérissac, qui forme comme un modèle de nationalisme à prétention théologique, par là un presque paradigme de cette sensibilité de chauvins surnaturalistes tenant en France le haut du pavé dans le landerneau catholique de droite, n'a de sens que si sont tenues pour acquises certaines thèses qui pourtant demeurent objectivement problématiques, pour ne pas dire douteuses. Pour passer, en effet, de l'idée somme toute assez ordinaire d'événement providentiel — au sens où nous l'entendons ici dans notre § 38 —, à celle de peuple élu, c'est-à-dire de peuple qui conserverait des privilèges et une vocation particulière prédéterminée indépendamment de résultats constatables de ses supposés pouvoirs de promouvoir la vérité naturelle et surnaturelle et d'instaurer l'ordre des choses dans l'organisation des peuples, il faut que soient acquises les idées suivantes :

Doit être prise pour argent comptant la version du testament de saint Remi telle qu'elle est ici exposée dans notre § 36, en dépit du fait que, de l'aveu même de Louis Lallement, il ne s'agirait là que d'un « résumé libre ». Aucun historien n'a jamais pu étayer cette version par quelque document scientifiquement recevable que ce soit.

Doit être acceptée l'idée selon laquelle Clovis et Charlemagne pourraient être tenus pour des Français, comme si l'identité française existait déjà à cette époque ; ce qui évidemment est intenable.

Il faut que le message de Marguerite-Marie Alacoque concernant la demande à Louis XIV de faire figurer le Sacré-Cœur sur les drapeaux du roi soit un message authentique, ce qui s'est révélé contestable même au regard du cardinal Billot. Dans le sillage de cette affaire, il faut être assuré que la demande de Claire Ferchaud a été réellement inspirée par l'Esprit-Saint, ce que l'on a de bonnes raisons de remettre en cause ; en plus de l'hostilité du cardinal Billot à cette cause pour les raisons qui ont été rappelées (« nous ne sommes plus des juifs d'Ancien Testament ! », l'idée même de faire figurer le Sacré-Cœur sur un drapeau national est inacceptable en soi), on doit tenir compte du fait que cette même cause fut désavouée par un décret du Saint-Office du 12 mars 1920 (acte confirmé le 7 décembre 1925, qui interdit à Claire Ferchaud de fonder un ordre religieux) ; dans ses *Notes autobiographiques* (t. II, Téqui 1974), la voyante déclare : « Oh ! La France ! Comme elle sera belle un jour ! Non Satan aura beau faire, jamais la France ne lui appartiendra ». Pour le moins, cette « prophétie » n'est pas réalisée aujourd'hui et ne semble pas près de l'être, qui semble révéler une tendance à prendre ses désirs pour des réalités. La « Jeanne d'Arc de la Grande Guerre » était monarchiste, antirépublicaine, très hostile à la maçonnerie et antisémite, et par tous ces caractères elle ne peut, à bon droit, que séduire les antimodernistes et Réprouvés de toutes obédiences. Mais elle entendait, comme tous les surnaturalistes chauvins, sous l'effet des pulsions malsaines d'une convoitise judéomorphe refoulée, doter sa patrie de tous les attributs et privilèges des Hébreux de l'Ancien Testament. Ceux qui partagent ses légitimes aversions pour le monde moderne embrassent alors, sans discernement, ses dilections faisandées objectivement intenables, et déconsidèrent ainsi leur propre cause, pour le plus grand profit de leurs ennemis. On est en droit de se demander si l'« Affaire Ferchaud » n'est pas un montage destiné à faire se fourvoyer la Tradition catholique antimoderniste, ainsi pleinement catholique, afin de la ridiculiser et de l'affaiblir. Ce qui s'appelle être victime d'une ruse vraiment maligne que les dénonciateurs patentés des manœuvres de Satan dans l'Histoire auraient dû déjouer si la passion de l'orgueil impuissant ne les avait aveuglés et ne continue à le faire, prolongeant, ce faisant, la paralysie de toute entreprise vraiment audacieuse et efficace d'inversion du processus de décadence que nous subissons de plein fouet. Nous reviendrons sur ce sujet après en avoir fini avec les présents §§ 40.

§ 40. 2. Le nationalisme à prétention théologique du Père Clérissac n'a de sens que si la Sainte Ampoule est un miracle attesté, ce que même les historiens gagnés à la conception surnaturaliste de la vocation de la France échouent à prouver, et dont ils échouent à se persuader.

Il est difficile, ici, de ne pas céder au désir d'évoquer Paul Valéry (*de l'Histoire,* dans *Regard sur le monde actuel,* 1931) : « L'histoire est le produit le plus dangereux que la chimie de l'intellect ait élaboré. Ses propriétés sont bien connues. Il fait rêver, il enivre les peuples, leur engendre de faux souvenirs, exagère leurs réflexes, entretient leurs vieilles plaies, les tourmente dans leur repos, les conduit au délire des grandeurs ou à celui de la persécution, et rend les nations amères, superbes, insupportables et vaines. L'histoire justifie ce que l'on veut. Elle n'enseigne rigoureusement rien, car elle contient tout et donne des exemples de tout. Que de livres furent écrits qui se nommaient : 'la leçon de ceci, les enseignements de cela !' Rien de plus ridicule à lire après les événements qui ont suivi les événements que ces livres interprétaient dans le sens de l'avenir ». Ces observations, pour partisanes qu'elles soient elles-mêmes, contiennent cette part de vérité dont nous voudrions ici faire mémoire, et qui est d'autant plus évidente lorsque la passion religieuse se greffe sur la passion historique.

La guerre de 1914, passionnément souhaitée par la France, a rendu possible la mort de l'Europe et la chute du dernier empire catholique d'Occident ; tel est son résultat concret, doublé de la montée de la tenaille américano-soviétique enserrant, tel un python monstrueux, une Europe exsangue. On doit comprendre pourtant, si l'on suit le Père Clérissac, que si le drapeau national devait porter le Sacré-Cœur, c'est que la revendication française devait être tenue pour légitime ; et puisque la guerre de 40 est née des iniquités du Traité de Versailles, ainsi de l'abominable boucherie de 14, terme résiduel de l'hostilité séculaire de la France à l'égard de ce qui pouvait évoquer de près ou de loin le risque d'une reviviscence de suzeraineté du Saint-Empire, c'est que cette prédilection divine pour la France devait se prolonger dans les œuvres de la Résistance et dans l'avènement du général de Gaulle, lequel, au reste, se voulait une nouvelle Jeanne d'Arc. Il y a des nationalistes français monarchistes et des démocrates-chrétiens pour le croire même aujourd'hui… Voilà à quoi mènent les propensions judéomorphes des peuples. Evidemment, la prétention de la France à se soustraire au magistère politique débonnaire du Saint-Empire et à s'y substituer, est interprétée par l'auteur comme une décision de la Providence de relancer son Impérialisme divin par le moyen qui lui serait enfin adéquat, à savoir cette déesse, ce joyau d'intelligence et de vertus que serait la France tenue pour éternelle, à jamais immaculée, chef-d'œuvre de la création.

On ne saurait nier qu'il y ait eu, qu'il subsiste peut-être encore, une intention providentielle possible nourrie par Dieu et par Son Église sur la France, mais cela doit être envisagé à cause d'abord des qualités *naturelles* de la France, et cela doit exclure par principe toute idée de « peuple élu » ; une telle idée est en vérité l'expression d'un orgueil frustré qui en appelle à une élection divine afin de justifier ses prétentions au pouvoir, exactement comme dans le cas des Juifs entretenant pathologiquement des réflexes de « chouchou » de Dieu, se voulant objets d'une dilection particulière non fondée sur la sainteté ou sur des qualités naturelles, qui autorise celui qui s'en prévaut à revendiquer une supériorité sur tous les autres.

La France, par cette folie qui lui fit prolonger ses dons universalistes en revendications hégémoniques politiques et guerrières, est devenue une véritable catin roulée dans tous les vices, fière de sa déchéance après avoir, avec les principes de 89, porté le désordre partout en Europe puis dans le monde, dressant haut l'étendard de la révolte LGTB, qui n'a plus aucun titre à se poser en exemple ; alors elle en appelle à une élection irréversible : « je reste l'élue, la chérie de Dieu, vous verrez, vous verrez, un temps viendra où mes vaticinations se vérifieront, ne comptez que sur cette espérance et ne vous liez à personne d'autre que moi ». Et c'est ainsi qu'on a fait le jeu des intérêts des puissances judéo-bolchevique et judéo-anglo-saxonnes, c'est-à-dire maçonniques. C'est ainsi, tout autant — on le verra bientôt — que ce tropisme surnaturaliste qu'est la lubie théologico-politique de l'« élection » divine de la France contribue beaucoup à déconsidérer le sérieux du combat traditionaliste.

CHAPITRE HUITIEME

Le prophétisme anti-boche.

§ 41. 1. Revenons donc au cas emblématique de Claire Ferchaud dont la légitimité est si liée à celle des thèses de « France fille aînée de l'Église » — avec ses corollaires obligés : origines davidiques des rois de France, France tribu de Juda du Nouveau Testament, miracle de la Sainte Ampoule, France peuple élu, authenticité de la guérison des écrouelles, Francs issus des Troyens, annonces par la voix de la stigmatisée de Blain de la venue d'un Grand Roi et d'un Grand Monarque, etc. — que la déconstruction du mythe « Ferchaud » devrait amener à celle de l'ensemble des éléments constitutifs de la « judéomorphie » française aussi fleurdelisée que l'on voudra. Et cela même serait selon nous un grand bien.

C'est pourquoi nous nous attarderons quelque peu sur l'affaire « Ferchaud ». Notre source est l'ouvrage de Jean-Yves Naour, « Claire Ferchaud » (Hachette 2006). Les fanatiques de la thèse opposée ne manqueront pas de critiquer cet ouvrage et de déclarer tendancieuse sa manière de présenter les choses, mais enfin, si les événements évoqués là sont historiquement exacts, ils suffisent plus qu'amplement à prouver que cette « voyante » est une imposteresse. Nous nous contenterons d'exposer les informations qui étayent notre propos, et qui la plupart du temps parlent d'elles-mêmes.

§ **41. 2.** Le cardinal Baudrillart[12], qui ne crut jamais à la mission divine de la bergère de Loublande, rapporte dans ses *Carnets* (1er août 1914-31 décembre 1918) que Benoît XV avait déclaré (pp. 9 et 152-153 de Le Naour) le 23 mai 1917 que « nul n'a le droit d'accaparer le Sacré-Cœur, qu'il est au-dessus des nations, que l'acte de consécration devrait parler de paix et ne pas insister sur la victoire ». Ce qui vaudrait à Benoît XV le qualificatif de « pape boche ».

§ **41. 3.** Paul Claudel, dans son *Journal* (Le Naour p. 33), écrivit que « dans la grande bataille de la Marne, (…) nous avions à notre gauche saint Geneviève, au centre saint Rémy et à notre droite Jeanne d'Arc ». C'est Paul Claudel qui, effrontément, se permit d'insulter grossièrement (le traitant de nouvel évêque Cauchon) l'admirable cardinal Baudrillart quand ce dernier, proche de la mort, invita en 1942 les catholiques à souhaiter la victoire de la croix gammée et des forces de l'Axe pour le salut de l'Europe, de la civilisation, de la race blanche et de la catholicité. Paul Claudel avait lui aussi des « voix » et des « visions », composant, au gré de l'air du temps, de ses humeurs et de ses intérêts, une ode au maréchal Pétain et une ode à de Gaulle.

§ **41. 4.** Dans le journal *La Croix* (le 8 août 1914), on annonçait que « l'Histoire de France est l'Histoire de Dieu » (Le Naour p. 34), ce qui en dit long sur le degré d'imprégnation, dans

---

[12] Rappel : « Dieu n'est pas une présence qu'un croyant au moment de quitter la vie puisse envisager légèrement… Je vais paraître devant Lui et toute mon existence va être jugée dans la lumière immédiate de sa Justice… Je vais paraître devant Lui… Et ce n'est pas pour moi le moment d'oublier que la vérité est son essence et de noircir ma pensée et mon âme avec une parole qui nierait cette vérité. Je parle donc selon ma conscience la plus profonde, selon ma conscience purifiée de toute considération humaine, et je déclare que je vois plus clairement que jamais, à cette heure où je vais mourir, que la solution suprême d'une entente, d'un accord total et définitif, avec l'Allemagne, avec la Grande Allemagne européenne de demain, est pour la France l'unique voie de son salut. A gauche et à droite du Rhin, les hommes sont les mêmes enfants de Dieu » (**Cardinal Baudrillart**, « Testament spirituel » (1942), cité par Vincent Reynouard dans « Marie Ponsard, avec Vincent Reynouard », Editions *Sans Concession*, septembre 2019, p. 157).

les mentalités catholiques, de l'idée de « France fille aînée de l'Église » et de la manière dont on la recevait ; cette mentalité s'est aujourd'hui réfugiée dans les milieux catholiques traditionalistes.

§ **41. 5.** Claire Ferchaud fit pendant la guerre de 14 la prévision suivante (Le Naour p. 75) : au début de 1918, un roi fera retour à la tête de la France dont la capitale ne sera plus Paris parce que la Ville aura été rasée.

§ **41. 6.** Le chanoine Rosenberg, représentant des catholiques allemands (Le Naour p. 93), dans son *Der Krieg und der Katholizismus* (1915), dénonça légitimement cette France antichrétienne et sectaire, qui mettait en péril l'Église catholique en s'alliant avec les Anglais protestants et les Russes schismatiques, et qui combattait pour les intérêts de la franc-maçonnerie. Ces choses méritaient d'être rappelées parce qu'elles sont vraies, tout simplement, au grand dam des ecclésiastiques français bercés par les sirènes de la « France peuple de Dieu », qui ne cessaient de prétendre que l'Allemagne était seule responsable de la guerre et qu'elle était porteuse des intérêts planétaires de la judéo-maçonnerie. La « victoire » française s'est soldée par un affaiblissement de l'Europe que seule une victoire hitlérienne aurait pu redresser, et par la disparition du dernier empire catholique d'Europe. Et la responsabilité de la guerre incombe à la France qui la voulait passionnément, n'ayant cessé de jeter des braises sur la poudrière des Balkans.

§ **41. 7.** En toute charité, Claire Ferchaud nommait « Boches » ces « mauvais » Français qui tentaient désespérément de faire cesser la boucherie de la Grande Guerre.

§ **41. 8.** Le Naour remarque lui-même p. 120 : « Parce que sa foi se combine au nationalisme, parce qu'elle est persuadée que la France est un nouvel Israël, le pays d'élection de Marie et de son Fils, elle ne peut à aucun moment envisager la défaite de sa patrie ».

§ **41. 9.** Claire Ferchaud déclare le 19 mars 1918 à l'archevêque de Tours (Le Naour p. 120) : « Notre Seigneur aime la France plus que toutes les autres nations. Son cœur ne peut se passer de la France ». Dieu a donc un Fils, mais Il a aussi une Fille…

§ **41. 10.** « Le secrétaire d'État du Vatican, le **cardinal Gasparri**, interrogé par l'archevêque de Paris comme par l'archevêque de Reims, n'a pas caché ses sentiments dans une lettre du 11 mai <1917> : rappelant que **l'Église n'a jamais approuvé la révélation de Marguerite-Marie <Alacoque> sur le drapeau du Sacré-Cœur**, il affirme qu'il ne serait pas prudent d'exciter ou de favoriser la confiance des fidèles en ces promesses' » (Le Naour p. 163).

§ **41. 11.** Aux pages 164-165 de son ouvrage, l'auteur (Le Naour) écrit : « la plus polémique des conditions fixées par le Christ à Paray, pour que la France soit soumise à sa volonté, apparaît dans la lettre datée de 1689 qui n'est connue que fort tardivement, en 1867. On ne dispose pas de l'original qui est perdu mais de cinq copies dont trois seulement font mention du passage sur le drapeau.

« Il désire, **ce me semble***, entrer en pompe et magnificence dans la maison des princes et des rois pour y être honoré autant qu'il a été outragé, méprisé et humilié en sa passion (…) Et voici les paroles que j'entendis au sujet de notre roi : 'Fais savoir au fils aîné de Mon Sacré-Cœur que, comme sa naissance a été obtenue par la dévotion aux mérites de ma Sainte Enfance, de même il obtiendra sa naissance de grâce et de gloire éternelle par la consécration qu'il fera de lui-même à mon cœur adorable qui veut triompher du sien, et par son entremise de celui des grands de la terre. Il veut régner dans son palais, être peint sur ses étendards, et gravé dans ses armes pour les rendre victorieuses de tous ses ennemis, en abattant à ses pieds ces têtes orgueilleuses, pour le rendre triomphant de tous les ennemis de la Sainte Église ».*

Dans leurs reproductions de cette lettre, qui ne figure pas dans le dossier envoyé à Rome en 1828 pour instruire la cause de Marguerite-Marie, les partisans du drapeau du Sacré-Cœur auront une fâcheuse tendance à oublier le 'ce me semble' qui relativise la vision ».

§ **41. 12**. « A ceux qui affirment <en 1917> que le message du Christ à Marguerite-Marie est toujours d'actualité, n'étant pas destiné à Louis XIV en tant que tel mais à la France (…), le Père Ange Le Doté, ancien confesseur du comte de Chambord, répond que la demande de Paray est périmée et va même jusqu'à en contester l'existence » (Le Naour p. 169).

§ **41. 13**. En 1917 et 1918, se posa (Le Naour, p. 170-171) dans diverses revues catholiques la question théologique relativement au message de 1689 : il s'agit « de l'épineux problème de la conciliation d'une grâce nationale, spécifiquement réservée à la France, avec une religion universelle ». L'objection principale est « celle du fétichisme et de la superstition, le signe de Dieu, doté de pouvoirs magiques, passant avant la religion, la prière ou la pénitence ».

§ **41. 14**. Pour les loublandistes et cordicoles, le cardinal Billot, après son intervention au *Figaro* du 4 mai 1918, se serait lui aussi vendu à la franc-maçonnerie.

§ **41. 15**. Achevons cette édifiante série de remarques.

Claire Ferchaud promet l'extermination du genre humain si, à Loublande, son ordre religieux consacré à l'expiation n'est pas fondé (Le Naour p. 181). Elle prétendra en 1927 être une nouvelle Immaculée Conception (p. 223), se dira (p. 243) la troisième folie de Dieu, après la création de l'humanité et le martyre du Christ au Golgotha. « Je ne suis qu'une menteuse. Toute ma vie j'ai trompé. Le diable est sur moi, j'irai en enfer » (Archives privées, témoignage d'Inès Sabran-Pontevès, lettre du 15 juillet 1985 adressée à un prêtre ; Le Naour p. 243). Cet aveu pourrait nous servir de conclusion, mais une anecdote rapportée par l'auteur, page 240, mérite de clore cette enquête.

Claire Ferchaud était antimoderniste et hostile à Vatican II. Il n'en fallut pas plus à Mgr Williamson pour s'inspirer des écrits de la « prophétesse » et annoncer en sermon, le 2 août 1992, à Saint

Nicolas du Chardonnet, l'imminence de la conflagration prochaine : « L'extension des péchés est telle qu'il est possible que la guerre ait lieu avant l'an 2000 ». Il est vrai que Mgr Lefebvre, démarché par des loublandistes, avait célébré la messe à Loublande le 9 août 1969… De telles initiatives d'ecclésiastiques médiatiques ne plaident guère en faveur d'une confiance inconditionnelle à accorder aux responsables actuels de la Tradition catholique, à la pertinence de leurs analyses politiques et à la sûreté de leurs jugements en matière de morale et de philosophie. Jean-Yves Le Naour rappelle au reste, en note, à la page 283 de son livre, que la revue traditionaliste *De Rome et d'ailleurs*, dans sa livraison de février 1993, publia une série de documents inédits contestant la sainteté de la « voyante » de Loublande.

§ 41. 16. Les informations qui précèdent (à partir de notre § 30) nous disposent à penser qu'une réflexion sur le fascisme catholique doit être accompagnée de la formulation d'un souhait pressant. Il ne semble pas que l'on puisse jamais élaborer la doctrine rationnelle d'un nationalisme pour notre temps sans libérer le nationalisme français de cette propension subjectiviste à confisquer à son profit les secours du Ciel, qui plus est des secours rêvés, fondés sur une représentation providentialiste chimérique, sentimentale et en son fond dogmatiquement dangereuse — voire franchement hérétique — de la Providence. Sans cesser d'être pleinement catholique, le nationalisme doit se débarrasser de ses obsessions chauvines cléricales.

Cette émancipation, condition nécessaire du développement d'une réflexion vraiment cohérente, doit absolument cesser — au rebours des déclarations grotesques attachées au culte de la « France fille aînée » — d'être menée dans une perspective anti-européenne ; la France n'a une vocation — naturelle d'abord et essentiellement — qu'au sein de la Grande Europe et, si son sens de l'universel l'invite à déployer ses dons hors d'Europe, cela ne saurait se faire au détriment du bien commun de l'Europe, une

Europe pleinement européenne et non pas une Europe américaine ou anglo-saxonne, eurasiatique ou euro-africaine.

Pour un nationaliste français, chercher des raisons d'aimer la France dans une vocation surnaturelle qui ferait d'elle un peuple élu, cela revient, au rebours de l'intention de la glorifier en la dotant d'un prix inestimable, à la vider des raisons naturelles que l'on a de la chérir, de la servir et de l'admirer, parce que la démarche surnaturaliste verra, dans cette pseudo-vocation surnaturelle de la France, son essence même, de telle sorte que l'on aura — essence et fin étant convertibles — procédé à une substitution de finalité, oblitérant la finalité réelle naturelle de sa nation. On *appauvrit la France* avec ces sornettes bien-pensantes, loin de servir sa cause, selon la logique surnaturaliste sévissant déjà dans maints autres domaines, qui consiste à penser le rapport de la nature à la grâce sur le mode d'un conflit obligé entre les deux. Quand un peuple a besoin de principes surnaturels de légitimation pour accéder à la conscience et à l'estime de lui-même, c'est que sa vitalité morale, culturelle et ethnique est fort malade, et sous ce rapport il faut bien avouer que la France est malade depuis longtemps. C'est même peut-être une maladie qui lui fut, d'une certaine façon, congénitale, dont elle se tira glorieusement dans ses moments de plus grande vitalité, mais sans jamais en guérir de manière définitive, pour finir par y succomber. En la déconnectant de ce qu'elle croit être son privilège et son incommensurable dignité, le nationaliste « apparitionniste » a le sentiment de vider la France de sa substance ; c'est au contraire moyennant cette déconnection que son pays révélera ses vertus de manière désormais exacte et réaliste, sa vraie vocation dans le concert des nations ; par suite, la France saura discipliner ses efforts de reconquête d'elle-même, ainsi unifier des forces qui sont actuellement conflictuelles et qui paralysent ses dernières chances de salut. Quant à la vie proprement religieuse des Français, elle n'en serait que plus assainie, purifiée de ses billevesées sécrétées par l'orgueil déçu d'une ancienne grande nation réduite au statut de puissance tout juste moyenne. Ce surnaturalisme, qui sévit de manière visible dans les folies des grandeurs théologico-politiques de la « judéomorphie » catholique, est peut-être la cause principale de la suspicion que nourrissent maints catholiques conciliaires mal informés à l'égard de la Tradition. Il est peut-être aussi la grande raison qui rend hermétiques au message chrétien les néo-païens ou les agnostiques qu'un discours rationnel non contaminé par ces amours surnaturalistes impures pourrait rendre sensibles à la beauté du catholicisme, lequel, loin de mépriser la nature, la mène au bout d'elle-même et la transfigure.

Il est peu douteux, cela dit, que la France soit chargée par la Providence d'une mission apostolique, ainsi d'un rôle dans l'économie du salut universel. Mais cela est vrai pour toutes les nations catholiques, et n'est nullement solidaire de l'idée d'« élection ». Si la chose est — puisque d'aucuns y tiennent — plus accusée pour la France, c'est parce que cette vérité qu'est la vocation apostolique de toute nation chrétienne est peut-être plus visible dans son cas, du fait de ses qualités et de sa vocation *naturelles* liées à son sens de l'universel, à ses prédispositions pour le sens de la mesure, de l'exactitude et de la rationalité en général : le Français n'est indépassable en aucun domaine, mais ce qu'il a en propre est d'atteindre un niveau très honorable en tout, au lieu que les autres nations peuvent exceller en certains domaines et se révéler fort médiocres en d'autres ; et c'est cette disposition qui habilite l'esprit français, en quelque sorte « généraliste » et par là équilibré, à développer un pouvoir de bien juger en toute chose, fondé sur un sens aigu du réel ; et parce que le réalisme n'est pas l'empirisme (qui réduit l'être à l'apparaître et le bien à l'utile), le réalisme de l'esprit français est pétri d'idéalisme (le cœur du réel est idée) qui, toujours, fait lever, tel un levain spirituel, la pâte des mœurs françaises au nom d'idéaux moraux qui empêchent notre nation de se réduire à sa chair, à l'inconscient des habitudes et aux déterminismes physiques ; cet idéalisme, dévoyé comme il le fut de fait, produit ce qu'il y a de pire mais, potentiellement, il demeure le moteur de l'avènement de ce qu'il pourrait y avoir de meilleur. Il est aussi permis de discerner, dans les conditions de genèse de la France, une vocation, par simple position historique contingente dans l'enchevêtrement des événements qui l'ont vue naître, à se faire le soutien de l'Église quand elle est menacée dans sa liberté par des puissances séculières abusant de leur autorité. Mais ce qui est contingent ne relève pas de l'essence, et ce qui est extérieur à l'essence est révocable. Rappelons sans plaisir que la France fut absente de Lépante (1571), du Kahlenberg (1683) et de Mohács (1687), et qu'elle appuya au contraire presque systématiquement les prétentions du Turc ; qu'elle s'opposa aux intentions du Bienheureux Innocent XI d'unir la Chrétienté en réconciliant France et Saint-Empire sous l'égide débonnaire de ce dernier, et que neuf rois français (plus Napoléon) furent excommuniés ; dès sa fondation, la France se posa en s'opposant à l'Empire : Charles de Basse-Lorraine, carolingien légitime supplanté par Hugues Capet, était vassal de l'Empereur. Il nous semble que, s'il fallait que la France s'opposât à l'Empire aussi longtemps que la papauté n'avait pas acquis son indépendance souveraine, cette noble mission devait s'achever au terme de ce processus ecclésial d'émancipation. Et si l'on tient absolument à établir — tant il est difficile à certains de séparer la notion de mission de celle d'élection — un parallèle entre la France et le peuple juif, nous observerons ceci, qui révèle la vérité captive de ce fruit vénéneux du subjectivisme sentimental exprimé dans le mythe de la « France peuple élu du Nouveau Testament » :

Les Juifs avaient pour mission, élus à cette fin, de préfigurer l'Église et de préparer l'avènement du Christ. Ils avaient vocation à s'achever avec leur mission consommée, mourant à eux-mêmes en tant que juifs, pour faire naître l'unique et définitive race élue qu'est l'Église catholique, apostolique et romaine. Ils ont préféré, plutôt qu'à se subordonner à leur mission pour la gloire de Dieu, faire de leur élection l'instrument de leur gloire, ce qui les fit trahir leur mission. Dans un processus analogue la France, en tant que née d'un refus circonstanciel du Saint-Empire tel qu'il était (infidèle à sa vocation puisqu'il prétendait dominer le pape) — par là née dans les circonstances d'un refus ponctuel et accidentel de cet opérateur du bien commun de l'Europe et de la chrétienté qu'est le Saint-Empire —, avait vocation à s'achever avec sa mission consommée, faisant mourir son refus momentané du bien commun de la Chrétienté, pour faire advenir la liberté souveraine du Saint-Siège et son émancipation de la férule de César. La France a préféré, plutôt qu'à se subordonner à sa mission pour la gloire de l'Église, faire de sa mission le prétexte à chercher sa propre gloire en dénaturant sa vocation, c'est-à-dire en aspirant à se substituer au Saint-Empire, et à s'y substituer non pour faire cesser mais pour reproduire, en les durcissant, ses abus d'autorité à l'égard de l'Église. La conséquence de cette trahison de sa vocation est tout simplement la Révolution française, produit de l'esprit d'insurrection fermenté dans les rangs de la Réforme protestante, individualiste et libérale, mais aussi du jansénisme pétri d'esprit gallican. Les Juifs obstinés dans leur refus du Christ entendent toujours faire le bonheur du genre humain, par la promotion du mondialisme ; les Français obstinés dans leur refus du Saint-Empire ont prétendu faire le bonheur du genre humain en s'intronisant, par la Révolution française, tête pensante et conscience de soi de l'avènement de l'universalisme des Droits de l'Homme, lui-même gravide de mondialisme. S'opposer aux prétentions de l'Empire à se subordonner l'Église ne devait pas se convertir en opposition au principe même de l'Empire. De même, se séparer du genre humain et former une nation théologique faiseuse de discorde dans tous les peuples où le judaïsme essaima ne devait pas, dans le peuple juif, se durcir et se pérenniser, mais appelait que cette nation artificielle (œuvre de l'art divin) se fondît, sa mission accomplie, dans les peuples dotés d'une identité naturelle réelle (celle des juifs n'était que surnaturelle, procédant proleptiquement de l'Eglise).

La conviction d'être l'objet d'une élection divine « spéciale » induit, dans le peuple qu'elle afflige en le flattant, une espèce de quiétisme providentialiste disposant à la passivité : « puisque l'on est dans les mains de la Providence qui se charge de tout en se jouant des talents naturels, attendons le coup de tonnerre d'une intervention miraculeuse qui sera comme une répétition du

« miracle » de Tolbiac » <narré par Grégoire de Tours — tenu pour un historien très peu fiable — au livre II de son *Histoire des Francs*>. Et cette passivité mêlée de présomption dispense ceux qui y succombent de procéder à une révision critique de leur propre héritage intellectuel, par là leur interdit de progresser spéculativement en matière de doctrine politique, et pratiquement en matière de politique et d'épanouissement culturel et spirituel. Quand ce providentialisme se conjugue à une « apparitionnite » aiguë doublée d'un « conspirationnisme » systématique, on obtient les conditions psychologiques idéales pour être balayé par l'Histoire, sombrant dans la honte et le ridicule, parce que l'on en vient, ce faisant, à se faire une représentation complètement faussée du réel, d'autrui et de soi-même, en particulier en oubliant que la force des méchants n'est que la faiblesse des bons. Les conspirations et manœuvres sournoises des sectes judéo-maçonniques n'enveniment la réalité sociale que parce qu'elle est déjà malade, gangrenée par ses propres vices. C'est l'attachement à ce ramassis de pieux et poussiéreux mensonges incapacitants qui bloque l'intelligence de ceux qu'ils impressionnent et les contraint de se tourner vers le passé dit « apogée de la chrétienté », de s'y réfugier comme le fait cette jeunesse dans ses jeux vidéo la plongeant dans le virtuel d'un Moyen Âge hollywoodien. C'est cette fixation affective morbide qui enjoint aux intelligences frelatées de s'attacher à un tel passé comme à un idéal intemporel, ainsi de méconnaître tout ce qu'il pouvait y avoir d'inachevé en lui. Un tel inachèvement appelait objectivement l'avènement d'une modernité qui eût pu réussir si les opposants à la vague subversive avaient été moins abrutis par et moins congelés dans ce merveilleux de mauvais aloi, ce légendaire qui entend se faire passer pour de l'historique, ce sentimental qui prétend être la voix du surnaturel.

Refuser la portée ontologique de la dialectique (dont le mouvement se dit du réel comme de la pensée), c'est se mettre en situation de ne pas comprendre que le christianisme est l'« Aufhebung » du judaïsme ; refuser la pertinence du raisonnement dialectique, c'est méconnaître que la France historiquement constituée et intégrée au bien commun de l'Europe impériale est l'« Aufhebung » de cette France née en régime d'opposition à l'Empire. Il n'est donc pas étonnant que les soutiens passionnels de l'idée fausse de « France peuple élu » soient en même temps les partisans acharnés et suicidaires de la thèse controuvée d'une pérennité de l'élection des Juifs après la déchirure du voile du Temple.

CHAPITRE NEUVIÈME

L'Europe et la Russie.

§ 42. 1. Nous avons plus haut évoqué la figure de Vladimir Poutine (confer notre § 8. 2). La guerre en Ukraine qui se déroule actuellement, et en laquelle d'aucuns discernent le début de la Troisième guerre mondiale, invite inévitablement les nations occidentales à prendre parti : celui des intérêts de l'Ukraine antirusse, celui de la Russie, ou celui de la neutralité. Un tel choix suppose la maîtrise d'informations, et la possession des talents d'homme politique et de stratège dont nous ne disposons pas. Contentons-nous ici de proposer quelques éléments de réflexion, sans trancher de manière assurée, en sachant cependant que vient souvent un jour où l'homme moyen est contraint lui aussi de se déterminer dans le doute et l'expectative, quand les grandes affaires du monde en viennent à le mobiliser plus ou moins directement. Il doit choisir, sans la ressource de se réfugier dans l'indifférence ou l'attentisme, et il est souvent imprudent d'être trop prudent. Mais un tel choix se fait dans l'incertitude, se sait révisable, ne relève pas de la seule raison déductive. Au mieux peut-on ici énoncer quelques principes d'action solidaires des résultats théoriques que nous avons obtenus.

§ 42. 2. D'abord, nous devons viser le bien commun de l'Europe. La France n'est pas une monade surnaturellement élue qui planerait au-dessus des nations, elle est une manière particulière d'être européen, et sa particularité est son aptitude à bien juger en toute chose, ce en quoi l'on reconnaît la « sapience », l'art de bien « goûter », tant il est vrai que les êtres se hiérarchisent d'abord par le degré de leur aptitude à se délecter de biens élevés. La configuration spirituelle qui fait la France lui donne d'être en quelque sorte le lieu en lequel s'exerce la conscience de soi du bien commun de l'Europe, conscience de soi qui est requise pour que chaque manière particulière d'être européen accède à la conscience d'elle-même ; c'est donc selon l'esprit français, par son office et dans son miroir, que chaque nation européenne se réfléchit et se connaît vraiment elle-même, et c'est cela qui rend irremplaçable le rôle de la France. La France est ce lieu physique et spirituel en lequel se réfractent et se synthétisent tous les aspects du génie indo-européen. Mais qu'elle soit le lieu et l'opérateur de la conscience de soi de tous et de chacun ne fait pas d'elle le suzerain temporel de tous. Son magistère doit être culturel, et elle ne doit être physiquement forte (économiquement et militairement) qu'en vue de ce magistère spirituel ; c'est ainsi que, raison gardant, elle conserve et préserve son identité vraie. Si elle doit, pour remplir son insubstituable fonction, servir le bien commun de l'Europe dont elle est une particularisation (comme le sont les autres nations d'Europe), elle ne saurait donc, pour se soustraire à ce qu'elle tient pour des conditions injustes et dégradantes d'existence à elle imposées de l'extérieur, en appeler à l'aide d'ennemis de l'Europe, ce que fit pourtant François Ier en lutte contre Charles-Quint, qui, non seulement appuya les Protestants pour des raisons politiques (alors que le Politique est en droit subordonné aux intérêts de l'unique vraie religion), mais encore sollicita l'aide de l'Infidèle dans sa lutte contre le Saint-Empire, puissance hispano-germanique non seulement purement européenne mais encore pleinement catholique. Appeler à son aide l'ennemi extérieur, ainsi trahir le bien commun de l'Europe, c'est aussi ce à quoi invita un Jacques Bainville, porte-parole de l'Action française :

« L'heure était venue pour la France, sous le couvert du Traité de Versailles, de prendre possession de territoires allemands. A la fin de 1922, la Commission des Réparations constata que, dans le courant de l'année, l'Allemagne n'avait pas livré suffisamment de bois et de poteaux télégraphiques. L'Allemagne offrit de payer en espèces la valeur des marchandises qui n'avaient pas été livrées à la suite de difficultés administratives. A Paris, ni l'Angleterre, ni l'Italie ne voulaient s'associer au désir de la France de prendre des sanctions. Rien n'y fit. La France en tout cas voulait détenir encore plus de 'gages productifs'. Mais la véritable raison fut peut-être donnée par **Jacques Bainville** lorsque, très sincèrement, il écrivit dans *La Liberté* : '**Et si bien même nous amenions une désorganisation complète de l'Allemagne, en serait-ce plus mauvais ? Et comme nous avons plus à craindre une Allemagne organisée comme celle de 1914 qu'une Allemagne désorganisée comme celle de 1923, nous pourrons toujours nous dire que l'effondrement et l'impuissance de l'Allemagne, en nous préservant de l'invasion, valent pour nous des milliards**' » (Johannes Ohquist, o. c. pp. 36-37).

Soit : périssent l'Europe et la race blanche pourvu que soit écrasée cette nation qui empêche la France de se prendre pour le centre de l'univers et le sel de la Terre. La mort de l'Allemagne, moelle épinière de l'Europe, fut souhaitée par ces nationalistes français qui déifiaient la nation française et la déconnectaient de ses solidarités européennes, selon l'inspiration théologico-politique plus ou moins laïcisée du concept chimérique de « France peuple élu ».

§ **42. 3.** Les États-Unis d'Amérique ne peuvent pas, ne doivent pas être tenus pour une puissance européenne, quelque blanche (de moins en moins d'ailleurs) qu'elle soit ; l'entité états-unienne, c'est la trahison de l'Europe, la synthèse et la sédimentation de ses maladies, la projection concentrée de ses délires. Elle a en commun avec la France jacobine de cultiver l'universalisme abstrait des Droits de l'Homme, le projet prométhéen de reconstruire ex nihilo la société pour la rendre parfaite, la prétention d'incarner une Nouvelle Jérusalem au nom d'une élection divine. « Materialiter spectata », elle est européenne ; « formaliter spectata », elle est l'anti-Europe, la patrie du mondialisme, la nation du principe antinational.

§ 42. 4. En droit, au tribunal des hiérarchies métaphysiques, c'est à l'Europe qu'il appartient d'être le centre du monde, d'une part parce que l'Europe est le siège de la vraie Chrétienté, ainsi du catholicisme, d'autre part parce que l'Indo-européen est le type d'homme en lequel se réalise et se pense le plus adéquatement la condition humaine elle-même, au point que c'est par les concepts élaborés par l'Europe que les autres nations accèdent à la conscience de leurs identités respectives : le concept de nation est lui-même un concept européen ; de plus, si la nature humaine est évidemment commune à tous les hommes qui, sous ce rapport, par-delà tout réductionnisme étroitement biologique, sont tous également hommes, la thématisation du rapport entre nature (humaine et universelle) et culture (particulière) est elle-même le fait de la culture occidentale qui peut à bon droit, de ce fait, se reconnaître une capacité d'universalité faisant de l'Occidental le héraut privilégié du genre humain. La philosophie est venue au jour en Grèce, son lieu d'élection est l'Europe, et elle est la conscience de soi de l'humanité dans l'homme.

§ 42. 5. Les nations d'Europe sont nées, directement ou indirectement, de la décomposition de l'Empire romain, au terme de la mission historique de ce dernier. Certaines sont nées directement de sa décomposition, d'autres sont nées plus récemment du processus de pérennisation de l'Idée impériale romaine, qui s'exténua précisément dans la genèse de ces nations, mais qui joua toujours le rôle d'idéal de la réalité européenne coulée dans le mode de subsistance proprement national : le cycle logique de l'Histoire obéit à cette loi universelle qui veut que toute chose fasse retour à son principe ; un tel cycle veut donc que les nations d'Europe soient nées de l'essoufflement de l'Empire romain, et qu'elles tendent à faire retour (telle est la signification de la genèse du royaume franc puis du Saint-Empire) à l'unité de ce dernier dans une forme nouvelle qui le transfigure en lui faisant assumer la diversité des nations qu'il a fait naître et qu'il intègre ; c'est au reste le sens même des conflits qui n'ont cessé d'opposer, pendant quinze siècles, les puissances européennes entre elles, chacune aspirant à se faire le principe de reconstitution de l'Empire fédérant les nations d'Europe.

§ 42. 6. En vertu de ce qui précède (§§ 42. 2 à 42. 5), nous pouvons affirmer d'abord qu'il serait proprement insane de refuser la victoire à une Russie luttant contre l'hégémonie anglo-saxonne — c'est-à-dire mondialiste, maçonnique et juive — qui opprime l'Europe et agresse la Russie par la manipulation des dirigeants fantoches de l'Ukraine, sous le prétexte qu'il reviendrait à la France seule, en vertu de son « élection », de remettre de l'ordre dans ses propres affaires et dans les affaires du monde. Il est inutile de revenir sur les intentions mondialistes de l'État profond qui sévit aux États-Unis, sioniste, qui vassalise l'Union européenne et veut la guerre, et dont le projet est d'abattre la puissance européenne en la forçant à détruire les relations économiques entre Europe et Russie, pour contraindre l'Europe à se réduire au statut de client des États-Unis. Ces choses ont été amplement prouvées et dénoncées.

§ 42. 7. Mais l'honnêteté oblige à faire observer que ce point de vue peut aussi être rétorqué, et qu'il ne convient peut-être pas de se laisser gagner avec trop de promptitude par une russophilie inconditionnelle, surtout lorsque l'on prend connaissance des propos suivants, de Mgr Williamson (*Kyrie Eleison* n° 810 du 12 février 2023) :

« LA RUSSIE CONVERTITING ? Prions l'Immaculée, implorons tous Son Cœur, Pour que la Russie joue son rôle salvateur. La Russie est très présente dans l'actualité en raison de la guerre en Ukraine qui fait toujours rage en ce début d'année ; ce pays reçoit de nos vils médias une presse uniformément mauvaise. Sans doute, ceci est en partie mérité, car la Russie communiste (1917–1991) a effectivement, selon l'expression de Notre Dame de Fatima, « répand[u] ses erreurs dans le monde entier ». Cependant, cet énorme pays a certainement plus à offrir qu'il n'y paraît. Winston Churchill (1874–1965) était un brillant politicien, mais il était dépassé par la Russie, qu'il qualifiait de « rébus enveloppé de mystère au sein d'une énigme » (BBC, 1er octobre 1939). Au contraire, Notre-Dame de Fatima a

demandé au pape et aux évêques catholiques de consacrer la Russie à son Cœur Immaculé, et alors « une période de paix sera donnée au monde. » Mais pourquoi la Russie ? Pourquoi pas des pays catholiques, comme l'Italie ou la France ?

La clé de la Russie est certainement qu'il s'agit d'un peuple profondément religieux, connu après sa conversion au christianisme en 988, et pendant des siècles, comme la « Sainte Russie ». La capacité correspondante qu'elle avait pour exceller dans le bien, ou s'abîmer dans le mal, a pu dépasser un matérialiste moderne comme Churchill. Ainsi et de la même manière, les Russes ont appelé Moscou la « Troisième Rome », pour suggérer qu'elle succédait à Rome elle-même, et à la Constantinople byzantine : comme si Moscou avait un rôle central à jouer dans la christianisation du monde. Alexandre Douguine, russe célèbre qui a eu une influence sur le président Poutine, parle ouvertement de la guerre en Ukraine comme d'une bataille de la Russie pour empêcher le Nouvel Ordre Mondial de déchristianiser l'humanité. Poutine lui-même a souvent défendu les valeurs naturelles et chrétiennes contre les perversions immorales de l'Occident, tombé en pourriture ; il s'est ainsi taillé la figure d'un véritable homme d'État, au milieu des marionnettes qui se posent aujourd'hui en dirigeants des nations de l'Ouest. Il est déjà arrivé dans l'histoire que la Russie ait agi pour sauver l'Europe des démons du libéralisme. En 1812, Napoléon avait installé la Révolution française dans de nombreux pays d'Europe, et cette année-là, il rassembla une immense armée de 600 000 hommes pour envahir la Russie. Son ambition était de la faire entrer dans un nouvel ordre mondial déjà en gestation. On attribue généralement la défaite de Napoléon à l'hiver russe, mais ce sont les Russes qui, par leur patriotisme et leur courage à la bataille de Borodino, ont infligé un coup de massue à l'armée d'invasion. En 1814, le tsar Alexandre Ier était à Paris avec ses soldats pour faire la paix avec la France, et mettre en place la « Sainte Alliance » pour aider l'Europe à tenir la Révolution en échec. Même en 1941, Staline rouvrit des églises en Russie soviétique pour permettre à la religion et au patriotisme du peuple — et non à son communisme — de faire la plus grande et la plus dure partie du combat nécessaire pour écraser le nazisme, au bénéfice temporaire du monde entier. Le célèbre romancier russe Dostoïevski (1821–1881) met dans la bouche d'un personnage de son roman Les Démons ou Les Possédés (1871), une vision étonnante de la folie et de la conversion futures de la « Russie bien-

aimée ». Le personnage est un vieux libéral niais, mais tandis que le délire et la mort se rapprochent de lui, il a des moments de pure perspicacité quant à l'avenir – il voit la Russie (comme l'homme de l'Évangile : Mc 5, 1–20), possédée par une légion de démons, puis libérée de tous, assis tranquillement aux pieds de Notre Seigneur.

Dostoïevski n'avait-il pas prévu que la Russie serait possédée par la folie du communisme, puis finalement libérée par la consécration maintenant proche au Cœur Immaculé de Marie ? (…) ».

§ **42. 8.** Avant de proposer quelques remarques sur le contenu de ce texte extravagant, notons ceci, comme observation symétrique de celle de notre § 42. 6.

Que la France subisse — pour des raisons qui d'ailleurs ne sont pas étrangères à ses errements passés et présents — l'insupportable tyrannie des Anglo-Saxons, ne l'habilite pas à s'appuyer, pour s'en émanciper, sur une puissance qui non seulement ne serait pas européenne, mais qui serait hostile à l'Europe. Ce n'est nullement l'idée que la France ait à reconnaître la suzeraineté d'une autre nation qui nous gêne, pourvu que cette suzeraineté soit exercée par des Européens et au profit du bien commun de l'Europe. Mais nous devons oser poser la question suivante : la Russie est-elle européenne ? Elle n'a jamais été ni ne sera jamais romaine. Vise-t-elle seulement une fin qui pourrait servir les intérêts de l'Europe ? Autorisons-nous donc à faire l'inventaire des raisons que l'on peut avoir de tempérer son enthousiasme à l'égard de Vladimir Poutine.

Qu'a-t-il besoin, d'abord, de développer une rhétorique stalinienne hitlérophobe pour justifier sa réaction contre l'agression de l'OTAN ? Il ne peut croire au « danger nazi », et il sait surtout que personne n'y croit et ne croit qu'il puisse le croire lui-même. Nous ne voyons pas d'autre explication, à ce recours rhétorique, que celle du souci de bien signifier au monde et à ses compatriotes que ses buts ne sont nullement ceux qui avaient été ceux d'Hitler, lequel entendait s'opposer de front à la tyrannie des Banques et au mondialisme ; il s'exprime comme s'il s'agissait de communier avec les maîtres actuels du monde dans la condamnation de tout ce qui s'oppose au Nouvel Ordre mondial ; il s'agit aussi, plus sûrement, de faire mémoire de la glorieuse Armée rouge, armée dite de libération du joug hitlérien alors que les Ukrainiens avaient accueilli les troupes allemandes en libératrices. A moins, certes, qu'il ne s'agisse que d'une ruse : viser ce que visait Hitler (mais au profit de la Russie aspirant à recouvrer son identité impériale) en feignant de s'opposer à la mémoire de ce dernier ; si l'hypothèse est recevable, la ruse est grosse et parfaitement inefficace, parce que son auteur est fort bien placé pour savoir combien il sera facile, quoi qu'il veuille faire croire, de le diaboliser en lui imputant des meurtres de masse imaginaires, ou quelque autre prétendu crime atroce relevant de l'indicible. Ce qui serait le plus à redouter, c'est que Poutine, sur ce point, fût sincère.

Avouons-le. Nous avons du mal à croire au salut de l'Europe par une Russie qui se veut orthodoxe — ainsi schismatique — et qui prétend, en tant que « Troisième Rome », être le successeur légitime tant de la Rome antique (concentrée à Byzance) que de la Rome catholique, que cette dernière soit ou non devenue moderniste. Il y a, nous le confessons, deux ou trois fausses notes, dans ces discours et comportements du chef russe, qui troublent la sérénité de l'enthousiasme « poutinomaniaque ».

D'abord, le message de Fatima ; si la Russie doit répandre ses erreurs sur le monde aussi longtemps qu'elle n'est pas consacrée, de quelles erreurs s'agit-il ? Ce ne peut être son refus de se soumettre à l'OTAN puisqu'il est par trop évident que l'OTAN est le bras armé du mondialisme substantiellement antichrétien ; mais qu'est-ce alors ? Faut-il croire que le communisme soviétique est vraiment mort ? Que signifie ce renouveau du culte de Lénine et de Staline en Russie ? Il est vrai que la chose exige d'être vérifiée, et que ce culte peut avoir de tout autres raisons qu'un reste de marxisme ou l'indice d'un projet marxiste qui serait toujours poursuivi ; mais enfin, la question mérite d'être posée, même si elle paraît stupide ou ridiculement naïve à l'aune de l'acribie de certains.

Ensuite, si vraiment la Russie était hostile au mondialisme et à l'hédonisme anglo-saxon, au consumérisme et au matérialisme, elle n'aurait pas appliqué chez elle (la remarque vaut pour la Chine), avec le zèle que l'on sait, les mesures socialement coercitives induites par la crise dite du Covid, crise sanitaire artificielle manifestement créée dans le cadre du projet « arc-en-ciel », c'est-à-dire du projet mondialiste ; d'autre part, elle userait efficacement d'une bombe médiatique ravageuse pour les Occidentaux, à savoir la dénonciation du montage d'Auschwitz, socle idéologique de l'« ordre » mondial mondialiste autorisant toutes les manipulations par identification, au mal supposé absolu de la « Shoah », de tout ce qui s'oppose au mondialisme : c'est à Moscou que se trouvent les preuves (ou l'accès aux preuves) incontestables de cette entreprise de sidération reprise par les États-Unis en 1945 ; or Vladimir Poutine renchérit dans l'antinazisme et la dénonciation des crimes « nazis », en nourrissant le mythe d'Auschwitz par le durcissement de lois mémorielles antirévisionnistes.

En troisième lieu, il est dit (la chose elle aussi mérite d'être vérifiée) que si les défilés LGTB ne sont guère prisés dans l'actuelle Ivanie, en revanche on y bat des records dans le nombre des avortements pratiqués, ce qui ne plaide guère en faveur d'un renouveau de la spiritualité chrétienne.

Quatrièmement, l'actuelle Russie — qui, dit-on, continue de commercer avec les États-Unis — s'enrichit économiquement grâce à la guerre d'Ukraine, assurée de débouchés pour ses matières premières ailleurs qu'à l'Ouest ; les seuls dindons économiques de la farce sont les Européens eux-mêmes (en premier lieu l'Allemagne), conformément aux intentions américaines de toujours. Sous ce rapport, tout se passe comme si cette reviviscence ostensible de la guerre froide était sous-tendue par une complicité entre les deux (ou Trois) Grands en vue d'abaisser l'Europe elle-même. Il se peut encore une fois que notre propos relève du procès d'intention, mais la question mérite elle aussi d'être posée.

Cinquièmement, si, de l'aveu même de plusieurs responsables israélites, l'État profond états-unien est sous la coupe des sionistes eux-mêmes partie prenante majoritaire dans la grande entreprise du mondialisme, il demeure que ces « familles » de mondialistes visant la même fin sont en rivalité, et qu'il n'est pas interdit de soupçonner une rivalité de ce genre entre le sionisme mondialiste des « Loubavitch » et celui de leurs coreligionnaires d'outre-Atlantique, tous d'origine khazar. Si l'hypothèse se révélait exacte, cela signifierait que Vladimir Poutine, sioniste déclaré et protecteur des Loubavitch, serait hostile aux mondialistes anglo-saxons non quant à la fin poursuivie, mais seulement quant aux moyens. Et sous ce rapport il ne serait nullement un rempart contre le mondialisme et un ami de l'Europe.

Enfin, nous redoutons l'existence d'arrière-pensées dans la tête de Poutine, supposé qu'il soit, comme on le dit encore, bon dialecticien et bon joueur d'échecs. Si en effet la puissance anglo-saxonne, comme le déclarent les spécialistes, est en perte de vitesse économique, les mondialistes néo-conservateurs qui profitent de l'infrastructure étatique états-unienne pour donner crédit aux fictions monétaires du mondialisme bancaire sont bien capables, un jour ou l'autre, de passer à l'Est avec armes et bagages, et, si tel est le cas, Poutine le sait et agit pour favoriser ce basculement : l'Amérique des Red necks et des classes moyennes est elle-même appauvrie par les stratégies mondialistes que la puissance bancaire lovée en son sein lui fait subir, et viendra au jour tôt ou tard la conscience de ce que cet impérialisme américain sur le monde n'a pas les moyens de ses prétentions, ou bien ne sert pas les vrais intérêts de la population américaine ; à ce moment, l'hostilité du citoyen américain au mondialisme et à l'interventionnisme états-unien incitera les rats mondialistes à quitter le navire. De même que Zemmour, dans le microcosme français, a tenté de doubler Le Pen sur sa droite pour récupérer la contestation française et tenter de la ramener dans le giron d'un sionisme politique inconditionnel, de même Poutine est capable de jouer le rôle du sauveur de l'Occident chrétien traditionnel pour mettre la main sur une Europe appauvrie, voire ruinée, ainsi une pauvre Europe comprenant avec retard que sa ruine a les États-Unis pour responsables, et prête à se donner à qui l'aidera à se relever économiquement et à sortir du climat de guerre civile en lequel elle aura été plongée. Ce qui est sûr, c'est que déjà l'Afrique noire, l'Asie, l'Afrique du Sud, l'Inde, la Turquie, la Syrie et certains autres responsables musulmans arabes se tournent vers le camp russo-chinois. L'anti-mondialisme, corollaire obligé de l'anti-américanisme, prend de plus en plus clairement la configuration d'une coalition des puissances traditionnellement antioccidentales (tiers-mondistes, anticolonialistes, en bonne partie gagnées à l'universalisme conquérant de l'islam), non parce que l'Europe est dégénérée, athée, matérialiste, états-unienne et démocrate — toutes choses peu contestables —, mais parce qu'elle est européenne, blanche et chrétienne. Quand on sait que les mondialistes, dans leur versant justement nommé « arc-en-ciel », ont pour stratégie d'abaisser le niveau de puissance européen à celui du monde non blanc, afin d'homogénéiser la planète en vue de l'instauration d'un État mondial socialiste, force est de constater que cette coalition, menée sous la houlette de la Russie, loin de s'opposer au mondialisme, pourrait, en tant que chef de file du Tiers-monde avide et frustré, en constituer un instrument efficace. Il y a certes convergence objective entre l'Europe et ce que l'on appelait naguère, en effet, le Tiers-monde, en tant que tous deux sont victimes de l'hégémonie américaine et du mondialisme dont elle est le vecteur, et il n'est pas inopportun d'envisager des accords tactiques entre ces deux victimes contre l'ennemi commun. Mais il ne faut pas oublier que ce même Tiers-monde nourrit, autant que naguère, un ressentiment, un instinct de revanche et une envie qui font de lui l'ennemi de l'Europe chrétienne et de sa vocation à exercer le rôle d'un Empire assumant la fonction de gardien du Bien commun planétaire. L'idée même de monde multipolaire, célébrée par Poutine, a quelque chose d'équivoque ; l'équilibre et la vraie paix, les conditions d'épanouissement de tous les peuples, ne peuvent pas consister en une coexistence de

Léviathans hostiles ; toute paix suppose l'unité, et toute unité suppose un principe unificateur. Ce n'est pas l'idée d'hégémonie mondiale qui est en soi mauvaise (elle peut être bonne non certes dans la forme — intrinsèquement perverse — d'un État mondial, mais dans celle d'une nation suzeraine invitée, par sa puissance, à se soucier plus qu'une autre du bien commun universel); ce qui nous paraît mauvais, c'est que cette prétention soit assumée par des États-Unis qui n'ont pas la compétence pour le faire, qui manquent totalement de sagesse, qui entendent amener le monde au niveau lamentable de leur sénile immaturité culturelle et morale. Or nous nous demandons si le monde slave dispose, quant à lui, de cette sagesse requise par une telle prétention à l'hégémonie planétaire. N'en doutons pas : toute aspiration à l'établissement d'un monde multipolaire n'est que le paravent d'une course à l'hégémonie universelle. Cela vaut pour le monde russe, mais aussi pour le monde non blanc, numériquement majoritaire, dans lequel l'aspiration à préserver des identités ethniques traditionnelles est le paravent de la volonté d'imposer à la planète une vision du monde antioccidentale, ainsi de se substituer aux volontés hégémoniques des États-Unis, et cela, en dernier ressort et en vérité, non tant par véritable attachement à des cultures traditionnelles que par désir envieux d'accéder aux jouissances consuméristes dont le monde anglo-saxon s'est fait le champion.

§ **42. 9**. Ce qui aurait tendance à nous inviter à ne pas rejeter dédaigneusement nos craintes ci-dessus formulées, c'est le contenu débilitant du message de Mgr Williamson (confer notre § 42. 7.), révélant à quelles naïvetés peuvent mener tant la pathologie « apparitionniste » que l'enthousiasme non réfléchi suscité par la personne énigmatique de Vladimir Poutine.

Le pauvre Mgr Williamson fanatiquement « poutinophile », de plus en plus enfermé dans ses chimères, va jusqu'à considérer que Staline aurait providentiellement écrasé l'Allemagne pour le bien de tous, parce que cette Russie serait restée selon lui un pays « de grande chrétienté » capable plus tard de sauver l'Occident ;

Staline aurait fait jouer en 1941 le culte de la Sainte Russie par « réflexe chrétien » contre le « paganisme » germanique (en vérité, il a fait jouer les réflexes religieux et patriotiques résiduels des Orthodoxes au profit de l'Internationalisme marxiste) ; son successeur Poutine s'apprêterait, selon l'évêque, à envahir l'Europe, et Rome apeurée finirait par consacrer la Russie au Cœur immaculé de Marie, de sorte que Poutine, devenu catholique sous l'effet de cette consécration, convertirait ensuite toute l'Europe… C'est là, à nos yeux, du délire conspirationniste et providentialiste qui fait prendre à son auteur ses désirs pour des réalités, non sans affaiblir un peu plus le capital résiduel de crédibilité dont il jouissait.

Gobineau disait déjà : « défiez-vous des Russes ». Il est difficile de ne pas éprouver une perplexité non dénuée d'agacement à l'égard de l'attitude de ces nationalistes français contemporains qui confèrent à Poutine le statut de sauveur de l'Europe, c'est-à-dire ce statut qu'il leur aurait fallu reconnaître à Hitler à une époque où tout n'était pas pourri dans le monde et dans l'Église ; or à cette époque, ils étaient nationalistes anglophiles et américanophiles, c'est-à-dire objectivement complices des crimes staliniens.

§ **43. 1**. Tout ce qui précède ici (à partir du § 42. 7.) à propos de l'affaire russe ne dépasse guère le niveau de la supputation et de l'hypothèse, de sorte que nous ne pouvons pratiquement en tirer que trois choses.

D'abord, que les principes généraux que nous croyons être ceux de la philosophie politique vraie ne permettent pas de trancher.

Ensuite, que tout ce qui exprime nos réticences à propos de Poutine peut être réfuté par d'autres interprétations tout aussi crédibles, qui plus est fondées peut-être sur des informations plus fiables et plus étendues. Il n'est pas, en effet, interdit de considérer par divers signes que le bolchevisme en Russie n'est que résiduel, que le communisme internationaliste a trouvé chez les mondialistes bancaires, se médiatisant dialectiquement en eux, le moyen adéquat de son instauration, et que le culte de Staline et de la Grande Armée de libération n'est destiné qu'à préserver, dans la conscience collective, l'idée d'une continuité historique nécessaire à l'unité du peuple, ou plutôt des peuples membres de la Fédération de Russie. On peut, dans le même ordre d'idée, ne voir dans le Parti communiste chinois qu'une organisation autoritaire conservant certaines méthodes de l'ancien régime maoïste, mais vidée de toute idéologie, présentant l'avantage, par sa puissance coercitive dirigiste, de faire servir le capitalisme asiatique à des fins politiques nationalistes.

Enfin, puisqu'il faut tôt ou tard choisir, même quand on est contraint de le faire dans le doute, dans l'expectative, avec cette part de risque et de contingence caractéristique de tous les problèmes de ce genre, nous dirons que, en dernier ressort, entre l'OTAN et la Russie, c'est avec le choix de la cause russe que l'on prend probablement le moins de risques — les choses étant ce qu'elles sont pour le moment — de faire se fourvoyer l'Europe et la France. L'ennemi est d'abord le mondialisme déclaré, consumériste, subjectiviste, satanique. Que les intentions des opposants non européens à ce mondialisme ne soient pas pures, qu'elles soient elles-mêmes lourdes de possibles dangers pour l'Europe, cela n'empêche pas qu'ils ne soient pas l'ennemi n° 1, et qu'à ce titre ils puissent avoir raison ponctuelle d'amis contre l'ennemi principal. A charge pour les Européens de changer leur fusil d'épaule en fonction du tour que prendront plus tard les événements. En l'état actuel des choses, mais aussi du savoir et de la compréhension qu'on en a, il est opportun de préférer Poutine à Klaus Schwab, à Soros et à Attali, c'est-à-dire au totalitarisme bancaire qui corrompt le politique — par là l'homme — dans son essence même ; mais il ne conviendrait pas d'investir dans celui qui prend aujourd'hui des poses de Tsar autocrate les espérances que les Européens lucides avaient investies en Hitler.

§ 43. 2. Selon le fascisme catholique, on ne doit pas se limiter à considérer les choses humaines en leur vie temporelle sous le seul angle, étroitement nationaliste, des intérêts de sa propre nation. Il n'est pas de réalité politique accomplie qui ne prenne la forme d'un État, mais cela ne signifie pas que le Politique se réduirait aux intérêts immédiats et à la seule grandeur d'un tel État, fût-il le nôtre. Il est dans l'intérêt de la nation de s'intéresser au bien commun temporel qui transcende le bien de la nation, comme il est dans l'intérêt de la partie de considérer son propre intérêt du point de vue du tout et non seulement d'elle-même. Le Politique est d'abord une vision du monde et de la vie, et l'État est à la fois son incarnation communautaire, à la fois l'instrument conscient de sa diffusion universelle. S'il est vrai qu'il existe une identité européenne — héritage gréco-latin, ethnie originaire indo-européenne, religion chrétienne de fait mais en droit catholique —, peu importe, à la limite, que l'Europe, en sa vocation à exercer le rôle de centre du monde, soit sous la suzeraineté de telle nation européenne ou de telle autre, pourvu que cette nation sache, du sein de sa conscience de soi nationale, se faire la conscience de soi de l'Europe sans la tronquer. L'Histoire a manifestement désigné en deux nations occidentales la capacité d'assumer cette dignité : la France et l'Allemagne. Mais une telle vocation s'est pour elles éclipsée — provisoirement ou non, Dieu seul le sait — depuis la défaite de Stalingrad. Aujourd'hui, c'est la Russie qui semble prétendre à ce rôle et c'est en elle que, non sans précipitation — excédés par la domination corruptrice, judéo-maçonnique, de l'Internationale anglo-saxonne —, aspirent à se reconnaître les nationalistes des nations européennes. Toute la question est de savoir si la Fédération de Russie — Empire multiracial, multiculturel et sans véritable unité religieuse, tourmenté par le souci de reconstituer l'unité du monde slave en sa version chrétienne orthodoxe ou en sa version soviétique (nul ne le sait en fait, pas même les Russes peut-être) — peut être tenue pour véritablement européenne, et présente des titres suffisants à personnifier le destin de l'Europe. Au fond, un tel empire est-il dans l'« intentio naturae », dans l'intention de la Providence, ou bien, ne jouissant que d'une unité artificielle, ainsi d'un être sans consistance autre qu'accidentelle, a-t-il vocation à disparaître en libérant de son sein des nations vouées, quant à elles, à rejoindre tantôt l'Asie, tantôt l'Europe ? Une interrogation de cette nature paraîtra incongrue, scandaleuse, d'une insondable bêtise à certains ; mais la guerre d'Ukraine, qui fait se révéler les ambiguïtés du discours de Vladimir Poutine, nous invite à nous poser une telle question à laquelle nous ne saurions répondre, mais dans l'éclairage de laquelle il nous semble nécessaire d'oser réfléchir si notre lutte contre le mondialisme doit, pour n'être pas vaine, être éclairée sur ce qu'elle entend y substituer. S'il faut, pour se libérer de la pieuvre judéo-maçonnique incarnée dans le mondialisme bancaire à dominante anglo-saxonne, embrasser le statut de vassal d'une Russie fondatrice d'unité eurasiatique habilitée à sauver le patrimoine spirituel et racial du monde indo-européen, il est évident qu'il est du devoir de tout Européen de consentir à ce statut. Nous voudrions, pour ce faire, être complètement convaincu de la pureté des intentions du dirigeant russe, et de sa possession des aptitudes réelles à les concrétiser.

Chapitre dixieme

Retour au fascisme catholique.

§ 44. 1. Parvenu au terme de cette succincte présentation du « fascisme catholique », il est nécessaire de quitter le domaine des principes généraux de la philosophie politique et d'aborder celui de l'organisation concrète de la société, mais non point dans le détail juridique, constitutionnel, économique ou administratif de cette dernière, parce que ces considérations relèvent de l'art propre à l'homme politique, et des compétences qui ressortissent aux connaissances du juriste, de l'économiste, de l'historien que nous ne sommes pas. Nous nous contenterons de faire mémoire des fins qu'il appartient à ces disciplines de poursuivre dans le cadre fixé des principes du fascisme catholique.

§ 44. 2. Le fascisme catholique est un nationalisme socialiste[13].

La nation, unité de destin dans l'universel, est la patrie en tant qu'elle se reconnaît une mission historique et morale, qui est le déploiement d'une manière paradigmatique d'être homme. Si une essence, de manière générale, ne subsiste qu'en

---

[13] « Qu'est-ce, en effet, que le fascisme ? Un socialisme débarrassé de la démocratie (…) Ce fascisme unit les hommes par l'accord : il fait jouer les forces naturelles ensemble, assure les fonctions sociales les plus variées avec l'aide des grands et avec l'aide des petits, tous les ouvriers de la même production étant classés par rapport à son *objet* commun et non par rapport à l'état, à la condition et à la place personnelle du *sujet*, quel qu'il soit (…) L'État national invite à l'amitié et à l'union au lieu d'exciter à la haine et à la division, comme le fait et doit le faire l'État démocrate électif » (Maurras, *Mes idées politiques*, Introduction).

s'incarnant (l'universel doit se particulariser pour être), elle paie son droit d'exister, ou la condition de son advenue à l'existence concrète, du consentement à se réduire, à se contracter (aucun homme singulier n'épuise les richesses de la nature qui est tout entière en lui quoique non totalement); aussi, ce en quoi elle s'incarne aspire-t-il en retour, par ses opérations, à s'excéder lui-même pour la faire rayonner en son universalité ; et les manières nationales d'être homme sont autant de degrés d'objectivation de cet universel qu'est l'essence humaine immanente à tout homme, autant de particularisations, en forme d'identités nationales, de cet universel qu'individue chaque homme ; elles sont autant de manières — inchoatives — de faire se réaliser l'universel concret, l'universel existant comme universel. Aussi le nationalisme est-il ce que nous en avons dit ici dans notre § 25 : la doctrine politique qui fait coïncider bien commun et accomplissement de cette mission historique et morale qu'est la nation.

Le socialisme ici désigne non point la suppression de la propriété privée, non du tout la recherche de l'égalité dans l'ordre de l'avoir ou dans celui de l'être — toutes choses qui sont inspirées par l'individualisme —, mais l'exigence de subordination de l'individu à la communauté, ce qui traduit tout simplement le primat du bien commun sur le bien particulier qui reconnaît en celui-là — bien du tout pris comme tout — la part la plus précieuse de lui-même[14]. Tout membre de l'État fasciste catholique se sait

---

[14] Autre chose est de réduire l'homme à l'ensemble des relations sociales, autre chose est de reconnaître dans la société cette projection de l'essence humaine qui fait de la Cité un « homme en grand », une communauté vouée à faire accéder à l'existence, autant que faire se peut, cet universel concret qu'est la nature humaine. Nous tenons la première acception du mot « socialisme » pour l'expression de la caricature de la seconde. Le socialisme de gauche entend substituer, par dépérissement de l'État, le social au Politique. Le socialisme de droite, qui exalte la majesté de l'État, entend rappeler qu'il est de l'essence de l'homme de reconnaître, dans la projection de cette essence qu'est l'État nationalement incarné, l'œuvre toujours à poursuivre de ce qui constitue la raison d'être temporelle de l'homme conscient de sa vocation. Le socialisme de gauche est un consumérisme, qui s'accomplit dans le communisme dont le sens

investi d'une dignité particulière consistant dans le devoir de servir le bien commun, lequel en dernier ressort consiste en ceci : à l'intérieur d'une communauté particulière de destin expressive d'une manière idéale et paradigmatique — nationale — d'être homme, faire s'actualiser toutes les potentialités, dans le respect de leurs hiérarchies, de la nature humaine telle qu'elle se révèle particularisée par cette manière d'être homme que l'on peut aussi nommer « esprit d'un peuple » (le concept germanique de « Volksgeist »). Tout membre de l'État fasciste catholique est donc chargé d'une mission politique, si l'on entend par « politique » la recherche consciente du bien commun.

§ **44. 3.** Il ne saurait donc subsister en un tel État des organisations privées aspirant à se soustraire à cette fin qu'est le bien commun, encore moins des micro-organismes cultivant de manière subversive une autre fin que celle-ci et destinée à s'y substituer. Donc la franc-maçonnerie, internationaliste, humaniste (l'homme en tant qu'individu ou pure subjectivité est tenu pour mesure et fin de toute chose), est par essence prohibée ; de même les organismes particularistes visant à défaire l'unité de l'esprit d'un peuple, tels les séparatismes régionalistes. Ce qu'il y a d'excellent dans le régionalisme consiste dans sa vertu d'expliciter les aspects de l'esprit d'un même peuple : les esprits régionaux bien compris procèdent de l'esprit national, et ils ramènent à lui, même si, chronologiquement, ils le précèdent.

§ **44. 4.** De même, le judaïsme ne peut s'intégrer positivement ou formellement dans un État régi par le principe du fascisme catholique, parce que le judaïsme est une religion dont le propre est de faire se confondre communauté ecclésiale et nation ; tout fidèle de la religion juive est d'abord membre de sa communauté ecclésiale qu'il pense telle une nation. Plus précisément, au nom d'une élection divine qu'il ne veut pas reconnaître comme obsolète, il s'agit d'une nation conquérante visant par essence à

---

a été évoqué ici au § 2 ; il est à ce titre frère ennemi du libéralisme auquel il s'identifie quant aux fins poursuivies, et il appelle la même condamnation.

dominer le monde en détruisant les identités nationales historiques différentes d'elle. La communauté juive ne peut donc, dans l'État fasciste catholique, revendiquer la citoyenneté d'un tel État, recevoir des prérogatives politiques, accéder à des postes de responsabilité ; elle ne peut être que ghettoïsée. Cela dit, la judéité étant essentiellement une détermination religieuse, ainsi culturelle et non naturelle — il n'existe pas de race juive, seul le Juif prétend qu'il appartient à une race spécifique —, la conversion au catholicisme autorise à ne plus le considérer comme juif, pour autant que cette conversion soit sincère, durable, définitive ; il appartient aux responsables politiques de prendre à cet égard des mesures de prudence qui peuvent varier selon les temps et les lieux. Mais de manière plus générale le principe de la double nationalité est évidement prohibé.

§ **44. 5.** De même, l'État fasciste catholique ne peut tolérer en son sein un pluralisme politique, si ce dernier prétend soutenir la possibilité d'élaborer et de promouvoir d'autres conceptions de la communauté que celle qui est régie par le bien commun ; on ne saurait donc tolérer tout ce qui pourrait favoriser les idées et tendances qui nourrissent le libéralisme et le communisme, ce dernier étant le socialisme entendu comme réduction de l'essence humaine à l'ensemble des rapports sociaux. Ces deux visions du monde et de l'homme sont dans leur fond individualistes et consuméristes, par là matérialistes, de manière avouée ou non, et elles exténuent ce qui fait la vraie dignité de l'homme, sa vie spirituelle et son aptitude à aimer ce qui le dépasse, à la gloire et à l'honneur de quoi il se veut consacré.

§ **44. 6.** L'État fasciste catholique reconnaît à tous ses membres le même *devoir* : celui de servir le bien commun et de reconnaître en ce service ce qui constitue le sens de sa vie terrestre et sa raison d'être. Un tel service n'est pas ablatif de la recherche d'une finalité éternelle, qui transcende l'ordre politique et concerne le Salut tel qu'il est défini par le catholicisme, mais **la spécificité du fascisme catholique est de considérer que la recherche du Salut passe obligatoirement par le service du**

bien commun immanent ayant raison de cause finale de la vie temporelle. Ce *devoir* doit être tenu pour la définition de la vraie liberté ; on est d'abord libre *pour* quelque chose, être libre *de* quelque chose est accidentel à l'essence de la liberté ; liberté n'est pas d'abord libération. Une telle authentique liberté est donc l'unité du sens du service ou don de soi, et de la responsabilité ou aptitude à supporter les conséquences de ses engagements. Toute autorité est un service rendu, et elle n'est légitime qu'à ce titre.

§ **44. 7.** La « multitudo in multis » (confer notre § 24), c'est-à-dire la multitude sociale considérée avec les individus substantiels qu'elle rassemble, est une réalité plus parfaite que l'individu seul, parce qu'elle actualise mieux qu'en lui les potentialités de l'essence humaine ; elle constitue une totalité qui ne se réduit pas à la somme des individualités qu'elle intègre, parce qu'elle a raison d'« homme en grand » (confer notre § 17). Mais d'une part elle n'est malgré tout qu'un tout d'ordre et non pas une substance, d'autre part il est de la raison de l'essence humaine de s'actualiser en se faisant personne, par définition singulière ; par conséquent la société bien comprise doit se personnifier, et elle ne peut le faire que dans un singulier, qui est son chef. Si le bien commun de la société consiste d'abord dans son ordre, quand ce bien commun est, comme bien du tout considéré comme tout, le cœur et le meilleur du bien particulier, c'est qu'un tel ordre est immanent à chaque particulier ; or le garant et l'opérateur de la réalisation de cet ordre est la volonté du chef ; donc il est de l'essence de la volonté du chef, instrument de cette autorité qui n'a sa source qu'en Dieu, de se faire participer par les volontés individuelles, ainsi d'incarner cette « volonté générale » qui n'est autre que celle de l'esprit du peuple, et qui consiste dans ce que la nature non déviée du vouloir humain veut objectivement en chaque individu, en dépit du fait que l'individu en tant que tel peut s'écarter, par accident, de ce qu'il doit vouloir. Tout pouvoir vient d'en haut (d'où la condamnation sans réserve, par le fascisme catholique, du principe de la souveraineté populaire), mais il est définitionnel d'un pouvoir exercé dans une société organique de se faire reconnaître — de gré si possible, de force si nécessaire — par la multitude qu'il régit, ainsi de se faire vouloir par elle, puisque la société organique (elle est nécessairement telle, en tant que finalisée par le bien commun) obéit à la loi du vivant, laquelle veut que le tout se fasse vivre des parties qu'il fait vivre en se diversifiant en elles.

§ **44. 8.** Incarnation de la « volonté générale » ainsi entendue, à toute distance de cette « volonté générale » de Rousseau qui n'est dans les faits que la résultante d'une somme de médiocrités égoïstes, l'autorité du chef, pour le fascisme catholique, est aussi assomption de la vraie liberté (confer notre § 44. 6). C'est pourquoi le « principe du chef » (Führer Prinzip) a vocation à être étendu à tous les niveaux de la société. Tout succès, tout échec, toute victoire, toute défaite trouvent leurs responsables identifiables, au rebours du pouvoir impersonnel et irresponsable des masses, par là dépourvu de toute autorité.

§ **44. 9.** Les caractères de l'économie propre au fascisme catholique sont les suivants : subordination de l'économie au Politique, privilège étatique exclusif de battre monnaie, abolition complète du prêt à intérêt, organisation corporative du travail et de la production dans des organismes semi-publics, développement d'un esprit anticonsumériste ; le boulanger fait certes du pain pour gagner sa vie, mais d'abord pour nourrir ceux qui en ont besoin ; la recherche de son intérêt propre doit se faire à l'intérieur de l'effort, en droit premier, de servir la communauté. Toute propriété doit être privée, parce que la responsabilité dans le domaine de l'économie n'est pas sans la propriété privée, mais tout exercice de cette propriété doit avoir une vocation publique, parce qu'elle est ordonnée au bien commun. D'où l'adoption du concept de juste prix, et le souci du respect de la justice en ses formes de justice distributive et de justice commutative. La nécessaire sortie de l'Europe de Bruxelles n'est pas le refus du principe européen, mais le choix d'une autre Europe : Europe blanche, chrétienne, gréco-latine et celto-germanique, Europe s'éprouvant légitimement comme le centre du monde et revendiquant cette position, avec les devoirs qui en résultent. Que l'économie soit subordonnée au Politique signifie d'abord que l'enrichissement individuel et collectif n'a pas raison de fin de la vie sociale, mais de moyen, au titre de cause matérielle de sa croissance et de l'épanouissement spirituel des membres de la nation ; si l'on nomme M la marchandise, et A l'argent, le cycle naturel de l'échange est M-A-M' ; l'argent n'est qu'un moyen et n'a pas vocation à faire des petits, au lieu que le cycle vicieux de l'échange, qui définit la chrématistique, est A-M-A', fondement du capitalisme et de l'économie libérale, qui fait de la marchandise un moyen et de l'argent une fin. Il en résulte que l'autarcie économique demeure un idéal directeur que l'on sait irréalisable mais auquel il est nécessaire de s'attacher au titre de principe régulateur des importations étrangères. Ces dernières doivent tendre à se limiter à l'acquisition de ce que la nation ne peut pas produire par elle-même, ou ne le pourrait qu'au détriment d'autres activités jugées vitales. Une société organique a par définition en elle-même le principe de son unité, de son mouvement et de sa régénération permanente, et l'indifférence quant aux taux de dépendance à l'égard de l'étranger induit un processus de division internationale du travail qui réduit chaque nation à l'organe sans autonomie, spécialisé dans un petit nombre de tâches, d'un organisme identifié au monde ; la situation qui en résulte est que chaque nation voit s'exténuer son unité ethnique et politique, et avec elle son identité spirituelle, du fait qu'elle réduit ses membres à des producteurs-consommateurs puisque, aussi bien, les solidarités, étroitement économiques, s'établissent plus avec les étrangers avec lesquels on commerce qu'avec ses propres compatriotes ; ce relâchement des liens organiques unissant les membres d'une même société est destructeur de l'amitié, ainsi de cette vertu qui fait aimer autrui tel un autre soi-même, et qui est le ciment profond de l'unité politique, en même temps que le principe de toute solidarité et de toute loyauté. De plus, les denrées ont un prix économique, mais non le travail à proprement parler, qui n'est pas une marchandise, à cause de sa valeur éthique et de sa portée politique. La vraie valeur du travail, qui lui donne sa noblesse, est la qualité du service rendu à la communauté ; elle tient dans sa vocation publique, non dans le gain privé que l'on en peut tirer. Le revenu du travailleur ne doit pas être intrinsèquement et exhaustivement défini par la valeur marchande (celle qui résulte de l'équilibre spontané entre l'offre et la demande en régime d'économie libérale) des produits de son labeur, mais par la détermination de ce qui lui revient selon son *état* : un laboureur a besoin d'un percheron et non d'un destrier, les différences qualitatives entre les divers métiers font que les travailleurs ne sont pas tous également consommateurs, de sorte que leurs besoins objectifs sont mesurés par la nature de leur fonction ; et un tel état est l'ensemble des conditions requises pour que son titulaire s'acquitte au mieux du service qu'il doit rendre à la communauté. Or c'est précisément l'office privilégié du système corporatif que d'organiser le monde du travail et de la production de telle sorte que le libre jeu des échanges — l'économie corporative, respectueuse du principe de la propriété privée, n'abolit nullement les marchés — entre personnes privées, régi par la justice commutative, induise l'ordre proportionnel (défini par la structure de « l'homme en grand ») régi par la justice distributive : c'est le système corporatif qui définit le juste prix, à savoir le prix qu'il convient de reconnaître à un bien vendable pour qu'il remplisse sa fonction sociale, laquelle est la conjugaison de deux exigences qui s'équilibrent, à savoir permettre au producteur de vivre selon son état, et rendre accessibles au consommateur les denrées dont il a besoin pour accomplir décemment, lui aussi, sa tâche selon les exigences de son état. C'est à l'intérieur d'un État rationnel, ainsi non démocratique, qu'une démocratie légitime peut et doit s'exercer, dans l'élément de la vie corporative.

§ 44.10. En tant qu'il se veut *catholique*, le fascisme fait siens tous les dogmes de l'Église de Rome, inconditionnellement ; mais le fascisme catholique insiste, à l'intérieur de l'Église, sur la rationalité de la religion catholique, sur les méfaits du surnaturalisme et de l'esprit théocratique qui en est le corollaire obligé, sur ceux du cléricalisme, de l'esprit démocrate-chrétien, et il dénonce sans restriction toutes les balivernes de la fausse mystique « apparitionniste » lourde de dérives sentimentales ruineuses tant pour la vraie foi que pour la puissance de l'État. Le fascisme catholique, respectueux du mystère, promeut, autant qu'il est en son pouvoir de le faire, tout effort véritablement rationnel d'intelligence de la foi. Il sait que le vrai mystère n'est pas l'absurde, l'insensé, la violence faite à la raison, et qu'au contraire il n'échappe à la raison humaine que par excès d'intelligibilité, et non par défaut. La philosophie du fascisme catholique est celle du réalisme thomiste, mais en tant que ce dernier est enrichi par l'expérience de la philosophie moderne et par l'appropriation des vérités captives que cette dernière contient et que le réalisme thomiste se fait un devoir d'aller chercher là où elles sont, en l'état dévoyé où il les trouve, afin de les faire siennes par une intussusception qui les restitue à elles-mêmes. Le fascisme catholique, en notre époque de crise de l'Église sans précédent, se place résolument du côté de la Tradition catholique, et ne reconnaît pas la légitimité de l'esprit du concile Vatican II, œuvre d'une néo-Église dépourvue de toute autorité, qui gangrène l'Église du Christ. Les lois civiles promulguées par l'État fasciste catholique — lequel répudie le principe de la séparation de l'Église et de l'État — s'efforcent à ne jamais offenser, et même à promouvoir tous les principes de la morale induite par la religion catholique ; d'où l'abrogation des lois actuelles sur le divorce, l'avortement, l'euthanasie etc. En tant que catholique, l'État fasciste catholique exclut de reconnaître jamais la légitimité de l'entité sioniste, parce que le sionisme est intrinsèque au judaïsme dont le constitutif formel est le refus du Christ ; l'entité sioniste ne consentira jamais à être une nation parmi d'autres nations, elle se voudra toujours le centre de l'univers et ne cessera d'entretenir une cinquième colonne corruptrice au sein des autres nations ; c'est pourquoi elle a vocation à être détruite, non nécessairement en tant que communauté regroupant les fidèles du judaïsme, mais en tant qu'État ; pour un catholique conscient des exigences de sa foi, le judaïsme appartient aux poubelles de l'histoire du Salut, telle une chrysalide devenue papillon ; le Juif moderne est infidèle à sa vocation primitive, et la fidélité à cette dernière ne peut consister qu'en la conversion au catholicisme, seule véritable solution pacifique du problème juif. L'État fasciste catholique est raisonnablement racialiste parce qu'il sait que la miscégénation est porteuse de la destruction des identités nationales, des esprits populaires, de l'intégrité des cultures ; de plus, la thèse thomiste de l'individuation par la matière conditionne cette idée selon laquelle l'essence humaine est individuée par le corps dont la complexion conditionne les facultés sensibles extrinsèquement convoquées par l'exercice des facultés intellectuelles en retour dépendantes, de ce fait, de l'intégrité des corps : l'invention d'une culture et sa pérennité, produits de l'esprit, ont pour condition de possibilité l'intégrité relative du patrimoine biologique de ceux qui ont forgé une telle culture. Ce sur quoi insiste le fascisme catholique, dans son adoption de la philosophie du catholicisme et de la religion catholique, c'est l'idée suivante : la grâce ou vie surnaturelle soigne et surélève la nature dans le même acte ; elle la restitue à son intégrité première par le fait de la déiformer ; or une chose est d'autant plus autonome et maîtresse d'elle-même que plus parfaite ; par conséquent l'œuvre bien comprise du travail de la grâce invite l'ordre naturel à se contre-diviser à celui de l'ordre surnaturel à la mesure paradoxale de son ouverture et de sa disponibilité à la vie de la grâce, ce qui équivaut à établir une distinction toujours plus accusée (distinction ne signifiant pas séparation) de la nature et de la grâce, par là à favoriser une autonomie de l'ordre naturel destiné, de ce fait, à reconnaître le magistère *extrinsèque* (et non plus intrinsèque) de la foi et de l'Église, d'où la légitimité d'une saine laïcité. Ce principe vaut pour tous les domaines :   la morale, la politique, l'art, la science expérimentale, la philosophie qui pour cette raison ne saurait se réduire au rôle instrumental d'« ancilla theologiae ». Aussi le fascisme catholique plébiscite-t-il tout effort conceptuel visant à illustrer le caractère rationnel du fait religieux, et la rationalité absolue de l'unique vraie religion, à savoir le catholicisme à la cause duquel il se reconnaît le devoir de prêter son bras armé quand les circonstances l'exigent, en particulier quand la Sainte Église se voit menacée dans sa souveraine indépendance nécessaire à l'exercice serein de son magistère salvateur. Il est, pour le fascisme catholique, rationnel de croire, sans jamais oublier — parce que cela participe de la même rationalité — que « la foi passera ». Dans ses rapports avec la sphère religieuse, le fascisme catholique — on l'aura compris — est une réinvention du fascisme historique intrinsèquement modifié par le primat du souci religieux. Par ailleurs, la politique est l'art du possible ; elle ne se peut définir en tant même qu'art du possible qu'à partir de la détermination de l'idéal, quelque intransigeant soit-il et quelque inaccessible qu'il puisse paraître. Néanmoins, les hommes étant ce qu'ils sont depuis le péché originel, il est des transgressions des exigences de cet idéal qui, dans les faits, doivent pratiquement être tolérées. Mais tolérer n'est pas cautionner.

§ 44. 11. Ainsi défini, le fascisme catholique est doté d'une unité doctrinale propre qui le dispense, en droit, de se définir par rapport à ce qu'il n'est pas. Pourtant, pour des raisons pédagogiques, il n'est pas vain de le faire, en particulier parce que divers sympathisants du fascisme catholique sont venus à lui à partir d'autres horizons, d'autres formations en lesquelles ils cherchaient ce qu'ils ont trouvé en lui : du fait même de l'avoir cherché en elles, ils ont cru discerner en ces formations autres quelque chose qui doit lui ressembler. Mais dès lors qu'il lui ressemble, il convient de mieux préciser ce qui les différencie l'un de l'autre, afin d'éviter toute équivoque et tout rapprochement théorique ou pratique stérile.

« Égalité et Réconciliation » est une formation aujourd'hui dotée d'une structure, d'un rayonnement et d'une audience assez forts. Son propos, à partir d'une pertinente dénonciation de la parfaite vacuité des partis politiques institutionnels manipulés par la puissance bancaire, est d'abord de réagir contre l'emprise du sionisme et du judaïsme politique sur les nations d'Europe et, pour

cette raison, elle entend développer une action transpartidaire, par-delà la droite et la gauche de l'hémicycle. Le sionisme exacerbe dans son propre intérêt les tensions ethniques entre Français de souche et immigrés principalement maghrébins, au rebours du souci d'un vrai bien commun. C'est pourquoi « E&R » s'est longtemps efforcée à réconcilier entre elles les diverses communautés ethniquement, culturellement et religieusement disparates et même antagoniques tissant la société française actuelle. Dès lors, cette formation souhaite que la France « fasse avec » ses immigrés surtout maghrébins et musulmans. Elle nourrit aussi, non sans raison, l'idée selon laquelle trop de Français de souche, hallucinés par leurs propres poisons consuméristes, sans doctrine, subjectivistes, individualistes, se sont réduits à des larves, à des dégénérés sans pugnacité, sans instinct belliqueux, incapables de se relever, au lieu que les jeunes immigrés moins contaminés par l'hédonisme, chargés aussi de ressentiment et d'avidité, sont encore pleins de vie et capables de lutter contre l'américano-sionisme, parce que doués de la vertu de mourir pour une cause ; sous ce rapport, les Français de souche et les immigrés ont les mêmes ennemis et sont objectivement alliés.

De plus, cette formation peut ainsi se défendre de tout racisme, éviter au moins certains procès, et se distinguer des réductionnismes racialistes de droite néo-païenne qui caricaturent les mesures raisonnables de redressement national. C'est pourquoi « Égalité et Réconciliation » embrasse une vision de la chose politique inspirée de 89 et des Lumières, par là une vision individualiste et fondée sur la philosophie des Droits de l'Homme, rousseauiste et volontiers **résistancialiste**, qui lui permet de justifier ce projet de coexistence de cultures et de religions opposées, et ce relativisme des visions du monde : à chacun — individu ou micro-communauté — sa vision du monde, pour autant qu'il respecte celle de l'autre, et que tous communient dans une espèce de substitut du bien commun que sera cet idéal universaliste de la France républicaine récupérant en la laïcisant, tout en en faisant mémoire pour retenir l'attention bienveillante des maurrassiens et des nationalistes en général, l'idée religieuse de « France fille aînée » de l'Église chargée d'une « mission divine ». Voltaire et Maurras, Jean-Jacques Rousseau et Joseph de Maistre, tout ce qui est français est nôtre, dit-on ; et c'est ainsi, accumulant dans un salmigondis au vrai logiquement peu comestible tout ce que la France a produit en essayant de se penser à travers les âges, qu'on se rendrait capable de rendre français même ce qui ne peut pas l'être et dont on quête les suffrages et le soutien pour bouter hors d'Europe l'ennemi commun judéo-protestant.

Cela fait penser au caodaïsme, religion syncrétique loufoque de Cochinchine qui mêle le culte de Jésus à ceux de Mahomet, de Victor Hugo, de Sun Yat-Sen et de Jeanne d'Arc, de Louis Pasteur et de Lénine ; qui conjugue le christianisme, le confucianisme, le Tao et le bouddhisme, non sans prôner les thèses de la métempsycose. Il se peut au reste que le rapport de causalité puisse être inversé : universalisme républicain nationalitaire (culte du souvenir de Valmy) qui induit l'attachement au multiculturalisme intégrationniste.

Peu importe en fait. Tant les moyens pour parvenir à ses fins que les valeurs convoquées pour justifier de telles fins sont en vérité irrecevables : on veut sauver la France en mobilisant une idéologie qui n'est qu'un éclectisme reposant sur le sentiment, et qui détruit la France, **d'abord en revendiquant la paternité d'une philosophie (les Lumières) qui n'est autre que la matrice d'un individualisme ayant logiquement vocation à se consommer en ce consumérisme anglo-saxon abhorré,** ensuite en se proposant d'intégrer des immigrés qui ne sont pas intégrables. La fin justifie les moyens, dira-t-on. Oui, jusqu'à un certain point et en principe, puisque ce qui a raison de fin est précisément ce qui est raison du choix des moyens destinés à l'atteindre. Mais la fin ne justifie pas n'importe quel moyen, parce qu'il est des moyens qui s'opposent à la fin éloignée dont la fin prochaine est elle-même le moyen. Par l'immigration et les Droits de l'Homme, on détruit la France que ces mêmes moyens sont certes susceptibles d'aider à se débarrasser de l'ennemi judéo-sioniste. Mais à quoi bon se débarrasser de ce dernier si l'on doit pour ce faire réaliser le vœu d'un tel ennemi, qui est précisément de détruire l'identité nationale française et européenne ?

Il y a quelque chose qui, chaque fois paradoxal, relève en même temps du courage et du désespoir, du réalisme et aussi d'une certaine naïveté, dans cette démarche de salut public ayant le mérite d'une grande efficacité dans son pouvoir de rassembler les bonnes volontés et de dénoncer les maux sociaux et les mensonges de notre temps. Un tel mérite est ce dont sont singulièrement privés les cercles et groupuscules politiques du nationalisme traditionnel. C'est un fait — et « E&R » ose le penser — que nos compatriotes sont aujourd'hui des veaux, individualistes, décadents, incapables de mourir pour une idée, soucieux de leur seul confort, du pouvoir d'achat, désireux de travailler le moins possible : ils aspirent à un « club Med » avec moins d'immigrés, moins de criminalité, moins de pression fiscale et moins de chômage, mais sans l'effort de se marier, de fonder une vraie famille, de travailler dur, de plébisciter l'inégalité, d'élever de nombreux enfants, de prier, de regarder au-dessus de soi et de mater ses passions sordides, d'embrasser les exigences de l'ordre naturel et surnaturel des choses. Entre cet « idéal » pour sous-homme et ce que la tyrannie douce que les mondialistes entendent à moyen terme leur imposer, y a-t-il vraiment une grande différence ? Le métissage **systématiquement imposé** déplaît probablement **au Français décadent**, mais enfin, si les nouveaux venus s'approprient aux impératifs de la société occidentale de consommation en rompant avec leurs traditions religieuses réactionnaires, il sera possible, pense l'Occidental dégénéré, de continuer à jouir en rond.

C'est pourquoi, confronté à un tel pouvoir mortifère d'inertie, « E&R » a recours à des méthodes dérangeantes appuyées sur des idées peu orthodoxes pour faire valoir son désir de sauver ce qui peut l'être : développer une droite des valeurs morales conjuguée à une gauche des valeurs sociales et économiques ; et tout autant faire la synthèse d'une conception républicaine — nationalitaire et maçonnique — de la nation et d'une mémoire traditionnelle des grandeurs de la monarchie catholique française.

Mais « E&R » déploie une activité, un activisme même qui, contre l'intention nourrie par ses acteurs, peut se résumer comme suit : offrir aux ennemis, dès maintenant, ce qu'ils attendent de leur victoire, pour désamorcer en eux le goût d'être victorieux ; les corrupteurs sataniques, pense « E&R », veulent nous affaiblir en nous imposant les Barbares qu'ils nous envoient ; du fait que nous sommes incapables tant de mettre les corrupteurs à mort que de bouter les Barbares hors de chez nous, faisons cause commune avec ces Barbares afin de faire front contre les corrupteurs.

Le problème est que, en faisant front commun avec eux, on supprime la raison d'être d'un tel front.

Selon la doctrine du fascisme catholique, il n'y a, sur le plan pratique, strictement rien à faire aujourd'hui, en dehors de se préparer doctrinalement et psychologiquement à une prise de pouvoir par la force quand éclatera la guerre civile suscitée par une crise économique échappant au contrôle de toutes les mains, même de celles des auteurs masqués de cette crise. Point n'est besoin de s'agiter, de « sauver les meubles » en sacrifiant les plus encombrants ; de toute façon ils seront tous sacrifiés, portés par l'ouragan de la défaite. C'est l'épreuve même de cette défaite qui seule pourra réveiller les Français et les Européens, les faire renoncer à leur hédonisme, réveiller leur courage et leur vie spirituelle et enfin se lever, libérés de toute illusion, pour mourir, sans appui extérieur, et au profit de leurs descendants, au service de la Reconquête et de la Grande Relève : après le Grand Soir vient le Petit matin. « Et nous qui ne sommes ni bourgeois, ni conservateurs, ni réactionnaires, ni démocrates chrétiens ou maçons et qui sommes capables, nous aussi, de manier les mitraillettes et qui commençons à les manier, nous nous intéressons à ce petit matin » (Drieu la Rochelle, *Le Grand Soir et le Petit Matin*, Révolution nationale, 11 décembre 1943).

CONCLUSION

— Voilà qui est fait, cher Tartempion, j'ai achevé ce que tu appelles mon « boulot ». Tu pourrais, sinon me féliciter — tu en es bien incapable —, au moins me remercier.

— Bof… Toujours aussi pesant… Tu penses vraiment que tu t'es fait comprendre ? D'abord, ce fut plus long que prévu ; ensuite, en fait de simplification, on peut vraiment mieux faire. On dirait en plus que parfois tu te venges de ton incapacité à faire simple en te mettant à donner dans l'agressivité. Tu ne t'arranges pas en vieillissant. Je suis déçu ; tu ne changeras jamais et, comme il se trouve que je suis toi, j'augure mal pour moi-même d'un avenir paisible. Et puis tu n'as guère évoqué ce qui m'aurait vraiment intéressé : circonscrire ce qui, dans ce qui te tient lieu de pensée, suscite l'aversion chez tes contemporains, qui n'est pas dû seulement à ton caractère morose ou à ton manque de talent pédagogique.

— Je te reconnais bien là, mon cher double aussi précieux que cruel, bien plus critique que mes pires détracteurs. Tu m'as dit tout à l'heure que je n'avais qu'une idée, et c'est bien vrai, et que je n'en ai jamais fini avec elle. En confidence, je t'avouerai que j'aime la politique et la philosophie politique, mais je préfère de beaucoup la philosophie à la politique. Alors, certes, assuré qu'on ne fait pas de bonne politique sans une philosophie politique, et qu'il n'est pas de philosophie politique sans métaphysique, je ne me prive pas de m'efforcer à parler en métaphysicien. Ça peut donner l'impression que parler de politique est un prétexte pour jouer au métaphysicien, mais franchement ce n'est pas le cas ; les doctrines politiques pèchent trop souvent par défaut de fondements philosophiques assurés. En revanche, il serait bon en effet que j'en vinsse à séparer les domaines dans certains cas, quand la convoitise pour la métaphysique, sans décence, se met, dans un ouvrage de réflexion politique, à hurler vraiment trop fort et à tout dévorer. Merci donc pour ta vacherie concernant ma lourdeur, mon obscurité, mes plâtrées indigestes. Quant à mon agressivité, je ne sais pas de quoi tu parles. Aujourd'hui, le subjectivisme s'est tellement imposé partout, même « chez nous », que la moindre critique, aussi respectueuse soit-elle, et même aussi indirecte, involontaire et inconsciente soit-elle, blesse les susceptibilités à un point tel que celui auquel elle s'adresse se croit profondément insulté et victime de la plus insupportable iniquité. Quand ils ne m'ignorent pas, ceux de mon camp ne me ménagent pas : insultes, procès d'intention, inversions accusatoires, médisances et calomnies. Et ils croient bien faire… Parce qu'ils nourrissent la grande qualité de se vouloir objectivistes, par là de croire à la vérité, ils ont le courage de n'être pas démocrates mais, étant objectivement gâtés par ce subjectivisme dont ils se défendent, ils finissent par prendre leurs mouvements d'humeur et leurs œillères, leurs passions compulsives et leurs pulsions de ressentiment mêlées au poison sucré de leur vanité pour l'expression de leur rigueur intellectuelle et de leur fidélité à l'intransigeance du dogme. Dans nos milieux, chacun, parmi ceux qui agissent, veut être le chef et, parmi ceux qui pensent, chacun entend être *le* penseur ; alors tous se chamaillent et se paralysent, finissent par s'entre-tuer, et c'est l'une des causes des échecs sempiternels du courant des Réprouvés.

— Bon d'accord, m'enfin ça ne répond pas à mon interrogation. Tout le monde se critique, et tu critiques ceux par lesquels tu es critiqué, et c'est, si l'on peut dire, de bonne mauvaise guerre. Mais pourquoi cette aversion pour tes idées ? Il y a quand même là-dedans quelque chose de spécifique qui attend son explication, et qui ne se réduit pas à une querelle d'egos. M'est avis que tu titilles une corde qui irrite tout le monde, et c'est ça qu'on a du mal à supporter. C'est bien joli de dénoncer le subjectivisme, mais pourquoi les anti-subjectivistes de profession sont-ils eux-mêmes si aisément contaminés par le subjectivisme ?

— Là, je pense pouvoir le dire en deux mots, ou plutôt trois, et ce sera la fin de l'exercice.

Les choses, me semble-t-il, se sont ainsi déroulées :

Il y a eu le paganisme au sein duquel, alors qu'il s'essoufflait et se gangrenait, est né un christianisme primitif qui, pour s'affirmer contre la gangrène d'une conception dévoyée de l'ordre naturel, s'est, en sa fougueuse jeunesse inexpérimentée, opposé à tout ce qui relevait, sain ou malade, de l'ordre naturel. Chez les païens, on s'est souvent servi de l'antinature pour exprimer le surnaturel, avec le culte des monstres, des androgynes et autres horreurs ; il en est resté quelque chose chez les néophytes du christianisme naissant, qui, pour dire l'autre monde dont celui-ci n'est que le reflet, prenaient le contre-pied de ce monde au point d'oblitérer tout ce qui, dans ce monde, en dépit de sa finitude et de sa corruption, faisait mémoire de l'autre. Ça a donné l'impression d'un renversement des valeurs, d'une corruption, d'une insurrection contre l'ordre des choses inspirée par le ressentiment, alors que, paradoxalement, c'était l'expression d'une fidélité à la logique de ce monde aspirant à dévoiler en se niant lui-même quelque chose de ce dont il est l'envers déformant autant que l'imitation débile ; c'est au reste cette fidélité à une telle logique du paganisme — convoquer l'antinature pour désigner la surnature — qui fait que le monde antique s'est approprié au fond assez vite — non certes sans crispations, réticences, révoltes, refus plus ou moins accusés — à la nouveauté chrétienne. Tu connais l'apophtegme fameux de Pascal : la nature a des perfections pour remplir son rôle d'image (ou de vestige) du divin, mais elle a des défauts pour rappeler qu'elle n'en est que l'image. Alors, quand on veut aller au-delà de ces défauts, poussé par un désir qui, quoique naturel, nous mène, parce qu'il est infini, au-delà de la nature mondaine, on va au-delà de cette nature qu'on va conspuer pour cela, et pour cette raison, au moins un temps, on va jeter le bébé avec l'eau du bain, et c'est inévitable puisque ce qui fait que la nature est imparfaite est aussi ce qu'il fait qu'elle est nature, dans sa différence obligée d'avec son Modèle. Si les païens entendaient adorer de l'antinature pour se représenter l'objet de leur incoercible désir infini d'infini, c'est précisément parce que leur nature était (elle le demeure) habitée par le désir impuissant — mais naturel — de s'excéder elle-même. Et de prétendre à satisfaire ce désir par la seule nature — je veux dire : dans l'élément exclusif de l'ordre naturel mondain — la faisait se trahir, d'où, inévitablement, la genèse d'une conception toujours plus ou moins dévoyée de l'ordre naturel lui-même, avec sa brutalité, ses débauches, ses orgies, ses sacrifices humains, ses crimes et sa démesure. Cela dit, parce que le christianisme était vraiment révolutionnaire, il a vraiment nié l'ordre ancien. Ce faisant, il a nié jusqu'à cette loi propre au paganisme selon laquelle l'aspiration naturelle de la nature à son autodépassement devait se consommer dans l'antinature ; paradoxalement, mais non contradictoirement, il a, en niant la nature, accouché de la nature en sa vérité de nature puisqu'il a nié, en la représentation naturaliste que l'on se faisait de la nature, sa tendance à se convertir en son contraire. Il a conservé la nature en la niant, parce qu'elle était en conflit congénital avec elle-même. Il a sauvé la nature, il l'a accomplie en la menant au-delà d'elle-même, parce que sa manière de l'inviter à aller au-delà d'elle-même était capable de la conserver, c'est-à-dire n'était pas antinaturelle du fait même qu'elle était effectivement surnaturelle. Un tel processus, qu'on peut bien qualifier de dialectique, s'accomplit dans l'histoire au niveau des peuples comme il s'accomplit dans l'histoire de chacun dans l'épreuve de sa conversion. Le premier effet de la greffe du surnaturel sur la nature prend toujours plus ou moins, avant de se résorber, la forme d'une attitude surnaturaliste. Il n'y a pas à se scandaliser de cette affaire, mais encore faut-il, pour demeurer serein, que ce qui a raison de moment n'en vienne pas à devenir un terme.

Ainsi, dans sa maturation, ce christianisme est devenu le sauveur et le transmetteur de tout ce que l'antiquité avait pu contenir d'excellent. Le paradoxe du christianisme intègre, c'est-à-dire du catholicisme, est qu'il accomplit la nature et la redresse, la soigne et la restitue à elle-même, en la faisant s'excéder sous l'injonction de la surnature qui dépasse la nature en l'assumant, la conserve en la sublimant. Ce processus de ré-assomption des grandeurs du paganisme s'est accompli avec bonheur pendant des siècles, en gros jusqu'à la Renaissance. Il y avait là un cap délicat à franchir et, comme on sait, les choses se sont mal passées. Je vais essayer de dire pourquoi et comment les choses se sont déroulées.

La surnature soigne la nature et la surélève dans un même acte. La nature ne coïncide donc avec elle-même qu'en consentant, au moins sous un certain rapport, à s'arracher à elle-même. Il est tellement naturel à la nature d'aller au-delà d'elle-même qu'il est contre nature de refuser la foi et, avec elle, la grâce ; par conséquent, en se soustrayant à la grâce, la nature se soustrait à elle-même. Pourtant, la surnature est gratuite et incommensurable à l'ordre naturel, ce qui signifie qu'elle n'est nullement inscrite, fût-ce au titre de vœu, dans la nature. Pour concilier les deux exigences qui viennent d'être formulées, on ne peut que consentir à ceci : il existe un point de suture entre nature et surnature, qui remplit les conditions suivantes, à savoir appartenir aux deux ordres et tout autant consister dans la négation des deux ; il est ainsi le trait d'union qui, identifiant l'un à l'autre ce qu'il unit, tout autant les sépare. Et l'intérêt d'un tel point de suture est de concevoir la possibilité d'un désir naturel de Dieu capable de s'achever dans un terme naturel — hors de ce monde — qui ne soit pas exigitif de la grâce, dans le contexte, en droit possible et en fait non historique, d'un état de pure nature ; ainsi un tel point de suture a-t-il raison d'entéléchie de l'ordre naturel tout en ayant la capacité, selon la libéralité divine, d'avoir raison de « terminus a quo » de l'ordre surnaturel. Concevoir un tel point de suture, c'était la condition requise pour passer le cap de la Renaissance. Or il ne semble pas qu'il ait jamais été adéquatement thématisé.

Tu remarqueras que soigner la nature, la restituer à elle-même par le fait de la subordonner à la surnature, cela revient à reposer, au titre de fin de l'agir, l'essence ou nature d'une chose, après l'avoir fait s'excéder, tout en exerçant un agir qui mène surnaturellement au-delà de cette nature. Et c'est bien ce que je voulais établir dans la rédaction de cet abrégé. Et faire de la nature humaine — qui est solidaire, pour le temps de la vie mondaine, du mode d'existence du monde terrestre — la norme non obsolète de l'agir, c'est être invité à se réconcilier avec le monde, c'est-à-dire — mais au terme d'une élévation surnaturelle excluant qu'il fût à jamais re-déifié —, avec ses énergies, ses grandeurs, ses puissances de jubilation et sa vitalité. C'est bien ce que l'homme, au terme du Moyen Âge, était invité à faire au temps de la Renaissance.

J'ai souvent décrit, pour me faire comprendre, le rapport de la nature à la surnature en ayant recours à l'analogie suivante :

La volonté, appétit rationnel, tendance vers la considération intellectuelle d'un bien, est actualisée par l'intellect, de telle sorte qu'elle est d'autant elle-même que plus soumise à l'intellect. Or elle est dotée de libre arbitre ; aussi est-elle d'autant plus libre, d'autant plus maîtresse de ses actes, que plus soumise à la raison. La volonté est à l'intellect, mutatis mutandis, comme la nature est à la grâce. Dès lors, plus la nature s'ouvre à la grâce, plus elle est nature, maîtresse de ses opérations, souveraine sur elle-même et sur leur exercice. Il en résulte, comme je l'ai rappelé plus haut, que la nature est invitée à se contre-diviser à l'ordre de la surnature — ce qui ne signifie nullement qu'il faudrait s'y opposer ou s'y soustraire — à proportion de son aptitude à se faire transfigurer par elle ; plus elle est transfigurée par la grâce à laquelle elle doit se soumettre, plus la nature est souveraine sur elle-même et sur les passions, capable de puiser en elle-même la force de servir la raison. Pour étayer ce propos, j'userai d'un exemple simplissime, voir simpliste peut-être, mais à mon sens éclairant.

Dans une société catholique, il n'y a pas de séparation de l'Église et de l'État. L'homme y est moralement soumis, librement, à la loi de l'Église, du seul fait de lui appartenir par son baptême. Cela ne signifie pas que tout devrait être confessionnalisé, et encore moins que toute initiative sociale ou politique devrait être impulsée par les hommes d'Église, ou que toute autorité naturelle (domestique ou politique) devrait être coiffée par l'autorité ecclésiale. Que des laïques prennent des initiatives laïques, cela peut les inviter à conférer une couleur catholique à leurs réalisations sociales, et cela peut être excellent, mais la chose n'implique pas que, ipso facto, le clerc devrait prendre la direction de ce qui se veut catholique. Il y a une saine laïcité requise par la catholicité de la société. Dans ce domaine pratique difficile à penser, on a tendance à tout confondre. Plus généralement et plus sérieusement, l'articulation entre nature et surnature n'ayant pas trouvé son expression adéquate, la Renaissance, au cours de laquelle l'ordre naturel aurait dû recouvrer son autonomie à proportion de son ouverture sans réserve à la grâce, s'est en quelque sorte éclatée entre deux tendances aussi déplorables l'une que l'autre.

D'abord il y eut un néo-paganisme reprenant les aspects du paganisme antique mais en trahissant son esprit, c'est-à-dire en lui insufflant une dimension personnaliste — autrement dit subjectiviste — issue elle-même du christianisme et intrinsèquement mauvaise, pré-existentialiste : « corruptio optimi pessima » ; il s'agissait d'un naturalisme antichrétien se coulant complaisamment dans un scepticisme frénétiquement hédoniste.

D'autre part se produisit le surgissement du protestantisme, ultra-surnaturaliste, condamnant la nature dans son principe, fidéiste, anti-intellectualiste, réduisant la raison, par haine de la nature, à la putain du diable.

Depuis, tout a été de travers, en dépit de pics de puissance et de réussites éclatantes mais fragiles, et s'est consommé dans la Révolution française qui, après l'échec des Restaurations, a fait se réfugier les princes de l'Église dans le surnaturalisme théocratique en ses formes d'un côté démocrate-chrétienne, d'un autre côté monarchiste nostalgique perpétuant la mentalité des Émigrés de Coblence n'ayant rien retenu ni rien appris.

Je viens de parler de réconciliation avec le monde. Les catholiques d'aujourd'hui qui se réconcilient avec le monde — avec ce monde pourri — sont les modernistes qui servent objectivement les intérêts de la subversion, de sorte que leur réconciliation s'opère à l'avantage du monde néo-païen et au détriment du dogme et de la morale catholiques. C'est alors que les catholiques désireux de rester catholiques, qui se sont faits légitimement « intégristes », ou « traditionalistes », ont cru s'opposer aux modernistes en excluant tout souci de se réconcilier avec le monde, parce que ce souci avait été embrassé, mais de manière dévoyée, par les modernistes. Toute réconciliation avec le monde, depuis la victoire du naturalisme, est soupçonnée de modernisme. Mais le surnaturalisme est au fond invivable, qui détruit la nature alors qu'elle est le sujet obligé de la vie surnaturelle et donc la condition de son avènement. Dès lors, pour sauver la surnature à laquelle le surnaturaliste demeure tout de même attaché, ce dernier entend récupérer quelque chose de la nature mais, pour se la rendre supportable, il lui faut surnaturaliser les choses naturelles. Sont visés en particulier la piété filiale en sa dimension patriotique, l'enracinement qui prône le culte de la Terre et des Morts. Pour oser, par et pour ce qui reste de naturel dans le surnaturaliste, accorder à l'ordre naturel crédit et affection, il faut, à ses yeux, lui donner un cachet surnaturel afin de le rendre aimable, parce qu'il a commencé par détester la nature en tant que nature. Et donc le surnaturalisme ne peut se maintenir que par recours à du merveilleux, d'où l'hypertrophie de l'imaginaire pieux et de l'attention aux révélations privées. On aimera bien la patrie, mais seulement si elle est « peuple élu » et « fille aînée de l'Église » ; on consentira à avoir recours aux mérites de la médecine mais seulement si elle s'affecte des vertus de sainte Hildegarde, etc.

L'ordre naturel n'a de sens, pour les surnaturalistes, que s'il est investi par la surnature au point d'être dissous en et par elle, d'où le besoin incessant de l'enjoliver, de faire de l'Histoire des peuples (surtout le sien) une Histoire sainte, de faire de la médecine une pratique de saints qui guérissent, au point que l'art médical ne serait en droit recevable que s'il est perçu telle une excroissance des charismes des canonisables, comme si la santé physique devait n'être que la conséquence non seulement de la santé morale, mais de l'élévation surnaturelle de l'âme.

De plus, le refus de céder aux charmes de la vie incarnée induit une frustration qui invite, par réaction compensatoire, à rendre charnels les sujets de piété religieuse et les sujets de la foi. On veut, pour s'être refusé aux séductions de la nature sensible, rendre sensibles les dogmes de la foi. D'où le goût pour les miracles qui violent la nature et la tendance à en voir partout ; d'où la dilection pour les révélations privées qui sont supposées donner sens à un monde supposé déserté par tout sens faute d'une immanence de la raison au réel, parce que reconnaître une rationalité au réel revient à lui donner une consistance ontologique et une valeur auxquelles répugne la mentalité surnaturaliste. D'où corrélativement, puisqu'aucune rationalité n'habite ce monde et n'explique son devenir, de fortes inclinations pour les réductionnismes conspirationnistes qui expliquent tout par des interventions diaboliques selon une démarche presque manichéenne opposant une Église de Satan à l'Église de Dieu.

Tu as là une explication des raisons pour lesquelles le fascisme catholique, dans son souci de réhabiliter l'ordre naturel considéré dans sa relation dialectique à l'ordre surnaturel, exaspère tout le monde, à commencer par la cause des catholiques de Tradition dont, pourtant, il revendique la paternité, mais en libérant cette cause de son « merveilleux » frelaté, envahissant et dérisoire en son fanatisme obtus. Par ailleurs, et de manière compréhensible, le fascisme catholique est l'objet de la haine des néo-païens et de toutes les variétés de la pensée de gauche.

— Et tu as encore oublié de me rappeler en quoi le surnaturalisme est une modalité du subjectivisme.

— C'est vrai, et je finirai là-dessus.

Le surnaturalisme est cette maladie de l'intelligence à raison de laquelle l'intromission de la grâce dans la nature est pensée et vécue sur le mode d'une frustration — voire d'une destruction — des énergies naturelles même non déviées par le péché, ou supposées l'avoir toutes été à un point tel qu'elle en serait devenue intrinsèquement dépravée. Par ailleurs la nature en général est *raison* mise dans les choses par l'art divin. Quand on se souvient que la raison qui est dans notre tête est l'accession à la conscience de soi de cette raison qui est immanente au réel (la vérité logique est une abstraction opérée sur la vérité ontologique), on comprend que la dépréciation de l'ordre naturel et des natures qui le composent s'accompagne d'une dépréciation de la raison toujours suspectée d'orgueil et de démesure ; et c'est cette dépréciation de la raison qui induit l'idée selon laquelle la philosophie devrait se réduire pour toujours au rôle d'« ancilla theologiae », en excluant que puisse jamais se développer une philosophie vraie qui serait élaborée indépendamment du corpus de la théologie révélée dont elle ne reconnaîtrait que le magistère *extrinsèque*. Mais l'envers de cette aversion pour la raison, sous couvert des exigences de la foi, n'est autre que le volontarisme. Dans le sillage de ce dernier se manifestent les revendications de l'imaginaire, de l'intuition aveugle despotique, du sentiment à prétention infaillible parce que supposé inspiré par l'Esprit-Saint, de la Tradition en toute chose entendue, dans les faits, comme exclusif fondement de la certitude, ce qui induit une sacralisation de tout ce qui relève de la coutume, de l'habitude, du souvenir, de la croyance collective, des mythes bien-pensants. Et il est probablement inutile de rappeler que le volontarisme en général, qui tend à déconnecter la volonté de la raison, est une modalité du subjectivisme puisque, la raison ôtée ou marginalisée, il ne reste au sujet que sa volonté. Il n'est pas question de nier le péché originel ; il s'agit seulement de se souvenir qu'il blesse la nature et ne la détruit pas ; qu'il la blesse, de surcroît, dans ses puissances inférieures beaucoup plus que dans sa part d'intellectualité.

— Et tu penses vraiment qu'en finir, au moins en pensée, avec le surnaturalisme, suffira à rendre nos idées appétibles et à faire se réaliser l'union de tous les courants de la Réaction ?

— Ne me prends pas pour plus naïf et crétin que je ne le suis. Le peuple français, comme tous les peuples d'Europe, est un peu comme un ivrogne qui hait sa bouteille et qui pourtant ne peut s'en passer. Il sait que faire le procès de ce dont il souffre — point n'est besoin ici d'en faire l'inventaire — revient à faire celui des vices auxquels il est attaché, et dont la racine est précisément le subjectivisme, lequel est soigneusement entretenu, en lui, par les opérateurs conscients de la subversion du monde occidental. Il n'est qu'une manière de soigner un ivrogne, c'est de le sevrer, ainsi de le forcer d'être libre, de le contraindre à se libérer de ses assuétudes et, à moyen terme, de lui faire aimer ce que, en son état de délabrement, il est incapable de désirer. Personne n'a les moyens, aujourd'hui, de lui imposer un tel traitement de cheval. C'est pourquoi je me désintéresse de l'action politique, au moins en ce moment. La frénésie activiste est elle-même une modalité du subjectivisme, qui cède au désir d'agir, aux émois qu'elle suscite, à la testostérone qu'elle fait sécréter, en sachant, mais en oubliant qu'elle le sait, qu'un tel désir, pour le moment, est vain. Cependant, en contribuant à dissiper la séduction subjectiviste chez les catholiques de Tradition, ainsi à en finir avec le surnaturalisme, on œuvre en faveur du seul socle conceptuel vraiment solide capable, quand les temps seront mûrs, de proposer un programme d'action cohérent. Mais là, ce n'est plus mon « boulot ».

Des querelles entre thomistes sur le Bien Commun

Les considérations exposées dans le présent travail ont trait à la nature du bien commun politique, et à la manière dont il convient de le penser dans sa relation avec le souverain bien, ou béatitude. Il n'est pas inopportun, pour gagner en clarté, et afin de mettre en évidence ce que la thèse du fascisme catholique présente d'original, de procéder à un rappel succinct des querelles qui opposèrent pendant des décennies d'éminents thomistes sur cette question. Selon un partisan cohérent du fascisme catholique, toutes les positions qui se refusent à embrasser sa thèse du primat de la société sur la personne (et non sur le seul individu) se résolvent, quoi qu'elles en aient, et en dépit des dénégations de leurs propugnateurs, en personnalisme honteux. Les remarques qui suivent se réfèrent aux textes suivants :

Taylor Patrick O'Neill, « Was Reginald Garrigou-Lagrange a personnalist ? », realityjournal.org, 20 mars 2020.

Godeleine Dickès-Lafargue, « Le dilemme de Jacques Maritain », Editions de Paris, 2005, p. 40.

Sylvain Luquet, « Charles de Koninck et le Bien commun », Laval théologique et philosophique, vol. 70, n°1, février 2014, p. 45-60.

Réginald Garrigou-Lagrange, « De Beatitudine, de actibus humanis et habitibus, commentarius in summam theologicam S. Thomae Iᵃ, IIᵃᵉ, qq. 1-54 », Turino, 1951, p. 85-86.

I. Texte de Dickès-Lafargue.

I. 1. Commentant le De Deo Trino et Creatore du Père Garrigou-Lagrange, cet auteur semble identifier ses positions et celles de Maritain (de manière abusive mais non tout à fait fausse). Il oppose personne à individu, et précise sa position en distinguant entre personne et nature humaine individuée. L'auteur considère que le principe d'individuation de la forme réside dans le corps et qu'à ce titre la dignité de l'individu est incommensurablement plus faible que celle de la personne. Mais c'est dans son traité de la Béatitude que Garrigou-Lagrange applique cette distinction au lien entre l'homme et la Cité :

« Id autem quod est inferius in homine vocari potest *individuum* ; nam individuationis principium est materia quantitate signata, quae est etiam in brutis, et id quod est superius in homine vocari potest *persona* ; nam personalitas (ratione cujus homo est subjectum reale, intelligens et liberum) « ad dignitatem hominis pertinet », et non dicitur de brutis. In Christo, individuationis principium est materia, dum ejus personalitas est increata. Sic dici potest : « individuum est propter societatem, sed societas propter perfectionem personae » (A cet endroit, le P. Garrigou-Lagrange renvoie en note au travail du P. M. B. Schwalm, o.p. : *Leçons de philosophie sociale*, Paris 1911). Le Père Schwalm était démocrate-chrétien déclaré.

Pars est propter totum, tanquam propter finem saltem intermedium, ut manus propter corpus, concedo; tanquam propter finem ultimum, nego ».

(Ce qui dans l'homme est inférieur peut être nommé individu ; car le principe d'individuation est la matière désignée par la quantité, laquelle se trouve même dans les réalités brutes ; et ce qui est supérieur dans l'homme peut être nommé personne, parce que la personnalité (en vertu de laquelle l'homme est réellement sujet, intelligent et libre) « convient à la dignité de l'homme », et n'est pas dite des réalités brutes. Dans le Christ, le principe d'individuation est la matière, dans le moment où sa Personne est divine. Ainsi peut-on dire : l'individu est pour la société, mais la société est pour la personne. La partie est pour le tout, à tout le moins en tant qu'elle est pour une fin intermédiaire, comme l'est la main pour le corps : je le concède ; qu'elle soit partie en tant qu'elle est pour la fin ultime, je le conteste).   Préciser notre position par rapport à un tel enseignement nous oblige à procéder à quelques rappels. Ces derniers sont requis pour aborder aussi les autres textes dont nous avons annoncé l'évocation.

I. 2. Selon nous, l'individualité n'est pas une détermination qui s'oppose à celle de personne. La personne humaine est cet individu humain, doté d'une nature humaine, intelligent et libre, elle est « substantia individua rationalis naturae », selon la formule canonique de Boèce. L'identité de la personne et de l'individu doté de raison peut être contestée si l'on se confronte au problème de l'union hypostatique en convoquant les apports de Cajetan. Ce sont ces explications que nous commencerons par exposer, afin d'éprouver la valeur et la portée de cette thèse métaphysique consistant à opposer individualité et personnalité.

I. 3. Comme le rappelle l'abbé Paul Grenet dans son petit ouvrage « Le Thomisme » (Puf, 1964), la subsistence, pour le néo-thomisme, est, en première approximation, l'existence propre à la substance individuelle. Est nommé suppôt l'individu substantiel subsistant, c'est-à-dire la substance en tant que dotée d'un acte d'exister qui lui est propre ; c'est au suppôt que l'on rapporte tout ce qui peut être dit d'une telle substance ; c'est à lui que l'on attribue toutes ses actions (« actiones sunt suppositorum ») ; les actions du forgeron sont rapportés non à sa main mais à lui, c'est-à-dire au sujet de l'action, ainsi au suppôt. Le suppôt est nommé « personne » quand la substance est celle d'un être raisonnable. Dans le Christ, le suppôt est le Verbe : le Christ est Dieu. Mais il est requis de déclarer aussi que le Christ est cet homme-ci, fils de Marie. Il faut donc affirmer que le Christ est cet homme en tant que Verbe ayant une humanité. Dans le Christ, l'union de la substance humaine et de la substance divine ne se fait pas dans l'une ou l'autre de ces substances, mais dans le subsistant divin, dans l'hypostase divine : la substance individuelle du Fils de Dieu s'est communiquée à la substance individuelle du fils de Marie sans que Dieu soit changé en cet homme, ni cet homme en Dieu. Il est donc nécessaire que cette essence individuée, qui fait que le Christ est homme, subsiste dans et par l'esse du Verbe, ainsi dans l'esse d'un suppôt divin qui, comme tel, sera le sujet de cette essence individuée à laquelle il ne se réduira pas puisqu'il est Dieu, mais de cette essence individuée dont on pourra dire qu'il est elle, puisque, s'il se contentait de l'avoir, son humanité lui serait accidentelle, l'avoir étant un accident. Dès lors, le suppôt est ce qui n'est ce qu'il est qu'en tant qu'il est ce qu'il a, et qui de plus, dans le cas du Christ, ne se réduit pas à ce qu'il a, c'est-à-dire est ce qu'il a tout en étant plus que ce qu'il est en l'ayant : le Christ est homme, le Christ est Dieu, le Christ a son essence humaine individuée qu'il est, le Christ est infiniment plus qu'un homme (que pourtant il est) parce qu'il est le Verbe. De même que le coureur court, est sujet ou suppôt de son acte de courir, de même l'étant est : il *exerce* son acte d'être, comme le coureur exerce l'activité de courir. Ce suppôt qu'est le Christ exerce son esse auquel est suspendue cette essence humaine individuée qu'il est en l'ayant ; une telle substance individuée est, mais son esse est reçu en elle et non exercé par elle. Et ce qui fait que cette essence individuée n'est pas suppôt, ou encore ce qui fait qu'elle reçoit son esse sans l'exercer, c'est qu'elle est privée, selon Cajetan, de la *subsistence*. L'essence substantielle individuée et les essences accidentelles individuées communiquent les unes avec les autres dans la ligne de l'essence, et ce tout compose avec la subsistence sans laquelle la substance individuelle pourrait communiquer avec d'autres substances individuelles et ainsi coexister avec elles dans un même et unique esse. Le subsistant est le suppositum, ou hypostase, ou encore la personne. Il manque, à la substance humaine de l'homme Jésus, la subsistence, et c'est pourquoi elle communique avec le Verbe dans un unique esse divin. Selon Billot et Capreolus, le constitutif formel de la subsistence est l'esse. Selon Cajetan, et Maritain, il est dans l'essence car l'esse ne peut être le constitutif formel de rien de créé. C'est cette subsistence qui rend la substance individuelle incapable de communiquer avec d'autres, et c'est cette subsistence qui manque à l'homme Jésus, de sorte que le Christ est vraiment homme (substance individuelle) sans que rien lui manque dans cette ligne, mais n'est pas personne humaine mais seulement Personne divine. La subsistence est ainsi pour Cajetan un mode substantiel positif qui termine et clôt sur elle-même la substance individuelle pour la rendre exigitive de son esse propre, ce qui l'habilite à exercer son esse et non seulement à le recevoir : le Verbe exerce l'esse du Christ, et son essence humaine individuée le reçoit. Le suppôt peut bien faire participer son esse propre par une essence individuée, mais lui-même, en tant qu'intronisé suppôt du fait de la subsistence dont il jouit, ne peut exister d'un esse qui ne lui serait pas propre.

Ainsi donc, pour expliquer que le Christ ait deux natures et soit une Personne, il faudrait en appeler, selon cette forme de néo-thomisme, à la notion de subsistence à raison de laquelle le suppôt, sujet dernier d'attribution de tous les prédicats, serait le sujet de la nature individuée du Christ. Et plus généralement, en dehors de ce cas unique du Christ, ce qui existe *serait* sa nature individuée *recevant* un esse, et il s'introniserait, par le don de la subsistence, suppôt *exerçant* l'esse qu'il reçoit, en se mettant à entretenir à l'égard de lui-même une relation d'*avoir* sans pour autant que soit abolie cette identité de lui-même et de sa nature individuée. Le Christ a une nature humaine individuée et est une Personne divine inclusive de la nature divine.

La substance individuelle est, sous ce rapport, définie désormais non comme ce qui existe en soi mais comme ce à quoi il revient, par l'octroi de la subsistence, d'exister en soi.

On a compris que cette intromission du concept de subsistence, suscitée par les apories induites par l'effort — opéré sur le donné révélé — d'intelligence de la foi, bouleversait l'ontologie générale et invitait à modifier la doctrine de la substance, non seulement à propos du Christ, mais encore en ce qui concerne toute substance créée : la substance n'est plus ce qui est en soi, mais ce à quoi il revient d'être en soi, de sorte que tout ce qui est, en tant qu'il est, doit, selon des modalités qui peuvent se différencier entre elles selon qu'il est question de Dieu incarné ou des créatures, avoir ce qu'il est. La substance individuée est dotée d'un esse qu'elle reçoit et elle ne se met à être le suppôt de son esse, ainsi à l'exercer, qu'en tant qu'elle s'habilite à avoir ce qu'elle est, à avoir cette essence individuée qu'elle est, et c'est le don de la subsistence qui est supposé lui conférer cette habilitation.

Cela rappelé, notons que les choses ne sont pas claires chez saint Thomas lui-même, qui ne parle pas de cette « subsistence » entendue comme détermination ultime distincte de l'essence individuée et habilitant l'essence individuelle à exercer son esse propre. En effet :

Saint Thomas enseigne que la nature humaine, dans le Christ, quoique dotée d'une individualité dans le genre de la substance, « n'existe pas en elle-même séparément mais dans un sujet plus excellent, la Personne du Verbe » (*Somme théologique*, III^a, 2, 2, 3) : il n'y a qu'un esse pour deux natures individuées. Mais, dans la Question disputée *de Unione Verbi incarnati*, il enseigne que la nature humaine individuée dans le Christ jouit d'un exister propre, créé, ainsi fini, rattaché à l'exister du Verbe : il existe deux esse pour deux natures. Et bien que la nature humaine individuée de Jésus soit dotée d'un esse propre, elle n'est pas une personne humaine. Or il y a ici, semble-t-il, une difficulté logique : si ce qui n'existe pas en soi-même mais selon l'esse d'un autre se contente de recevoir sans l'exercer son esse, et réciproquement, quand cette impuissance à exercer son esse est imputable au fait qu'on n'est pas constitué en suppôt, en revanche ce qui jouit d'un esse propre devrait être habilité à l'exercer et à ce titre à se voir reconnaître le statut de suppôt, c'est-à-dire de personne ; si la nature humaine individuée du Christ est tenue pour jouir d'un esse propre, il semble bien qu'il faille lui reconnaître la dignité d'une personne, ce qui n'a pas lieu même pour le saint Thomas du *de Unione Verbi incarnati*. On est alors fondé à se demander si la doctrine de la subsistence répond effectivement à l'intention de la pensée de saint Thomas, par là si le constitutif formel de la subsistence est un réel ajout enrichissant l'individu.

La question n'est donc pas réglée pour saint Thomas, et la subsistence cajétanienne ressemble beaucoup à l'heccéité scotiste liée à la thèse antithomiste de l'individuation par la forme.

I. 4. Pour se faire une idée plus précise des raisons de l'indécision qui vient d'être évoquée, référons-nous aux enseignements suivants :

« Non sic dicitur quod esse sit, sed quod per esse aliquid sit » (on ne doit pas dire que l'acte d'être est, mais que par lui quelque chose est), (*Comm. Noms divins* n° 751).

« Quod est est ipsa forma subsistens, ipsum autem esse est quo substantia est, sicut currens est quo cursus currit » (Ce qui est — en l'occurrence l'ange —, c'est sa forme subsistante ; en revanche l'exister est ce par quoi la substance est, à la manière dont la course est ce par quoi le coureur court) (Iᵃ qu. 50 a. 2 ad 3).

« Ipsum esse non significatur sicut subjectum essendi, sicut nec currere significatur sicut subjectum cursus. Unde sicut non possumus dicere quod ipsum currere currat, ita non possumus dicere quod ipsum esse sit » (L'acte d'être lui-même n'est pas signifié au titre de sujet d'exercice de l'exister, de même que l'acte de courir n'est pas désigné comme sujet de la course. De là, de même que nous ne pouvons pas dire que l'acte de courir court, nous ne pouvons pas non plus affirmer que l'acte d'être est) (*De Hebdom.* lect. II, édition léonine n° 271). Dès lors, « relinquitur ergo quod Deus sit quidquid habet » (il reste en dernier ressort que Dieu — dont l'essence est d'exister — est tout ce qu'Il a) (*C. G.* I 2). Comprenons donc que l'essence (le composé de matière et de forme, ou forme subsistante) est *ce* qui est, le sujet d'exercice de l'acte d'être, ainsi le suppôt, lequel *est* comme le coureur *court*, et qu'il n'est pas d'acte d'être qui, pour être cet acte d'être qu'il est, ne soit exercé par une essence. Ce qui n'empêche pas saint Thomas de professer que celui qui épuise en son essence infinie la richesse absolue de tout ce qui est et peut être, c'est Celui dont l'essence est d'être, dont l'essence est d'exister, par là ce dont l'existence est l'essence, et ainsi ce qui, analogiquement, est tel un coureur qui est son activité de courir.

On voit donc chez saint Thomas se dégager deux exigences, illustrées par deux problèmes. D'une part il y a le problème de la structure ontologique du paradigme divin : l'être absolument être est celui dont l'essence est d'être, et pourtant l'être qui est dit être (qui est déclaré exercer l'activité d'être) ne se confond pas avec l'acte d'être qui est affirmé de lui ; l'exister doit être exercé par l'essence et donc doit se distinguer d'elle au moins fonctionnellement (le spécificateur de cette perfection qu'est l'exister n'est pas la perfection qu'il spécifie), et tout autant il doit pouvoir être cette essence même.

D'autre part il y a le problème des exigences de l'intelligibilité de l'union hypostatique : en tant que le suppôt — le sujet qui exerce l'exister — a son essence individuée, il n'est pas son individualité même. Pourtant, « unumquodque secundum idem habet esse et individuationem » (QD *de Anima* I a. 2) : c'est selon la même raison qu'une réalité contracte son acte d'être et son individualité ; autrement dit, être un individu, c'est exister. Il en est ainsi pour la raison suivante :

Il y a solidarité entre degré d'être et degré d'intelligibilité puisque le vrai, objet de l'intellect, est un transcendantal (convertible avec l'être). De plus, la compréhension d'un concept est en raison inverse de son extension ; donc la compréhension de l'individu (dont l'extension est nulle) est infinie ; or la compréhension est l'intelligibilité même ; donc l'intelligibilité de l'individu est infinie ; or l'exister est l'acte de l'essence, au moins aussi parfait qu'elle puisque par définition l'acte parfait la puissance ; donc il est au moins aussi intelligible qu'elle ; or l'intelligibilité de cette dernière (essence individuée) est déjà infinie ; donc celle de son esse n'excède pas celle de son essence et, pour cette raison, leurs degrés de perfection étant identiques, l'esse du singulier est sa singularité même ; concevoir un singulier comme singulier reviendrait à le faire exister, cela reviendrait à faire se singulariser l'universel. Dès lors, l'essence individuelle est nécessairement existante, ***et, tout autant***, le sujet dernier (suppôt) dont tout se prédique est tel que même sa substance ou essence individuée se prédique de lui et ne se confond pas avec lui. Il faut donc penser le suppôt de telle sorte qu'il puisse avoir ce qu'il est, être cette substance individuée qu'il a tout autant.

Les deux problèmes qui viennent d'être évoqués consistent à conjuguer l'être et l'avoir : l'être est tel que celui qui est a ce qu'il est ; l'individu a son exister qu'il est ; le suppôt a son individuation qu'il est.

I. 5. Si c'est le suppôt (*ce* qui est) qui exerce l'esse, si de plus il suffit à une essence d'être individuée pour exister, c'est que la substance individuée *est* suppôt : il n'est pas nécessaire de lui ajouter une subsistence ; la substance est ce qui existe en soi et non ce à quoi il revient d'exister en soi. Il n'est pas nécessaire qu'une essence soit individuée (la création est contingente), mais il est nécessaire qu'une essence individuée existe. Sous ce rapport, ce qu'apporte l'individualité, c'est l'existence, tout simplement, ce n'est nullement cette part triviale et grossière de l'homme à laquelle se réduirait son corps qui, principe grossier d'individuation, se contenterait de faire d'une essence un individu sans lui conférer la dignité de personne ; l'âme est tout aussi individuelle que le corps, elle est individu à un degré plus éminent que lui puisqu'elle est simple, ineffable, insubstituable. L'individualité est ce qui apporte à l'essence son exister et, quand il est question de l'essence d'un être spirituel, alors cette individualité, acquise au terme d'un processus d'individuation, est ce qui donne à cette essence d'être une personne. On appelle personne une essence individuée de nature spirituelle ; les deux expressions sont convertibles, la personnalité ne transcende pas l'individualité en tant que telle ; il y a des individus qui ne sont pas des personnes cependant que toute personne est individuelle : concedo ; mais ils ne sont pas des personnes parce qu'ils ne sont pas spirituels ; s'ils ne sont pas des personnes, ce n'est pas parce que quelque chose manquerait à leur individualité pour en faire des personnes, c'est parce que ces individus ne sont pas pensants et voulants ; ce n'est pas à l'individualité qu'il convient d'opposer la personne, c'est à la non-spiritualité. Et dans cette perspective la différence entre essence individuelle et acte d'exister est une différence de raison et non une différence réelle, ou encore la différence entre essence et exister est réelle si l'essence est prise comme universel.

On peut certes nous opposer ce passage de C. G. II, qu. 54 où il est enseigné que la composition de matière et de forme est différente de la composition de substance et d'esse, bien qu'elles soient toutes deux des compositions de puissance et d'acte, de sorte que, pour Fabro et Gilson, le composé de matière et de forme, individuel, ne serait qu'en puissance par rapport à un esse extrinsèquement reçu : l'individualité ne serait pas convertible avec l'existence ; l'Aquinate aurait dépassé Aristote en découvrant que la substance (essence individuée) serait elle-même en puissance par rapport à son esse, et que la substance aurait ainsi raison, analogiquement, de matière par rapport à l'acte d'exister, qui serait formalissime. En vérité, le plan de l'existence n'est pas chez saint Thomas un progrès par rapport à un Aristote qui en serait resté à celui de l'essence. Le rapport matière-forme n'est pas, en effet, identique au rapport essence-esse, mais pour cette raison que l'essence ou forme est puissance *active* de son esse (l'esse est à la forme comme la rotondité l'est au cercle : Iᵃ qu. 50 a. 5), alors que la matière est puissance *passive* de sa forme. L'essence exerce son exister, l'étant est comme le coureur court.

Sous ce rapport, le Père Schwalm et le Père Garrigou-Lagrange ne sont pas fondés à exacerber l'opposition entre individualité et personne. Si l'individu est ordonné à la cité comme la partie l'est au tout, alors la personne l'est aussi.

Pourtant, dans le Christ, l'essence individuée de l'homme Jésus n'est pas le suppôt exerçant l'exister du Verbe. Tout autant, l'esse étant la perfection de l'essence ou son achèvement, la simplicité absolue de l'essence divine exclut toute différence réelle entre son acte d'être et ce qu'elle est : le coureur court et n'est pas son acte de courir mais l'acte pur d'être est, et il est son activité d'être ; l'essence existe (exerce l'activité d'être) et est cette activité même au point qu'on est contraint de déclarer que, dans ce cas, l'activité d'être s'exerce elle-même tel un acte de courir qui courrait, ou un coureur qui serait sa course. Dans les deux cas (l'union hypostatique et la structure ontologique de l'être en tant qu'être), « ce qui est » est *et a* son acte d'être.

Or c'est, à notre sens, le concept de *réflexion ontologique* qui permet de penser sans contradiction l'identité de l'être et de l'avoir. Que peut bien être, en effet, cette subsistence ? Elle est supposée fermer la substance sur elle-même et l'habiliter à exiger son esse propre, mais ne peut exiger son esse que ce dont l'essence enveloppe son esse telle une détermination intrinsèque ; or l'esse ne saurait être le constitutif de rien de créé. Dès lors, la subsistence doit être rangée du côté de l'essence. Mais alors comment se fait-il qu'elle n'ajoute rien de quidditatif à l'essence, laquelle relève par définition du registre de la quiddité ? Et si, néanmoins, la subsistence est à prendre du côté de l'existence, un autre problème surgit : l'exister, qui est acte de l'essence, est dans l'hypothèse ce qui habilite l'essence à recevoir son exister pour l'exercer ; l'acte (esse) est alors ce qui doit être doté de la double vertu de faire être ce qui (l'essence) le reçoit, et de se faire recevoir par lui ; pour se faire recevoir, il doit se donner à ce qui ne le possède pas (s'il le possède, il n'a pas à le recevoir), ainsi à cette essence qui doit *être* pour être réceptacle, et qui doit n'être pas pour être réceptacle *de l'acte d'être*. On voit bien ce que peut avoir de verbal, ou de problématique, cette notion néo-thomiste de subsistence.

I. 6. Au vrai, le recours au concept de réflexion ontologique semble bien requis déjà pour dissiper l'aporie suivante : le Bien réalise à l'état d'unité des perfections qui se trouvent à l'état séparé quand elles sont finies : Celui dont l'être est sa pensée, et qui est Pensée de Pensée, ainsi Réflexion (en Lui, être et connaître sont identiques), réalise à l'état d'unité, portées à l'infini, les perfections qui ne se trouvent, dans le monde créé ou fini, qu'à l'état dispersé : « Cum ergo Deus sit prima causa effectiva rerum, oportet omnium rerum perfectiones praeexistere in Deo secundum eminentiorem modum. Et hanc rationem tangit Dionysius, cap.

V *de Div. Nom.*, dicens de Deo quod *non hoc quidem est, hoc autem non est, sed omnia est, ut omnium causa* » (Iᵃ qu. 4 a. 2 : Puisque Dieu est première cause efficiente des choses, les perfections de toutes choses doivent préexister en Dieu selon un mode plus éminent. Denys signale cet argument quand il dit de Dieu : *Il n'est pas ceci à l'exclusion de cela ; mais il est tout, en tant que cause de tout*). Il y a bien difficulté puisque chaque perfection séparée, différente des autres perfections, trouve dans le Bien dont elle procède la raison de sa différence réelle d'avec les autres : la raison formelle de justice n'est pas la raison formelle de miséricorde, même en Dieu, tout comme la raison formelle d'intellection n'est pas celle de volition. Donc ce qui est un dans son principe est racine des différences. Or ce qui est cause contient superlativement ce dont il est cause. Donc les différences comme différences surexistent de toute éternité dans leur giron originel qui les unifie dans son absolue simplicité. Qu'est-ce à dire, sinon que l'identité absolue est identité de l'identité et de la différence ? Plus étrangement encore, ce qui est tel qu'il a ce qu'il est doit, de ce fait, n'être pas ce qu'il est pour l'avoir, et être ce qu'il est, identique à soi, du fait même qu'il l'a ou se différencie de soi. Et c'est ce qu'il faut expliquer.

I. 7. Il faut être, pour être essence, et l'essence ou forme est à son exister comme la rotondité l'est au cercle : « esse autem secundum se competit formae, unumquodque enim est ens actu secundum quod habet formam » (Iᵃ qu. 50 a. 5 : l'acte d'exister convient à la forme à raison du fait qu'elle est forme ; en effet, un être est dit être en acte en tant qu'il a une forme). Dès lors, si la forme est forme, elle est, ou encore il lui suffit d'être forme pour être. Pourtant, l'exister est aussi extérieur à la forme ou essence, autrement tout possible serait existant. Donc l'exister est enveloppé par l'essence et tout autant exclu par elle ou extérieur à elle. Si elle inclut ce qu'elle exclut, c'est qu'elle est contradictoire, telle une unité d'attraction et de répulsion : elle est puissance à son exister d'essence, *et* elle est déjà cette essence en acte ou essence existante pour être essence, ainsi pour être puissance (à exister) ; elle est une puissance positionnelle d'un acte qui n'est autre que cette puissance même qui le pose ; si rien ne devait se produire de surcroît, cette puissance à exister demeurerait indéfiniment pure puissance, incapable d'une quelconque actualité ; elle ne serait que l'acte de se poser comme puissance à quelque chose. Mais ce qui s'attire par le fait de se repousser, et *vice versa*, c'est ce qui se réalise dans la forme d'une réflexion. L'essence est essence si et seulement si elle est identité à soi réflexive. Or si elle est essence, elle est ; donc l'essence existe en tant qu'elle est identité à soi réflexive. Mais exister et être singulier sont deux choses convertibles (voir ici I. 4.). Donc l'essence est singulière en tant qu'elle est identité à soi réflexive. Dès lors, considérée dans l'origine de sa réflexion, elle est universelle (le résultat d'un mouvement étant le contraire de son origine, quand bien même un tel mouvement est circulaire). La réflexion est bien, en tant que se reconnaissant l'universel pour origine, singularisation, et donc individuation. Cela dit, puisqu'elle est circularité, la réflexion a la configuration d'une négation de négation, c'est-à-dire d'un processus dont l'avancée est régression. Si l'origine est l'universel, si le résultat est le singulier (qui coïncide « materialiter » avec l'universel), alors le moment intermédiaire est celui de la *particularité*. **Est singulier l'universel qui, en revenant sur soi par réflexion, se donne une manière particulière de se réaliser. Même l'ange existant est le fruit d'une réflexion ontologique : c'est par une réflexion que la « gabriéléité » devient cet ange Gabriel réel.** Dans un ange, le moment de la particularité épuise toute la richesse de l'essence, et ainsi un ange est seul de son espèce ; dans un homme, la particularité n'épuise pas cette richesse de la nature humaine, de sorte qu'il y a de nombreux individus de la même espèce, cependant que la nature humaine est tout entière en chaque individu, bien qu'elle n'y soit pas totalement. Il reste à justifier ce qui précède, ainsi à expliquer la nécessité de ce moment qu'est la particularité, à raison duquel la singularité se révèle identité concrète de l'universel et du particulier. Mais on peut s'attendre d'avance à ce que le processus d'individuation de l'essence par la matière se révèle tel un cas particulier de l'individuation par la réflexion ontologique, ce qui conférera à la matière le statut de *moment* de l'acte d'identification à soi réflexive de l'essence ou forme. Remarquons par ailleurs, en préliminaire, que ce qui est identique à son mouvement est en vérité repos et immobilité : si l'être est devenir, quand il s'agit du devenir de l'être, c'est que le devenir devient, passe, se convertit immédiatement en être innocent du devenir ; si donc on est invité à penser l'essence dans les termes du devenir, tel un devenir de l'essence que l'essence est, c'est que l'essence en tant qu'essence est en soi immobile. Il n'est nullement question de réhabiliter l'héraclitéisme.

I. 8. Ce qui est réflexif de manière si radicale qu'il est sa réflexion, c'est ce dont l'origine est incapable de se maintenir en son identité d'origine et qui passe, se convertit en son contraire, et fait se convertir son contraire en origine : l'identité exclusive de la différence est différente de la différence, mais la différence radicalisée est différente de toute chose, y compris d'elle-même, et sous ce rapport elle se renie en identité. Dire de l'être qu'il est devenir, c'est dire qu'il est réflexion, et réciproquement. L'immobilité de l'acte pur, c'est celle d'un acte qui s'aliène en puissance et fait se renier sa puissance en actualité pure. De même que l'identité concrète est identité de l'identité et de la différence, de même l'actualité concrète est identité de l'acte et de la puissance. Reste à montrer que cette identité contradictoire, c'est-à-dire cette identité qui semble aussi impossible qu'elle paraît impensable, est tout autant dépassement de sa propre contradiction. Ce qui sera exposé tout de suite :

I. 9. Ce qui est réflexion est ce dont l'origine est incapable de se maintenir en son identité d'origine et se voit subir le lancement du processus (circulaire, en forme de négation de négation) qui la nie et qui ramène à elle : A est renvoyé en non A (extrême inférieur de l'orbite) qui, lui-même, se convertit en non (non A), ainsi en A (extrême supérieur). Le résultat est ainsi identique au départ, sous un certain rapport, et c'est pourquoi le résultat est lui-même réitération de lancement du départ, lequel lancement, réitéré, est gravide d'une confirmation de la position de non A.

Mais, sous un autre rapport, le résultat est différent du départ, parce que le résultat est A ayant surmonté non A, alors que l'origine est A subissant l'acte de se convertir en non A. Sous ce second rapport, le résultat, qui est non (non A) sera invité, du point de vue du premier rapport, à relancer le processus circulaire (conversion de A en non A, ou confirmation de non A), **mais il vivra**, en vertu de son statut de résultat différent de l'origine (A victorieux de non A n'est pas identique à A « avant » l'épreuve de sa conversion en non A), *cette relance sur le mode de l'acte de se différencier de soi sans cesser de demeurer identique à soi* : non-non A se fait non A sans cesser d'être A. Or demeurer identique à soi dans l'acte de se différencier de soi, c'est *s'objectiver* : un Moi, de manière générale, c'est ce qui s'oppose à soi-même mais à l'intérieur de soi-même, ce qui se fait objet pour lui-même à l'intérieur de sa vie subjective ou de son statut de sujet. Dès lors, le terme de ce qui est réflexion, ou résultat de la réflexion, qui se fait résultat de ce qu'il inaugure en tant qu'il en est le sujet, c'est ce qui s'objective. Or s'objectiver, c'est se libérer de soi. Ce qui est contradictoire, identité de la puissance et de l'acte, de l'être et du néant, de l'identité et de la différence, de l'essence et de l'existence, c'est ce qui s'objective sa contradiction (qu'il est) en s'objectivant soi-même, et donc c'est ce qui se libère de sa contradiction et ce qui par là se pose — s'opposant à ce qu'il pose — comme non contradictoire. Ainsi est-il permis de parler de ce qui est cause de soi : l'idée de cause de soi est contradictoire, mais ce qui se pose comme cause de soi, l'accomplissant dans une réflexion, se pose non contradictoirement comme cause de soi par son aptitude à s'objectiver, c'est-à-dire à réduire le résultat contradictoire de son processus (être essence et existence) à un moment du processus dont il est le résultat. Si le résultat, inclusif du processus dont il résulte, est réduit au rang de moment de ce processus, c'est en quelque sorte un tout qui se réduit à une partie de lui-même, un mouvement qui se réduit à un moment de lui-même, qui donc **s'intériorise** dans un partie de lui-même (et un objet qui s'intériorise se révèle être un sujet), et tout autant c'est quelque chose qui, ayant raison de moment, a pour essence de passer, de se renier ; si le tout du processus (ainsi du mouvement) est réductible à un moment de lui-même, il se condamne à se renier en tant même que mouvement et à se révéler parfaitement immobile. Quand le processus entier se réfléchit en un moment de lui-même, il le fait dans un acte qui convertit le devenir en être, et qui libère cet être de sa contradiction intestine assumée.

I. 10. Reste à expliquer que le résultat du processus, en tant qu'identité des contraires (identité et différence, intérieur et extérieur, puissance et acte, fini et infini, etc.), s'objective bien dans le moment négatif de la réflexion, lequel est néant puisqu'il s'agit de l'être comme réflexion, comme inclusif de son envers, ainsi du néant.

Rappelons donc succinctement ce que nous évoquions plus haut dans notre § 18 (chapitre III) : l'être comme concept est un transcendantal, lequel s'attribue à ses inférieurs logiques aussi bien quant à ce qu'ils ont de propre que quant à ce qu'ils ont de commun. Le genre « animal » se prédique de la mouche et de l'éléphant, mais non de ce que la mouche ou l'éléphant peut avoir en propre. Tout est de l'être, même ce qui, dans l'être, distingue un être d'un autre être. **L'être en tant qu'être est principe d'identité *et* de différence,** ce qui n'est possible que si l'on reconnaît à un certain non-être (qui à ce titre peut différencier l'être) le statut d'être (pour ne pas le résorber dans le néant pur qui n'aurait même pas l'être d'un néant), et tel est le statut de l'être en puissance. Or notons que le propre de l'être en puissance est de faire s'identifier les contraires et les contradictoires : à la croisée de deux chemins, je suis en puissance à droite et en puissance à gauche, et ainsi la droite et la gauche s'identifient dans l'être en puissance, bien qu'elles s'excluent dans l'être en acte. Cela dit, on ne saurait réduire la vertu d'identifier les contraires à une simple propriété ou qualité de l'être en puissance, parce qu'il n'appartient d'avoir des propriétés (ou accidents) qu'à ce à quoi il appartient d'être une substance ; or l'être en puissance n'est pas une substance ; donc cette vertu de faire s'identifier les contraires n'est pas une qualité de l'être en puissance mais constitue son essence. La manière d'être du contradictoire, c'est-à-dire de ce qui est impossible, ou encore de ce qui exclut de subsister en acte, c'est précisément l'être en puissance. L'être en puissance est du contradictoire subsistant, et tout autant de l'être sur le mode du n'être pas ; il est le néant même, en tant que le néant *est*. Et telle est la matière prime, celle qui, n'étant que matière, n'est pas et n'est rien, ainsi n'est pas matière, laquelle n'est telle qu'en entrant en composition avec une forme. Mais de plus si *être* sur le mode du n'être pas relève encore de l'être, être sur le mode du *n'être pas* résout cet être dans le non-être : l'être en puissance est de la puissance à être, ainsi du n'être pas de l'être, et par là il peut à bon droit être tenu pour du néant. Récapitulons :

L'identité à soi réflexive de l'origine qui est résultat est l'identité des contraires, elle est donc contradictoire ; par là elle relève de ce qui est de l'être en puissance et tout autant de la puissance à être ; elle n'est pas du « flatus vocis » puisqu'elle relève de *l'être* en puissance ; elle relève tout autant du non-être puisqu'elle est non de l'être mais de la *puissance* à être. Dès lors, cette identité contradictoire de l'origine et du résultat, relevant du non-être, s'objective bien adéquatement en reposant ou confirmant le moment intestin de la différence, puisque ce moment est celui du néant.

En soi, d'une part l'acte de faire se renier le moment négatif (là où tous les degrés de perfection s'identifient négativement) en direction de l'origine (cet acte est retour vers l'origine de la réflexion), et d'autre part l'acte à raison duquel l'origine confirme la position d'elle-même en sa négativité (c'est l'acte à raison duquel l'origine qui est résultat s'objective et se libère de la contradiction qu'elle est), sont un seul et même acte. La raison nous dit qu'ils ne sont qu'un, mais notre pouvoir de représentation nous les présente de manière indépassable comme deux actes, à cause de notre finitude constitutive. Notre réflexion noétique n'est pas identique à la réflexion ontologique qui s'exerce en nous et qui nous fait être : ma conscience d'exister n'est pas positionnelle de l'existence de ma conscience ; en d'autres termes, nous ne sommes pas la raison suffisante de la réflexion (ontologique) que nous exerçons ; notre réflexion noétique est dans le sillage de la réflexion ontologique qu'elle épouse et révèle sans en être l'origine.

De plus, si la réflexion dit l'intériorisation, laquelle se révèle négation souveraine *et* confirmation, conservation et négation, on voit que ce dont se fait procéder une forme éduite de la matière conserve les déterminations de la matière dont elle se fait éduire. **Et il est clair, sous ce rapport, que l'individuation par la matière est un cas particulier de l'individuation par la réflexion ontologique**. Nous disions plus haut en effet : **Est singulier (ainsi existant) l'universel (essence) qui, en revenant sur soi par réflexion, se donne une manière particulière de se réaliser (une telle particularité pouvant consister non en une réduction de l'universel, mais en l'objectivation exhaustive de ce dernier).**

I. 11. Quand, en effet, un moteur actualise, dans un mobile matériel, une puissance, il fait s'éduire de cette matière une forme nouvelle qui se fait affecter par les notes individuantes d'une telle matière dite « désignée ». Notons encore que ce moment de confirmation-négation est précisément celui de la particularité, placé entre celui de l'universalité et celui de la singularité. Ce qui particularise une forme, ce sont les déterminations qu'elle se donne ou assume (elle les « trouve » dans la matière dont elle est tirée, et elle les assume comme si elle les posait, elle les pose comme les faisant siennes), lesquelles correspondent aux degrés inférieurs de perfection de cette forme, qui sont les moments de sa réflexion ; par exemple, si le papillon procède de la chrysalide qu'il nie, il la conserve en son sein sur le mode de puissance opérative à produire d'autres papillons, il intériorise ce dont il procède. Il est clair que telle matière dont se fait éduire une certaine forme ne contient pas toutes les déterminations par lesquelles cette forme pourrait se faire affecter, d'où une manière particulière (au sens de réductrice de l'universel : ni universelle ni singulière) de réaliser comme individu l'universel de sa nature ; sa nature, éduite de ce néant qu'est la matière prime, se fait affecter, dans son mouvement de retour ascendant, par certaines déterminations et non par toutes, et ce sont ces seules déterminations retenues par l'éduction de la forme qui seront objectivées ou confirmées par la forme dans l'infrastructure de la substance ; qu'il demeure de la matière dans la substance nouvelle signifie que toutes les déterminations possibles n'ont pas été assumées, et c'est pourquoi l'ange est immatériel : un ange, au contraire d'un vivant sublunaire, dans le moment de sa particularité, épuise toutes les richesses de sa nature, sa forme s'objective ou confirme cette particularité en investissant en elle tout ce qu'elle est, et une telle particularité contient la richesse de l'universel. On objectera peut-être que le néant ne saurait individuer ce que l'on dit s'éduire de lui puisqu'il fait s'identifier en lui, dans l'indifférencié de la matière prime, toutes les différences individuantes et abolit leur pouvoir individuant en son indétermination pure. Mais cette unification potentielle des différences, toute négative, a vocation à nier la négation qu'elle est : ce qui est néant l'est de toute chose, y compris de soi-même, de sorte que la négation de négation actualise les différences par là redevenues douées du pouvoir de conditionner les modalités d'éduction de la forme.

Si, en dernier lieu, la négation (de négation, soit : le retour vers l'origine) est l'envers de la confirmation (du moment négatif de la réflexion) qui lui est concomitante, l'essence, au départ contradictoire (elle est essence et existence, puissance essentielle à son acte existentiel *et* acte d'exister, puisque l'arrivée est positionnellement identique au départ), est constituée sans contradiction comme essence existante par le fait de se poser en sujet d'exercice d'elle-même ; et cette essence existante est dite recevoir son exister par le fait qu'elle est constituée en sujet d'exercice de son exister : l'esse est exercé par l'essence et tout autant il est reçu par elle. L'essence se fait, par réflexion sur soi, identité (contradictoire) d'elle-même et de son exister, et elle se fait essence existante (non contradictoire) par réflexion dans son processus du processus de sa réflexion (l'universel se fait singulier en se donnant sa particularité dans et comme cette réflexion dans son processus).

Et, dans le cas unique de l'union hypostatique du Christ, le moment de la particularité, dont le fond est le néant (degré zéro du processus d'assomption des perfections finies, l'infini étant le fini nié), est à la fois pure puissance à être homme et pur pouvoir-être divin ; c'est Dieu seul qui confère à ce moment la signification par quoi cet homme sera seulement homme ou sera homme-Dieu. On peut donc bien dire sous ce rapport, si l'on veut parler comme Cajetan, que la subsistence n'ajoute rien à l'essence tout en la constituant en suppôt. En effet, de la mouche à Dieu, tout être est tel qu'il conquiert son acte d'exister par le fait de nier, en les assumant et en les confirmant, tous ses degrés inférieurs de perfection ; le degré nul de perfection étant le néant, on peut bien dire que tout être se fait procéder du néant qu'il assume. Et ce néant (de telle chose ou de telle autre) est identique en toutes ces choses et pour elles toutes, sans que rien de quidditatif ne le différencie d'un autre néant ; mais l'Opérateur divin de la réflexion ontologique peut, selon son bon plaisir, lui conférer la signification d'un néant d'humanité dans l'humanité, et concomitamment d'un néant de déité dans le divin. C'est ainsi que la Personne du Verbe peut se faire le sujet d'exercice d'une essence humaine individuée.

Ce qui est sûr, c'est que, quelle que soit la manière dont on conçoit la subsistence, cette dernière n'est pas une détermination qui enrichirait l'essence de telle sorte que la personne serait quelque chose de plus que l'essence individuée, partant quelque chose de plus parfait qu'elle et qui pourrait avoir raison de fin pour elle.

En fait, le principe d'individuation se révèle être la position de ce par quoi une nature universelle se fait conditionner, c'est-à-dire la position, par l'essence, du processus — considéré dans son terme inférieur ultime en lequel s'identifient négativement tous les degrés de perfection — d'assomption de tous ou de certains degrés de perfection dont cette essence est le dépassement. Pour l'homme c'est la matière qui est individuante, mais dans tous les cas c'est l'essence qui, par sa réflexion constitutive, confère au principe d'individuation son pouvoir individuant (l'essence comme réflexion fait être ses moments, et la matière désignée a raison de moment de la réflexion substantifiante de la forme). Dès lors, en se posant dans un même acte comme l'individu qu'elle est et qu'elle a (ce qui fait de cet individu une personne), l'essence manifeste sa richesse et se révèle raison dernière de la personnalité du sujet dont elle est l'essence.

Nous avouons ne pas voir en quoi, sous ce rapport, la personne serait plus que l'essence, et nous croyons discerner chez Dickès-Lafarge, dans l'évocation de sainte Jeanne d'Arc, incarnation du génie français, opposée à l'individualité de chair du peuple germanique (la race indo-européenne, ainsi principe charnel d'individuation des personnes), un relent de cette mentalité judéomorphe (« France peuple élu… ») chère aux catholiques français. Le principe d'individuation du peuple français n'est pas moins matériel que celui des Allemands dont l'âme n'est pas moins spirituelle que celle des Français. Et la matérialité du principe d'individuation de l'essence humaine n'enlève rien à la spiritualité de cette dernière.

I. 12. Si cette solution est recevable, on s'aperçoit que le concept de subsistence désigne la réflexion même, acte par lequel l'exister se fait sujet d'exercice de lui-même, ainsi se fait essence pour se faire recevoir par elle, et tout autant acte à raison duquel l'essence se met à exister en cela qu'elle se met à « ex-sister », à se différencier de soi sans cesser d'être soi ; et, pour cette raison, la subsistence se prend tant du côté de l'exister que du côté de l'essence.

Si la subsistence est ce qui donne à la substance individuelle d'exiger un esse propre exclusif de celui d'un autre, ou encore ce qui l'empêche de communiquer dans l'exister avec d'autres substances, c'est que cette subsistence se prend du côté de l'essence, car elle n'appartient pas à l'exister dès lors qu'elle appartient à ce qui reçoit l'exister, à ce qu'elle habilite à exister d'un exister propre. Mais tout autant, si l'essence singulière ou individuée est déjà existante du fait même de son individualité, il faut dire que l'individualité est une détermination essentielle qui définit l'exister, et cette détermination est ainsi, tout autant, du côté de l'exister. Ce qui n'a rien d'étonnant puisque l'exercice de la réflexion, qui définit l'être de la subsistence, fait s'identifier l'origine et le résultat, la puissance et l'acte, l'essence et l'existence, et ne les fait se différencier qu'à partir de leur identification contradictoire.

I. 13. Il reste que la personne demeure subordonnée aux exigences de sa nature ; c'est la nature humaine qui confère sa dignité à la personne, c'est la nature divine qui rend infiniment dignes les Personnes divines qui sont expressives de sa propre fécondité infinie. C'est la nature qui demeure norme de la personne. Que la nature humaine du Christ ne soit pas personne humaine ne dispense pas cette Personne divine assumant la nature humaine, et en tant qu'elle l'assume, de se conformer aux exigences normatives de la nature humaine. De fait :

"Totus homo ordinatur ut ad finem ad totam communitatem cujus est pars" (saint Thomas, S. Théol. II^a II^ae q. 65 a 1 : l'homme tout entier est ordonné comme à sa fin à la communauté tout entière dont il est la partie)

« Bonum commune est melius et divinius quam bonum unius » (ibid., Pol. I, lect. 1 : le bien commun est meilleur et plus divin que le bien d'un seul).

« Imperfectum ordinatur ad perfectum. Omnis autem pars ordinatur ad totum sicut imperfectum ad perfectum. Et ideo omnis pars est **naturaliter** propter totum (...) Quaelibet autem **persona singularis** comparatur ad totam communitatem sicut pars ad totum". (S. théol. II^a II^ae q. 64 a. 2 : l'imparfait est ordonné au parfait ; mais toute partie est ordonnée au tout comme l'imparfait au parfait ; c'est pourquoi toute partie est naturellement pour le tout (...) ; toute **personne singulière** entretient à l'égard de la communauté tout entière le même rapport que celui de la partie à l'égard du tout). Il est simplement faux de prétendre que saint Thomas ordonnerait l'individu à la cité et la cité à la personne.

La personne humaine est ordonnée à la nature humaine, même si cette nature ne peut accéder à l'existence que dans le statut de personne. Dans la *Somme théologique* (Iᵃ qu. 98, 1), saint Thomas enseigne que ce qui est directement visé par l'intention de la nature est ce qui existe toujours et pour toujours, et que ce qui n'existe que pour un temps n'est pas l'objet principal de la visée de la nature, mais est référé à autre chose. Dans les réalités corruptibles, l'espèce est donc ce qui est principalement visé par la nature, les individus non. Les réalités incorruptibles, au contraire, persévèrent toujours dans l'existence non seulement selon l'espèce mais même aussi selon l'individualité. Donc même les individus, incorruptibles parce que spirituels, sont la visée principale de la nature. La multitude des individus humains est elle aussi visée par la nature, et plus précisément par Dieu : « Substantiae vero incorruptibiles manent semper non solum secundum speciem, sed etiam secundum individua, et ideo **etiam** ipsa individua sunt de principali intentione naturae. Sic igitur homini ex parte corporis, quod corruptibile est secundum naturam suam, competit generatio. Ex parte vero animae, quae incorruptibilis est, competit ei quod multitudo individuorum sit per se intenta a natura, vel potius a naturae auctore, qui solus est humanarum animarum creator ». On voit que si les individus sont **aussi** l'objet de la visée de la nature, cette visée ne cesse de considérer aussi l'espèce, et le bien de l'espèce ne devient pas, pour autant, subordonné au bien de l'individu ; chez les animaux l'individu est pour le bien de l'espèce, mais en retour chez les hommes l'espèce n'est pas pour les individus, elle est à la fois pour eux et pour elle-même, pour elle-même en tant qu'elle subsiste en eux. Or le bien commun politique concerne le bien du tout, c'est-à-dire le bien de la nature humaine, ou bien de l'espèce qui est individuée en chaque personne. Donc le bien commun demeure raison et fin du bien de la personne, même si la personne n'a pas vocation à disparaître.

II. Texte de O'Neill, Quelques rapides remarques.

II. 1. Koninck prenait Garrigou pour un personnaliste. Maritain aussi (pour s'en réjouir), et aussi Meinvielle et Waldstein (pour le déplorer). Selon O'Neill, Garrigou ne l'était pas et enseignait sur le bien commun la même chose que Koninck. Garrigou ayant distingué entre individu et personne (comme Maritain), il s'agissait donc pour O'Neill d'établir que cette distinction peut être adoptée sans embrasser le personnalisme. Garrigou entendait proposer une voie médiane entre communisme et libéralisme, sans voir, selon nous, que ce sont des contraires appartenant au même genre, alors qu'il faudrait quitter le genre lui-même pour s'émanciper des deux. Ne le faisant pas, il complique les choses et s'enferme, à notre sens, dans des dilemmes indépassables.

O'Neill cite évidemment, comme tous les « antitotalitaires », ce passage de la *Somme* (Iª IIªᵉ q. 21 a 4 ad 3) qui donne de l'eau au moulin personnaliste. Nous comprenons, quant à nous, ce texte de la manière suivante : que certaines actions sans valeur pour la société aient une grande valeur pour Dieu, cela n'implique pas que de telles actions privées insignifiantes pour le chef d'État auraient plus de valeur pour Dieu que les actions déployées en vue du bien social. De telles actions font partie de la comptabilité du Salut et non de la comptabilité du bien commun terrestre, et ce bien commun terrestre est lui-même ordonné au Salut. Mais les actions au service du bien commun social ont aussi une valeur dans la comptabilité du Salut, et elles ont, sous ce rapport, plus de valeur que les actions individuelles privées.

O'Neill entend rapprocher Garrigou et Koninck, en les opposant tous deux à Maritain, de la manière suivante : Koninck fait sienne implicitement la distinction individu-personne en évoquant la formalité de citoyen terrestre et la formalité de citoyen céleste. L'homme n'est ordonné, selon Garrigou, à la société, qu'en tant que citoyen terrestre, mais, selon son statut de citoyen céleste, c'est la société qui lui est ordonnée. Garrigou entend harmoniser ces deux formalités en disant qu'elles sont distinctes et non séparées, et non antagoniques. Mais elles composent l'une avec l'autre dans la même personne. Et ce que O'Neill reproche à Maritain, c'est de les faire s'opposer, selon un dualisme qui déprécierait le corps (l'individu) au profit de la personne (l'âme).

A notre sens, la vérité est ailleurs.

Nous pensons que la personne humaine est l'individu humain lui-même, c'est-à-dire l'individu incarné doué de raison qui est capable, à ce titre, d'entretenir à l'égard de lui-même une relation d'avoir. Que l'individualité procède de la matière ne signifie pas que l'esprit serait personne et que l'individu serait matière. C'est la forme qui donne à la matière d'être individuante, et ainsi la matérialité est un moment obligé du processus de substantification de la forme ou essence. Elle est moment obligé de position de la forme, ou encore il est définitionnel de la forme d'être victoire sur la matière parce qu'il existe du négatif non peccamineux ; la matière est intrinsèque à la forme au sens où la forme a besoin d'elle pour être, et pour être en la niant (plus ou moins selon son degré de perfection).

Nous pensons, dès lors, que l'homme est tout entier et non totalement investi dans le service de la cité terrestre, et tout entier et totalement ordonné au service de la cité céleste. Ce sont les deux moments du même processus, et non les activités parallèles ou composées de deux formalités ou de deux entités qui seraient l'individu et la personne.

Il nous semble que O'Neill et Garrigou se trompent quand ils font du communisme une idéologie qui subordonne l'être humain à la société déifiée. Le communisme réduit l'essence humaine à l'ensemble des relations sociales ; l'homme fait exister la société, donc il fait exister sa nature et il se crée, et il est divin en tant qu'il est cause première de lui-même et de sa raison d'être ultime. Le communisme est la consommation de l'individualisme, il se veut la réalisation eschatologique des promesses du libéralisme. Georges Lukács disait même que le communisme est la conscience de soi du capitalisme.

II. 2. Contre Garrigou et O'Neill, nous pensons que le but prochain de la société n'est pas le bien-être (entendu comme condition instrumentale de recherche du Salut) de la personne ; il est d'abord de faire se réaliser en acte toutes les potentialités hiérarchisées de la nature humaine à l'intérieur d'une communauté de destin illustrant une manière archétypale (nationale) d'être homme, et cela aussi pour la gloire de Dieu. Les personnalistes comme les anti-personnalistes strictement thomistes veulent faire de la société un instrument du bien-être des personnes et des familles en vue d'une fin éloignée qui est le Salut surnaturel. Les personnalistes opposeront l'individu matériel et naturel à la personne spirituelle et surnaturelle et déclareront au fond que le bien commun de la cité, auquel est subordonné l'individu, est pour le bien particulier de la personne. Les anti-personnalistes (O'Neill, Koninck) diront que la personne, considérée dans sa formalité de citoyen terrestre, doit se subordonner à la société (au point d'y laisser sa vie), et que le bien particulier de la personne est ordonné au bien commun des personnes, mais que la personne, considérée dans sa formalité de citoyen céleste, doit se subordonner la société, et que ces deux formalités coexistent dans le même sujet, et qu'il faut trouver un juste milieu pour les faire coopérer sans que l'une ne supprime l'autre. Ne faisant pas de ces deux formalités autant de moments du même processus d'actuation des potentialités de la nature humaine investie tout entière et non totalement dans chaque personne, ils se contentent de proposer un compromis entre communisme et libéralisme. Ils ne proposent pas (parce que, en vérité, il n'y en a pas) de critère permettant de définir ce qui revient à chaque formalité : ce qui relève du souci de la terre est inspiré par le souci du Ciel, et le souci du Ciel est conditionné, éveillé par le souci de la terre, et par la manière dont on vit un tel souci. Cette coexistence de deux formalités artificiellement (extrinsèquement) reliées l'une à l'autre recoupe en partie cette idée selon laquelle il existerait deux fins dans l'homme (naturelle et surnaturelle) indépendantes, sans point de suture tel que le « terminus a quo » de l'une soit le « terminus ad quem » de l'autre.

Une telle représentation de la condition humaine fait se déchirer l'homme entre deux fins, et c'est la fin surnaturelle qui dévore la fin naturelle et qui en vient à se substituer à elle. De même, la coexistence des deux formalités indépendantes vouées à s'harmoniser induit la situation suivante : l'homme est déchiré entre les deux (quand doit-il cesser de servir l'une au profit de l'autre ?) et c'est inévitablement, pour le croyant, la formalité de citoyen céleste qui en vient à absorber celle de citoyen terrestre ; la projection temporelle et sociale de cette situation est l'Action catholique, qui entend confessionnaliser et diriger toutes les activités sociales, ce qui relève de l'esprit théocratique coulé dans les formes institutionnelles de la démocratie : la société civile tenue par les prêtres d'une main de fer, qui tient le pouvoir politique par le vote ; les prêtres dirigent la société de manière médiate mais non moins pesante que dans une monarchie théocratique.

II. 3. Même Garrigou-Lagrange affirme que la société est subordonnée à l'homme en tant que personne. Et saint Thomas ne dit pas cela (confer plus haut en I. 13.) : la personne singulière a raison de partie par rapport au tout, et la partie est toujours pour le tout. Mais les thomistes sont condamnés à hésiter entre un personnalisme qui nie la primauté du bien commun et un primat du bien commun qui fait se déchirer l'homme entre deux formalités terrestre et céleste, ce qui au passage invite presque invinciblement à conjurer cet écartèlement en se faisant personnaliste. Les thomistes, personnalistes déclarés ou non, sont condamnés à hésiter parce qu'ils ne thématisent pas cette exigence conceptuelle selon laquelle le bien commun terrestre a raison de fin pour la personne, et ils ne comprennent pas qu'il en est ainsi ni pourquoi il en est ainsi ; il en est ainsi parce que ce bien commun consiste dans le déploiement des virtualités de la nature humaine. Ils diront qu'il a raison de fin pour la personne dans sa formalité terrestre, mais que sa formalité céleste se subordonne ce à quoi se subordonne l'autre formalité. Autrement dit, l'homme, par une partie de lui-même, reconnaît dans le bien commun politique sa fin pour laquelle il se sacrifie, et, par une autre partie de lui-même, il en fait un instrument qu'il sacrifie à son Salut. Pour nous, dire du bien commun qu'il est le déploiement des potentialités de la nature humaine à l'intérieur d'une communauté de destin, c'est dire que la nature (humaine) a raison de fin pour la personne, et que cela ne compromet nullement la fin ultime céleste *dans la mesure où ces deux fins sont les moments d'actuation du même processus*, de telle sorte que le « terminus ad quem » de l'une est « terminus a quo » de l'autre. Mais pour penser ces exigences sans contradiction, il faut introduire l'idée de réflexion ontologique : de même qu'un vase vide ou plein en puissance devient plein en acte de telle sorte que la puissance à être plein est revitalisée par l'acte pour le vase d'être rempli, de même l'homme ayant atteint sa finalité naturelle (servir et réaliser le bien commun immanent) habilite sa nature à revitaliser sa puissance à tendre vers un bien désormais transcendant.

Garrigou rappelle opportunément que les biens matériels divisent les hommes et que les biens spirituels les unissent, mais la raison en est que les biens spirituels sont des biens auxquels on tend en étant rapporté à eux.

II. 4. Ensuite O'Neill dénonce chez Maritain ce qui selon nous est un faux problème, celui d'un dualisme entre le corps et l'esprit, pour se dispenser de discerner le vrai problème de la position personnaliste. Le vrai problème est que Maritain ne voit pas le caractère diffusif de soi du bien et la supériorité intrinsèque du bien commun en tant que commun sur le bien particulier. Koninck dit que le bien commun est meilleur en tant que cause finale au sens où sa communauté a raison de fin et non de moyen : le bien commun doit être voulu comme commun. Cela est vrai : le bien est diffusif de soi en tant que cause finale, il est d'autant meilleur que plus nombreux sont ceux dont il est le bien ; il serait faux de penser que le bien commun est diffusif de soi au titre de cause efficiente, si par là on entend, comme le fait Maritain, qu'il est commun à la manière de l'air que tous respirent : il est, pour Maritain, commun à tous et instrument du bien de chacun, il est cause efficiente en tant que commun, compris comme condition d'accès au bien particulier qui, lui, aurait raison de cause finale ; telle est en effet la position des personnalistes. Et Maritain, en effet, voit dans l'individu la dimension matérielle de l'homme, commune à tous les hommes, condition d'accès à la vie spirituelle mais moyen, et moyen encombrant. O'Neill dénonce vertueusement un dualisme latent d'inspiration presque gnostique chez Maritain.

Mais en vérité le bien est diffusif de soi en tant que cause efficiente, mais en un autre sens que celui qu'adopte Maritain, et en un sens que ni O'Neill ni les autres anti-personnalistes ne soulignent :

II. 5. Le bien est diffusif de soi, comme le soulignent les Néo-platoniciens, parce qu'il est *fécond*, il se diffuse et il est de son essence de se communiquer. En effet, le Bien est aimable, et tout bien fini est une similitude participée du Bien ; mais l'acte d'aimer le Bien est aussi aimable (ipsum velle quoddam bonum), donc l'acte d'aimer le bien est aussi un bien et à ce titre il surexiste (comme dans sa cause) dans le Bien qui pour cette raison s'aime infiniment. Mais aimer l'autre consiste à s'unir avec l'autre ou avec soi-même en tant qu'autre, ainsi à faire un avec lui, mais sans cesser d'être soi-même (différent de lui), ce qui s'obtient dans l'engendrement, parce que les amants sont un dans l'engendré sans cesser d'être deux (ainsi sans que chacun cesse d'être lui-même), ce qui fait se réaliser sans contradiction l'identité dans la différence ; donc le Bien est effectivement fécond ; l'erreur des Néo-platoniciens est de croire que la création du monde ne serait qu'émanation nécessaire, alors qu'elle est contingente et libre, et c'est pour éviter cette erreur que les thomistes n'insistent guère sur le caractère « diffusivum sui » du Bien entendu comme cause efficiente des biens qui le participent. Mais cette fécondité peut et doit s'entendre comme diffusibilité *ad intra* : il est de l'essence du Bien de se communiquer à lui-même, il le fait donc nécessairement ; un amour procède du Bien en direction de lui-même en tant qu'autre, et de cette union résulte un Fruit en lequel le Bien s'aime à la fois en tant que même que soi et en tant qu'autre que soi (l'amant aime l'aimé et aime son amour, c'est-à-dire s'aime aimant l'aimé, mais ici l'amant et l'aimé sont un) ; cela dit, puisque ce avec quoi il s'unit pour produire un troisième est encore lui-même, le Fruit est tout autant lui-même et, dès lors que lui-même aime son Fruit, en retour son Fruit l'aime ; aussi peut-on dire que le Bien s'aime et se veut lui-même dans l'amour que lui porte son Fruit, de telle sorte que le Fruit aime son Origine en se rapportant à elle. Ce que le dogme de la Trinité corrobore : un Amour procède du Père en direction du Fils, et c'est ce même Amour qui procède du Fils en direction du Père qui, sous ce rapport, s'aime et se veut dans l'amour que lui porte le Fils qui aime son Père en se rapportant à Lui ; notre simple raison ne peut parvenir à l'idée de trois Personnes, mais elle peut parvenir à celle de communication de soi du Bien ad intra. Si l'on insiste sur cet aspect des choses, à savoir que l'amour du Bien et d'abord amour de soi du Bien au travers de l'amour que nous lui portons, on comprend que notre amour du Bien est d'une certaine façon amour de soi du Bien en nous : non que Dieu ait besoin de nous pour s'aimer lui-même et être lui-même, mais en ce sens que l'amour que nous portons naturellement au Bien est une similitude participée de l'amour que le Bien se porte de toute éternité. Dès lors, un bien est aimable et n'est véritablement un bien que s'il est un bien que nous aimons en nous rapportant à lui et non en le rapportant à nous. Un bien que nous rapportons à nous a raison d'instrument, et un bien auquel nous sommes rapportés a raison de fin, et il est d'autant meilleur que plus commun, plus capable de mobiliser les amants se rapportant à lui ; il est d'autant plus cause finale qu'il est plus cause efficiente (au sens où nous entendons ici la cause efficiente). Dans cette perspective, tout vrai bien a raison de fin pour la personne humaine, non seulement Dieu mais aussi le bien commun de la cité, du fait même qu'il est commun. **On est alors conduit à dire que notre désir du bien commun immanent est l'anticipation de soi de notre désir naturel de Dieu : l'homme est tout entier, comme personne, ordonné au bien**

commun immanent, il lui est ordonné tout entier mais non totalement ; et il est tout entier et totalement ordonné à Dieu comme à sa fin dernière ultime ; le désir du bien commun immanent est un moment obligé du processus exercé par notre désir de Dieu.

II. 6. Présenter les choses de cette façon, cela évite d'être contraint de voir dans le bien commun immanent un instrument au service du Bien divin et de la fin dernière, car faire du bien commun immanent un instrument, c'est ou bien se faire personnaliste, ou bien être contraint, comme les thomistes classiques (Garrigou, O'Neill, Koninck, Pie XI) de distinguer deux formalités dans l'homme : le citoyen terrestre qui sera ordonné au bien commun immanent mais qui, comme citoyen céleste, fera de ce bien un instrument du Ciel ; et alors on sera conduit à déchirer l'homme entre deux formalités antagoniques : le citoyen terrestre aime le bien commun immanent en se rapportant à lui, et le citoyen céleste aime ce même bien commun en le rapportant à soi. Et, pour conjurer cette déchirure à saveur surnaturaliste, on se fera tôt ou tard personnaliste. Le vrai problème de la position de Maritain, c'est son refus de discerner dans le bien commun une fin à raison de sa communauté même, ce n'est pas un dualisme de l'âme et du corps.

Ainsi, lancé dans cette dénonciation du pseudo-dualisme, O'Neill rencontre un grand problème chez saint Thomas, car cette position en vient objectivement à nier la gratuité de la grâce : le passage de CG IV 52 n 2 : « satis probabiliter poterit aestimare etc »... dans lequel l'Aquinate nous signifie que la séparation de l'âme et du corps est au fond contre nature, et qu'il est nécessaire que l'âme retrouve son corps après l'épreuve de la mort, mais cette résurrection est strictement surnaturelle. La mort est naturelle au corps humain à cause de la nature de la matière qui tend spontanément à se soustraire au magistère de la forme, et cela indépendamment du péché originel. Et alors saint Thomas suggère que le don surnaturel est nécessaire au bon fonctionnement de la nature, même si cette nature est intègre. Il enseigne cela dans le passage cité de CG, mais aussi dans le *de Malo* q. 5 a. 5 c. Ce qui revient à dire que Dieu ne peut sans injustice créer un homme en état de pure nature puisque l'homme exigerait d'avoir un corps pour être personne, et que cet état de pure nature le vouerait à connaître la mort. Et nous voilà dans le modernisme. La vraie solution consiste à dire qu'il existe du négatif non peccamineux et que la vie du corps est moment obligé de la vie de l'âme, de sa constitution (son individuation) et de sa vie intellectuelle et volitive : le corps est conservé (dans ses notes individuantes) et nié (en tant que corps matériel) ; et, de même, le désir du bien commun est un moment obligé du désir de Dieu.

Pour nous, au contraire, dans notre paradoxal souci de fidélité à saint Thomas, le corps est conservé et nié par l'âme : forma **vincit** materiam ; « Quanto forma magis **vincit** materiam, tanto ex materia et forma magis efficitur unum (*Somme contre les Gentils*, II 68) ; plus la forme vainc la matière, plus grande est l'unité du composé des deux, c'est-à-dire plus grand est l'amour qu'ils se portent puisque l'amour est force d'union (ainsi d'unité) et de concrétion (Iᵃ qu. 20 a. 1). La matière aspire à être actualisée, mais par là à être niée. Et, de fait, la différence entre privation et matière est de pure raison, il y a donc unité de l'attraction et de la répulsion dans le rapport matière-forme ou puissance-acte. Il y a donc réflexion (ontologique). Et on notera aussi que Garrigou refuse l'existence d'un désir naturel de Dieu, par crainte du modernisme, alors qu'il le favorise objectivement le modernisme malgré lui avec sa doctrine des deux formalités.

II. 7. Nous pensons donc que le conflit entre personnalistes et anti-personnalistes, à l'intérieur du thomisme, est sans fin, parce que c'est la position même de saint Thomas qui est délicate, il faut bien oser le dire. Les tenants du thomisme strict sont balancés entre des positions inadmissibles et s'attaquent au nom d'une position contre ceux qui en soutiennent une autre, sans s'apercevoir que les deux sont contenues dans saint Thomas, et qu'elles attendent leur harmonisation.

O'Neill entendait montrer que Garrigou n'est pas personnaliste bien qu'il distingue entre individu et personne comme le font les personnalistes. Il n'est pas personnaliste parce que cette distinction recoupe celle de Koninck : les deux formalités terrestre et céleste du citoyen humain. Le problème, c'est que cette doctrine des deux formalités est objectivement porteuse de personnalisme ou bien de surnaturalisme, lequel, intenable à long terme, bascule lui-même dans le modernisme.

O'Neill prétend que ce n'est qu'accidentellement et par suite du péché que le corps est un fardeau de l'âme ; et cela est faux pour saint Thomas (confer la thèse de CG IV 52) ; en état de pure nature intègre, ainsi sans ces dons préternaturels qui procèdent de la grâce, l'homme aurait connu la mort et la souffrance, et l'ignorance et l'effort pénible, et la lutte des passions contre la raison.

Enfin, O'Neill ne peut s'empêcher d'assimiler fascisme et communisme, ce qui était prévisible. Et Koninck fait la même chose : les régimes totalitaires (communisme *et fascisme…*) feraient du bien commun « un prétexte pour asservir la personne humaine de la manière la plus ignoble ». Pour le point de vue du fascisme catholique, le tout de la cité est déifié par le seul communisme, afin de déifier l'individu qui fait la cité ; le libéralisme déifie directement l'individu sans avoir à déifier la cité, mais, de ce fait, il réduit l'homme à sa consommation (biens matériels qu'on aime parce que ce sont des biens que l'on rapporte à soi). Et, selon le fascisme bien compris, la subordination de la personne à l'État doit être pensée comme un moment obligé du processus de subordination de l'homme à Dieu.

III. Texte de Sylvain Luquet.

III. 1. Luquet déclare que le bien commun est aimable dans sa communicabilité « per modum finis », ce qui signifie qu'il doit être aimé par chacun comme commun (en tant même qu'il est aussi le bien d'un autre) et non comme condition d'accès au bien particulier de chacun, ce qui est exact. Mais il parle de la bonté du bien commun comme d'une perfection qui pourrait se dispenser d'être communiquée effectivement et qui n'en serait pas moins bonne. La vérité, explique-t-il, est un bien commun, meilleur bien de chaque intellect et en même temps bien de tous les intellects pris ensemble, bien de chaque intellect en tant même que commun, et elle ne tire pas sa valeur de bonté du fait qu'elle est effectivement aimée par beaucoup ; tout au contraire, c'est parce qu'elle est intrinsèquement bonne qu'elle est éminemment aimable et que nombreux sont potentiellement ceux qui peuvent l'aimer. Cela aussi est exact, mais la manière de le dire ici oblitère un aspect essentiel du bien commun, c'est-à-dire cet aspect même à raison duquel il est un bien que l'on aime en se rapportant à lui. Un tel aspect, c'est précisément la fécondité ou diffusibilité du Bien, qui réhabilite en un sens non personnaliste l'idée du bien aimable « per modum efficientis » :

Ce n'est certes pas parce que la vérité est aimée par beaucoup qu'elle est bonne, c'est parce qu'elle est bonne qu'elle est aimée par beaucoup. Néanmoins, c'est parce que la vérité est diffusive de soi qu'elle est bonne, et c'est parce qu'elle est féconde qu'elle est diffusive de soi : si « vérité » dit intelligibilité en acte, elle est tout autant intellection en acte, et ainsi intellect en acte (l'intellection est en effet acte commun de l'intellect et de l'intelligible), lequel intellect s'actualise nécessairement dans la prolation d'un verbe. Et c'est pourquoi l'amour que le fruit peut porter à son géniteur a la valeur d'un amour de soi de son géniteur en lui (confer ici II. 5.), de telle sorte que le fruit aime son bien dont il procède d'un amour par lequel il se rapporte à son bien, et non d'un amour par lequel il rapporterait son bien à lui-même. Plus le bien est élevé, plus il est aimable, et, plus il est aimable, plus nombreux sont ceux qui peuvent l'aimer en le servant, en se voulant ses instruments. Et c'est parce qu'il est aimable d'un amour par lequel les amants se rapportent à lui qu'il est bien commun aimable « per modum finis ». La diffusibilité du Bien fait partie de son essence et tout être tend naturellement à faire retour vers ce dont il procède.

Il nous semble que Luquet suggère au moins tout cela, et c'est louable : le bien est d'autant meilleur que plus commun, sa diffusibilité est de la raison de sa perfection, de sorte qu'il doit être aimé comme commun, comme communicable et en tant que communicable.

Mais, étroitement fidèle à Koninck, il ne voit pas que cette exigence en induit une autre, qui fonde la première, à savoir que *l'amour du bien commun immanent est ce en quoi s'anticipe de manière nécessaire l'amour du Bien transcendant*. Soit : le Bien absolu ne serait pas tel s'il n'était géniteur en son propre sein, comme participables, de tous les degrés finis de bonté (dont ce degré qu'est le bien commun politique) qu'il ramène à lui dans l'acte de les faire procéder de lui. Luquet et Koninck ne voient pas, en d'autres termes, ou corrélativement, que la bonté du Bien absolu s'anticipe, en Dieu et de toute éternité, dans celle du bien commun fini que l'infini assume (l'infini étant par essence assomption et négation souveraine du fini), c'est-à-dire dans ce bien fini idéel qui se trouve être réel parce que créé librement par Dieu, et qui fait mémoire, pour nous, de cette intemporelle assomption du fini par l'Infini, *de sorte que c'est en aimant le bien commun fini ou politique au titre de projection temporelle d'un moment obligé du Bien commun absolu et transcendant, que l'homme fait adéquatement se rapporter au Bien son désir d'infini*. Le propre d'un moment est d'être vécu et aimé pour être dépassé. Toute chose finie est tendance impuissante à remonter au Principe, et elle est, comme créée — ainsi comme soustraite à la dynamique à raison de laquelle, dans la vie divine, elle remonte au Principe qui la sublime — un bien qui par nature renvoie à un au-delà de lui-même ; tendre vers un bien auquel on se rapporte, ainsi vers un bien commun, c'est donc, quand même ce bien n'est qu'un bien fini, tendre vers ce qui a pour vertu d'inviter à aller au-delà de lui, et c'est ce qui fait sa valeur. Celui dont l'être est sa pensée, et qui est Pensée de Pensée, ainsi Réflexion (en Lui être et connaître sont identiques), réalise à l'état d'unité, portées à l'infini, les perfections qui ne se trouvent, dans le monde créé ou fini, qu'à l'état dispersé. Si ce qui est Réflexion réalise, dans l'unité absolue, des perfections qui, finies, sont disjointes, c'est que ces perfections sont autant de moments de l'unique Réflexion qui les pose et qui se pose en elles, de sorte que, distraites de cette Réflexion, elles n'en conservent pas moins la capacité de renvoyer, comme tout moment, à celui qui leur succède et qui les nie en les conservant. Aimer le bien commun en se rapportant à lui, *c'est ainsi se disposer à aimer le souverain bien déjà servi de manière implicite, d'une certaine façon, dans l'exercice du service du bien commun politique.* Quant aux biens privés qu'on aime en les rapportant à soi, ils ne renvoient l'homme qu'à lui-même qui doit s'arracher à soi-même, violemment, faisant violence à cette antinature qu'est le moi pris pour fin, pour se tourner vers des biens communs, c'est-à-dire des biens auxquels on se rapporte.

Si Luquet et Koninck avaient vu cette dernière exigence (le Bien absolu ou infini, en vertu de son essentielle fécondité, s'anticipe nécessairement dans le bien fini qu'il excède en l'assumant), ils auraient compris que l'amour humain du bien commun est ce en quoi s'anticipe de manière obligée l'amour du Bien transcendant, et ils auraient fait l'économie de la double formalité de citoyen terrestre et de citoyen céleste. Ils auraient aussi compris que l'esprit totalitaire du fascisme n'a rien à voir avec celui du communisme, et que la meilleure façon d'honorer la personne n'est pas de la soustraire au souci du bien commun politique, mais de l'y ordonner comme à sa fin, tout entière et non totalement.

III. 2. On pourrait à la rigueur s'accommoder de l'idée de double formalité de citoyen terrestre et de citoyen céleste si, au lieu de penser cette dualité sur le mode d'une partition, on la pensait selon l'ordre de succession de deux moments dont l'un est, par définition, l'anticipation de soi de l'autre ; ce qui, en retour, demanderait que l'amour du Bien commun transcendant s'anticipât dans le souci du bien commun politique parce que l'ordre politique est ce en quoi s'anticipe l'ordre religieux : s'il est vrai que le Politique est la réalisation en acte, communautaire, des potentialités de la nature humaine, la Religion est l'acte de s'aboucher à l'Idée de nature humaine telle qu'elle est et préexiste en

Dieu avec lequel elle se confond, c'est-à-dire selon un mode d'être plus parfait que quelque mode créaturel que ce soit de cette Idée. Ce qui suppose évidemment l'acceptation de l'existence d'un désir naturel de Dieu. Quand, en effet, les fins d'un être sont pensées en termes de moments, on peut dire de cet être qu'il est tout entier et non totalement investi dans la recherche de chaque fin intermédiaire, tout entier et totalement dévoué à la fin dernière. Si Dieu est bien cette réflexion ontologique auto-constituante dont il est seul — comme de toutes les réflexions substantielles productrices de créatures — la raison suffisante, alors l'essence divine est tel un cercle contenant tous les polygones. Un polygone est différent du cercle qui n'a pas de côtés, et il est d'autant plus polygone qu'il possède plus de côtés, ainsi d'autant plus différent du cercle que plus polygone mais, quand le nombre de côtés se révèle infini, le polygone s'identifie au cercle ; s'il est admis qu'un cercle *vivant* fait de l'acte de son engendrement une détermination de lui-même, on admettra que le cercle est le résultat de l'auto-négation — qui est aussi sa position absolue — de toutes les manières d'être polygone qu'il assume, et que, en même façon, Dieu se fait éternelle victoire sur toutes les manières de n'être pas Dieu. Dieu est éternelle victoire sur les manières finies dont sa déité peut être participée, de sorte que — toute victoire sur quelque chose supposant assomption de ce quelque chose — Dieu est en droit naturellement commensurable à la créature pensante, non certes Dieu considéré dans sa perfection positive absolument transcendante et inépuisable même avec la grâce, mais dans son moment négatif d'assomption de toute finitude.

III. 3. Nous avons montré plus haut que le bien commun est le déploiement des potentialités de la nature humaine à l'intérieur d'une communauté de destin ; qu'à ce titre même la nature humaine a raison de fin pour la personne humaine ; que cela ne remet nullement en cause le statut de fin ultime céleste transcendant l'ordre politique ; et qu'il en est ainsi parce que ces deux fins sont les moments d'actuation du même processus, dans la mesure où le « terminus ad quem » de l'une est « terminus a quo » de l'autre.

Mais pour penser ces exigences sans contradiction, il faut introduire l'idée de réflexion ontologique : de même qu'un vase vide ou plein en puissance devient plein en acte de telle sorte que la puissance à être plein est revitalisée par l'acte pour le vase d'être rempli, de même l'homme ayant atteint sa finalité naturelle (servir et réaliser le bien commun immanent) habilite sa nature à revitaliser sa puissance à tendre vers un bien désormais transcendant.

Et cela signifie la même chose que ceci : tendre vers un bien auquel on se rapporte, ainsi vers un bien commun, c'est donc, quand même ce bien ne serait qu'un bien commun fini, tendre vers ce qui a pour vertu de faire aller au-delà de lui, et c'est ce qui fait sa valeur.

En effet, la puissance à être plein, dans le vase, est revitalisée par l'acte même d'être rempli ; et en même façon la puissance d'aimer, en l'homme, est revitalisée par l'acte d'aimer qui, suscité par un bien, éveille et dispose la puissance dont il est l'acte à aspirer à un bien supérieur. Quand ce dernier bien est strictement privé, il ne renvoie l'appétit qu'au sujet désirant ; quand il s'agit d'un bien commun, ainsi d'un bien aimé pour lui-même, ce dernier est tel qu'il renvoie, de lui-même, au-delà de lui, c'est-à-dire à un bien plus commun encore, et d'autant meilleur qu'il sera plus commun. Ce qui fait la difficulté de cette affirmation, c'est que le fait pour un bien d'être aimé pour lui-même semble exclure qu'il ait pour vertu d'ouvrir à un au-delà de lui. S'il a raison de fin, il ne peut, pense-t-on, être que fin dernière exclusive de tout au-delà d'elle. Voici donc l'explication :

Toute chose tend par nature à faire retour à son principe : notre nature est cause de nos appétits, et elle nous enjoint — par eux qui sont autant de manques, telles des maladies révélatrices d'une inadéquation entre nous et notre nature — de nous conformer à notre nature au point de tendre à nous identifier à elle ; elle a raison de cause efficiente et de cause finale. Mais, n'étant pas la raison suffisante de sa réflexion génératrice du sujet qui l'individue, elle renvoie elle-même à un bien qui lui est supérieur, à savoir à un mode d'être d'elle-même qui est divin, et ce sera notre nature entendue comme Idée créatrice.

Et plus une chose est féconde, plus elle est cause efficiente, donc plus elle est diffusive de soi, plus elle est cause finale. Cela dit, c'est en insistant sur le fait qu'elle est cause efficiente qu'on établit qu'elle est un bien qu'on aime en s'y rapportant. Dans divers passages (confer Iª IIᵃᵉ qu. 1 a. 7 et Iª qu. 1 a. 8), l'Aquinate explique qu'il y a un double sens du mot « fin », à savoir la chose d'une part, et d'autre part son usage ou sa possession, ou encore le lieu et l'acte de s'arrêter dans le lieu, le bien et l'acte de se reposer en lui. En effet, le bien est fin, et ce bien ne peut être le sujet qui l'aime (comme si un tel sujet était à lui-même sa propre fin ou son propre bien ultime) puisque ce sujet, privé du bien qu'il aime, ne peut se nourrir de lui-même ou être son propre bien ultime : il est foncièrement déficient et imparfait ; mais l'acte de se reposer dans le bien ou de le posséder, qui a raison de fin aussi, ou qui est l'aspect subjectif de la fin, est quelque chose de l'âme qui, de ce fait, subjectivement, peut avoir raison de fin parce qu'il appartient à la fin. Sous ce rapport, aimer un bien qui a raison de fin revient aussi à s'aimer soi-même en tant que reposé en sa fin.

Et dire qu'aimer sa fin revient à s'aimer reposant en sa fin, cela est vrai, mais ne suffit pas à définir l'amour de bienveillance (cette espèce d'amour qu'on doit nourrir pour le bien commun) : aimer le bien en tant qu'on lui veut du bien, être à son service, et trouver sa délectation dans cet acte même de servir. Pour obtenir cela, il faut que non seulement le bien aimé ait raison de fin pour l'aimant (le bien aimé doit être aimé pour lui-même et non comme instrument en vue d'un autre bien ordonné à la satisfaction des besoins du moi), mais encore il faut établir que celui qui l'aime doit l'aimer en se voulant le moyen de ce bien. En retour, il faut que ce bien aimé s'aime lui-même dans l'amour que l'aimant lui porte. Il faut que notre amour du bien soit l'amour de soi du bien en nous, ou ait pour sens et pour valeur d'être l'expression de ce vouloir de soi du Bien en nous.

Cela dit, affirmer que le bien aimé s'aime dans celui qui l'aime (comme on dit de la chose connue qu'elle se connaît dans l'acte — exercé par le connaissant — de la connaître, puisque l'intellection est acte commun de l'intellect et de l'intelligible), cela pourrait suggérer que le bien aimé ultime a besoin de nous pour s'aimer, ce qui est évidemment faux. Il s'aime en nous sans avoir besoin de nous pour s'aimer et pour être. Et il doit bien en être ainsi pour être doté de cette consistance de bonté capable de nous nourrir : s'il était intrinsèquement dépendant de nous, il serait incapable de nous combler, se révélant lui-même manque et pénurie. Si donc il s'aime dans celui qui l'aime, autrement dit si notre amour du bien est sous un certain rapport amour de soi de ce bien en nous, c'est que, indépendamment de nous, et de toute éternité, ou par essence, il a la configuration d'une victoire sur la réalité finie (dotée d'un degré fini de bonté) que nous sommes et qu'il contient idéellement comme étant à poser, à affirmer, et à confirmer dans l'acte d'être souverainement niée. Notre amour du bien est amour de soi du bien en nous si et seulement si nous sommes, avant l'acte créateur qui nous pose dans l'existence, idéellement présents en Dieu comme moments intemporels de sa Vie intestine. En retour, en vertu de cette structure qui fait des amants, considérés dans leur Idée, autant de moments du bien auquel ils se rapportent, et qui fait d'eux, considérés dans leur réalité contingente, autant de projections ad extra dérivées de la Réflexion constitutive de leur Bien, le désir qui nous anime en direction de ce Bien est lui-même une expression du désir de soi du Bien en sa réflexion constituante assomptive de ses moments.

Un bien est formellement commun quand il est voulu comme commun, au rebours des biens matériellement communs dont la part prise par chacun est voulue comme privée (ainsi en est-il de l'air que nous respirons, qui nous est commun mais dont chacun prend une part à son usage personnel et privé). Et tout bien formellement commun obéit à cette loi qui vient d'être dégagée : se révélant objet de notre désir, il s'aime en nous et de ce fait exige d'être aimé tel un bien auquel on se rapporte, et non au titre d'instrument. Dès lors, s'il y a plusieurs biens ayant chacun raison de fin pour celui qui les appète (bien commun familial, paroissial, régional, politique ou étatique, et même bien commun immanent universel qui englobe toute l'humanité), c'est que ces biens sont autant de moments obligés du processus qui nous mène au Bien ultime ; nous sommes tout entiers ordonnés à eux, mais non totalement, et tout entiers mais totalement ordonnés à lui.

II. 4. En deux mots comme en cent, les thomistes orthodoxes (non ouverts à l'idée de réflexion ontologique) non personnalistes comprennent clairement que le bien commun politique a raison de fin et doit être aimé pour lui-même, tel un bien qu'on aime en s'y rapportant (si l'on ne s'y rapporte pas, on le rapporte à soi, et ce qui a raison de fin est le moi), mais ils ne comprennent pas qu'un bien puisse avoir raison de fin sans être le bien ultime : s'il n'est pas bien ultime, c'est qu'il est — pensent-ils — moyen de la fin ultime. Dès lors, dans leur souci de préserver, contre les personnalistes, le statut de cause finale reconnu au bien commun politique, ils se tirent d'affaire en distinguant deux formalités dans l'homme : selon sa formalité de citoyen terrestre, l'homme est ordonné au bien commun politique comme à sa fin, et c'est bien là la fin ultime du citoyen terrestre en tant que terrestre ; mais selon sa formalité de citoyen céleste, l'homme fait du citoyen terrestre le serviteur du citoyen céleste, et du bien commun politique le moyen du Souverain Bien. Ce qui, qu'on le veuille ou non, déchire l'homme entre deux vocations. Nous écrivions plus haut que ces thomistes ne proposent pas (parce que, en vérité, il n'y en a pas) de critère permettant de définir ce qui revient à chaque formalité : en effet, ce qui relève du souci de la terre est inspiré par le souci du Ciel (c'est le Bien que l'âme cherche dans les biens, puisque l'objet formel de la volonté est le Bien) ; tout autant, le souci du Ciel est conditionné, éveillé par le souci de la terre et la manière dont on vit un tel souci (on reconnaît le Bien dans les biens, comme on reconnaît la Beauté dans les choses belles, mais c'est en ces biens et en ces choses belles que, pour nous, se discerne et s'éveille l'appétibilité du Bien et du Beau) ; par conséquent il existe une réciprocation de causalité entre les deux soucis, laquelle exclut que ces deux visées puissent se succéder ou composer l'une avec l'autre comme deux choses déjà constituées chacune dans son ordre propre. On ne peut séparer ou faire se succéder comme deux choses extérieures l'une à l'autre le souci du bien commun politique et celui du souverain Bien. Le bien commun terrestre doit être l'anticipation de soi du Souverain Bien qui, de ce fait, n'a raison de fin ultime que parce qu'il a la configuration d'une victoire éternelle sur l'épreuve de son auto-négation, laquelle est expressive de sa fécondité intestine en tant qu'il donne à soi-même ce en quoi il s'anticipe dans et par l'acte de le sublimer.

La personne est tout entière et non totalement ordonnée au bien commun terrestre comme à sa fin, et elle est tout entière et totalement ordonnée au Souverain Bien comme à sa fin ultime. Et il faut bien avouer, en dernier ressort, que les conditions d'intelligibilité de cette exigence ne sont pas complètement élaborées par saint Thomas lui-même. D'où un flottement entre les positions des thomistes, et des querelles et dissensions entre eux : tous se réclament du Maître, non sans une raison unilatérale mais exacte en dépit de son incomplétude. De plus, si l'on admet la distinction entre individu humain et personne, même en sa forme édulcorée de distinction entre formalité de citoyen terrestre et formalité de citoyen céleste, on est inévitablement conduit au personnalisme.

Notre conclusion sera donc la suivante : un thomiste qui entend s'en tenir à la lettre du discours thomiste est condamné à refuser le personnalisme sans avoir les moyens rationnels de le réfuter, et en ayant recours au surnaturalisme dont la pente logique conduit à l'augustinisme politique, intentionnellement ignorant de l'idée même de bien commun qui serait raison du bien particulier. Une philosophie thomiste du bien commun est ainsi en demeure de considérer saint Thomas tel un point de départ, et non tel un point d'arrivée.

Résumé :

La démocratie chrétienne est théoriquement innocente du dogme intrinsèquement mauvais de la souveraineté populaire qui fait procéder le pouvoir du peuple et non de Dieu. Une démocratie se voulant chrétienne se contente de reconnaître au peuple la compétence et la sagesse requises pour désigner le sujet d'un pouvoir que ce sujet recevra d'en haut. Un tel sujet ainsi choisi ne sera pas le délégué de la volonté du peuple, mais le lieutenant de Dieu. Pourtant, cette démocratie aboutit inévitablement, dans les faits, pour des raisons logiques qui tiennent aux défauts de l'idée démocratique en général, à la démocratie funeste que nous connaissons, laquelle est contractualiste, libérale et individualiste. Le droit de désigner le titulaire du pouvoir suppose, en dépit des dénégations des démocrates-chrétiens, le pouvoir originaire et souverain de le désigner ; un tel pouvoir ne revendiquera pas théoriquement les prérogatives de la souveraineté populaire, mais pratiquement il s'exercera comme s'il en disposait : se targuant de l'autorité attachée à la fonction de désigner le sujet du pouvoir, le peuple en appellera toujours à cette autorité et à la compétence qu'elle suppose pour dénoncer, dans les décisions du chef, une trahison de l'autorité qu'il aura reçue d'en haut, c'est-à-dire une trahison de l'idée que le peuple se faisait, en l'élisant, du sujet du pouvoir. Aussi un tel droit de désignation du chef d'une communauté enveloppe-t-il toujours, médiatement, l'idée de souveraineté populaire. Une telle critique peut même être adressée, dans une certaine mesure, à saint Thomas lui-même dont un commentateur de renom résume la position politique en ces termes : « Tout compte fait, il semble que le meilleur gouvernement serait la monarchie (qui assure le mieux l'unité) tempérée par un conseil aristocratique, *le monarque et ses conseillers étant élus par le peuple et pris dans ses rangs.* L'intervention du peuple est normale, car, *si toute autorité vient de Dieu, le premier dépositaire en est le peuple, qui la délègue à ceux qu'il choisit* pour leur vertu et leur compétence » (Fernand Van Steenberghen, « Le Thomisme », Puf 1983 p. 104).

On dira que le collège des cardinaux atteste qu'il est possible d'être doué du pouvoir de nommer le dépositaire (pontifical en l'occurrence) de l'autorité sans prétendre en faire un délégué de la volonté populaire. Mais cette comparaison ne vaut pas. Le pape est tenu pour jouir d'un charisme d'infaillibilité qui, ipso facto, le place, aussi longtemps que la foi intègre est conservée dans le cœur des baptisés, au-dessus de toute possibilité de contestation. Cette distinction réelle entre pouvoir de désigner le sujet du pouvoir et pouvoir exercé par ce sujet ne peut être respectée que si le sujet du pouvoir est doté d'une autorité tenue pour infaillible, ce qui jamais n'eut ni n'aura lieu dans le domaine politique. Même l'absolutisme, dont la logique était de faire du sacre un huitième sacrement — ainsi de conférer à la couronne un poids religieux inspirant une crainte révérencielle prévenant toute contestation — n'obtint jamais cette reconnaissance d'infaillibilité ; tout au plus parvint-il à s'illusionner sur le droit de la couronne royale à se faire gallicane tantôt pour se soustraire aux prétentions théocratiques du pape, tantôt pour se dispenser de privilégier le bien commun de la chrétienté par rapport à celui de l'État national.

Par ailleurs, d'une part toute démocratie est un régime structurellement faible qui, de ce fait, est vulnérable aux entreprises privées visant à mettre la main sur l'État de manière indirecte, par le moyen de l'argent qui achète tout (députés, presse etc. : toute démocratie est une oligarchie ploutocratique) et conditionne l'opinion; d'autre part, même bien intentionné, le peuple, toujours médiocre, ne peut élire que ceux qui lui ressemblent ; l'idée qu'il se fait des meilleurs est inadéquate, et ainsi ce sont les médiocres qui président ; le peuple — c'est son drame — est, dans les faits, souverain, et, du fait de son incompétence et de celle de ceux qu'il élit, c'est ultimement la partie — minoritaire — la plus mauvaise, la plus astucieuse et la moins scrupuleuse du peuple qui, par sa puissance économique, manipule l'autre en usant de démagogie et de procédés visant à avilir cette autre partie afin de l'affaiblir et de la rendre docile. « En fait, la bonne démocratie n'existe pas, mais il n'y a que de la mauvaise démocratie : la démocratie à peine créée est aussitôt pourrie par les partis, les combinards, les profiteurs, les marchands d'argent » (Léon Degrelle, cité par Saint-Loup dans son ouvrage *Les SS de la Toison d'or*, p. 15, Presses de la Cité, 1975).

Le personnalisme ne peut se couler politiquement que dans une forme démocratique de gouvernement. En effet, le personnalisme nie la supériorité intrinsèque du bien commun en réduisant la communauté de ce dernier à une caractérisation matérielle : l'air que nous respirons est commun à tous, mais il n'a pas raison de cause finale, il est divisible et c'est comme bien privé qu'il est concrètement aimable. Dès lors, l'homme singulier se subordonne la cité en tant qu'il se revendique « capax Dei ». Or cela même, il l'est dès ici-bas, et donc on ne voit pas qu'il puisse être membre de la cité sans la diriger : on doit avoir pouvoir sur ce que l'on se subordonne, à peine de réduire à un mot cette subordination ; et l'on est alors en démocratie. Si l'homme est supposé se subordonner la cité en tant qu'il s'en veut la fin, comment pourrait-il ne pas prétendre à la diriger, à l'assujettir aux diktats de sa liberté personnelle ? Il existe un lien logique infrangible entre d'une part l'idée personnaliste selon laquelle l'homme individuel est cause finale de la cité, et l'idée démocratique selon laquelle le pouvoir politique appartient primitivement au peuple qui le délègue à ses représentants et mandataires.

Cela dit, l'opposition entre individu et personne, même édulcorée en distinction entre formalité de citoyen terrestre et formalité de citoyen céleste, équivaut au personnalisme. En effet :

Charles de Koninck est probablement le philosophe qui a le mieux parlé du bien commun parmi les thomistes, en ce sens qu'il a montré que le bien commun est le meilleur du bien particulier, en tant même qu'il est commun, à savoir en tant qu'il est aussi le bien d'un autre. Il a raison de cause finale, il appelle d'être aimé comme commun parce que sa communicabilité est indissociable de sa perfection. Mais de Koninck et les catholiques traditionalistes en général — dont le Père Garrigou-Lagrange, qui subordonnait la société à la personne — ne comprennent pas qu'un bien puisse avoir raison de *cause finale* sans être cause finale *ultime* : ce qui est cause finale est tel qu'on l'aime en se rapportant à lui, en le servant ; or on ne peut se vouloir, pense de Koninck, l'instrument que de Dieu, parce que rien autre que Dieu ne peut répondre en le comblant au désir le plus profond de l'homme : Dieu veut être honoré en nous béatifiant, c'est-à-dire en se communiquant à nous de telle sorte qu'Il nous fasse vivre de Sa vie même, et sous ce rapport l'homme est bien de la race de Dieu, selon l'expression puissante de saint Paul et de Cléanthe le Stoïcien ; notre béatitude est la gloire de Dieu, mais c'est parce qu'elle est la gloire de Dieu qu'elle est notre béatitude. Il reste, pense de Koninck, que notre fin ultime est la béatitude qui est spéculative et non politique, ce qui est vrai ; mais il en déduit que la cité et son bien — le bien commun — seraient de ce fait subordonnés au bien privé de chacun (son activité théorétique) ; ce qui n'a pas raison de fin ultime a raison, selon lui, de moyen de la fin ultime, et donc le bien commun politique n'est que moyen de la béatitude. Dès lors, le bien commun politique ne peut, dans cette perspective, que se limiter à la recherche de la paix et de la justice, au bien-être matériel et temporel des hommes, en vue d'une vie vertueuse destinée à faire acquérir la béatitude qui est personnelle. Si l'on entend néanmoins maintenir la supériorité intrinsèque du bien commun politique, comme le souhaite de Koninck, on doit alors accepter la distinction entre formalité de citoyen terrestre et formalité de citoyen céleste, et c'est encore ce que pense de Koninck : le citoyen terrestre se subordonne à la cité comme à sa fin (sous ce rapport on peut revendiquer une philosophie du bien commun ayant raison de cause finale), mais le citoyen céleste se subordonne la cité en vue de sa fin ultime (sous ce dernier rapport la cité est pour l'homme et le bien commun politique a raison de moyen : de Koninck subordonne bien la personne au bien commun politique, mais selon la seule formalité de citoyen terrestre restreint à ses besoins temporels instrumentaux).

Or cette position est intenable, parce que les deux formalités sont dans le même sujet, et en même temps. Aussi le même homme est-il en demeure de viser comme sa fin un bien commun qu'il doit aussi tenir pour simple instrument, ce qui est contradictoire. Une telle position aboutit à ceci : tantôt l'on fait se déchirer l'homme entre deux fins, de sorte que cette déchirure surnaturaliste se résout en augustinisme politique (le pouvoir de l'homme sur l'homme serait l'effet d'un châtiment, la politique serait au service de la morale, l'homme ne serait pas par nature un animal politique); tantôt l'on maintient que l'homme est par nature un animal politique, mais on ne le maintient qu'en remettant directement en cause, quoi qu'on en ait, le primat du bien commun, et l'on est alors personnaliste. Et dans tous les cas on aboutit à la démocratie « chrétienne » ; la chose est évidente en ce qui concerne le personnalisme ; mais elle est tout aussi nécessaire dans le cas de l'augustinisme politique, parce que, pour un augustinien, la réfection de l'homme par la grâce le restitue tant bien que mal à l'homme d'avant le péché, à l'époque où il n'était pas supposé y avoir de pouvoir personnel de l'homme sur l'homme ; or, une communauté sans pouvoir personnel de l'homme sur l'homme, c'est   — du fait qu'on ne peut se passer du pouvoir pour maintenir ensemble les membres d'une communauté que leurs appétits privés opposent autant qu'ils les rapprochent — une société qui plébiscite le pouvoir impersonnel de tous sur chacun, ce qui est la démocratie.

Et la victoire de l'idée démocratique est bien ce qui s'est historiquement produit. Or cette démocratie chrétienne se résout en démocratie individualiste, comme on l'a vu plus haut. Donc même la position de Koninck — qui était au fond celle de Léon XIII, de Pie XI et de Pie XII, c'est-à-dire des inventeurs de la doctrine sociale de l'Église — aboutit à la démocratie. Il y a donc une solidarité objective entre démocratie et doctrine sociale de l'Église, qui se transcrit dans la doctrine de l'Action catholique dépossédant, dans le sillage du Ralliement, les laïques de leurs vraies prérogatives politiques (renverser la République et la démocratie) pour en faire des sous-curés au service de l'apostolat à la conquête de la société civile (la société réduite à l'ensemble des relations privées entre citoyens) à l'intérieur d'un régime démocratique.

Mais l'idée démocratique appliquée dans et soutenue pour la société civile ne pouvait pas ne pas rejaillir sur l'Église elle-même : si elle est bonne parce que fondée sur des principes universels liés à la conception de l'homme en général et à sa finalité, la démocratie doit être tenue pour bonne pour toute société, y compris l'Église : si l'homme est fin de la société politique et régisseur de ce dont il est fin, il est aussi, comme peuple de Dieu et citoyen de l'Église militante, fin de cette société temporelle et en droit régisseur de cette dernière ; l'Église n'a plus vocation à imposer des dogmes ; elle est destinée à prendre acte des inspirations d'un Esprit-Saint supposé souffler directement dans le cœur des croyants, et à les ratifier ; l'Église devient le délégué de la Volonté générale du peuple de Dieu supposé directement habité par l'Esprit-Saint. Tel est le message moderniste imposé par le deuxième concile du Vatican.

On dira encore peut-être que le charisme d'infaillibilité met le pape à l'abri de toute pulsion insurrectionnelle d'essence démocratique tourmentant le troupeau des baptisés. Mais c'est encore oublier que, en droit, la surnature ne contredit pas la nature mais la soigne en la surélevant, de sorte qu'elle la présuppose et ne saurait la contredire. Si l'homme est par nature un animal démocratique, la surnature ne peut que ratifier les exigences de sa nature. Or le dogme de l'infaillibilité du pape est solidaire de la conception monarchique de l'Église. Aussi les décrets pontificaux marqués du sceau de l'infaillibilité seront-ils, désormais, tenus pour tels en tant qu'expressifs d'un moment de la vie de l'Église à laquelle, en permanente évolution, sera reconnue la latitude de décider des lois et dogmes régissant son propre devenir, quitte à revenir sur ceux — dont l'infaillibilité même — qu'il lui avait plu de se donner quand elle en éprouvait le besoin. L'infaillibilité supposée refouler les pulsions et démangeaisons démocratiques devient objet de ces pulsions en recevant une nouvelle signification. Les modernistes ne contestent pas formellement le principe de l'infaillibilité ; ils déclarent que le pape est infaillible dans sa démarche herméneutique consistant à formuler le « sensus fidei » de la volonté populaire, laquelle n'en est pas moins habilitée à changer de direction quand elle en éprouve le besoin et juge les temps assez mûrs pour le faire. Si l'on pose en principe que l'homme est par nature démocrate à cause de son éminente dignité, on voit mal qu'il soit possible de lui faire accepter un statut de sujet d'une monarchie surnaturelle (l'Église), puisque nature et surnature ne sauraient normalement s'opposer ; ou bien la catholicité du sujet lui fait renoncer à la démocratie dans le domaine politique, ou bien le supposé droit naturel ou absolu à la citoyenneté politique de ce même homme l'invite à exiger d'être citoyen et non sujet de l'Église.

Dès lors, lancer le Ralliement et la doctrine sociale de l'Église (doctrine solidaire du personnalisme et donc de l'esprit démocratique) revenait à promouvoir à long terme, et qu'on le veuille ou non, Vatican II. C'est donc à juste titre que ce concile fut nommé « troisième Ralliement ».

On a beau, en se croyant innocent de toute tendance personnaliste, proclamer la subordination de la personne humaine au bien commun de la cité ; si cette subordination doit s'entendre selon la seule formalité de citoyen de la cité terrestre, de telle sorte que le rapport de subordination entre personne et cité terrestre s'inverserait quand il est question de formalité de citoyen céleste, on aboutit de manière nécessaire à l'idée démocratique et à son corollaire moderniste. Si, de manière générale, et par haine surnaturaliste inavouée — induite par un secret esprit de ressentiment subjectiviste dirigé contre l'ordre naturel inégalitaire et élitiste —, on tient la condition terrestre pour un misérable instrument de la vie céleste à venir, on contracte immanquablement la psychologie génératrice des attitudes et jugements suivants :

« Le monde est une vallée de larmes et il n'est que cela ; les premiers en ce monde seront les derniers dans l'autre ; soucions-nous de notre salut et de lui seul ; méprisons les gloires et les puissantes passions mondaines ; tout cela n'est qu'apparence, grandeur illusoire ; donnons à la vie mondaine le tribut qu'il faut bien lui concéder pour s'affairer au souci surnaturel de soi, mais ne nous donnons tout entiers à aucune cause mondaine ; on peut faire son salut dans presque n'importe quel régime, la sainteté n'a rien à voir avec le déploiement individuel ou communautaire des qualités naturelles de l'homme ; vivons entre parenthèses ici-bas, calfeutrés dans une représentation étriquée de la vertu de prudence ; tel est le prix à payer pour n'être pas circonvenu par les séductions toujours renaissantes du paganisme. Mais attention ! Nous ne sommes pas personnalistes ! Nous prônons le sacrifice du citoyen terrestre au profit du bien commun de la cité politique ! »

Ce faisant, ayant réduit le bien commun terrestre à cette paix cotonneuse et bien-pensante, bourgeoise et parcimonieuse, ainsi à cette condition instrumentale du progrès moral et spirituel de la personne entendue en sa vocation de citoyen céleste, on a fait du bien commun temporel quelque chose de prosaïque, quelque chose qui n'est au fond guère exigeant et dont on s'acquitte comme on s'acquitte de ces contraintes biologiques et malodorantes dans les cabinets d'aisance, et qui ne sauraient susciter une grande exaltation. Un tel état d'esprit, destructeur de toute ambition temporelle, ablatif de toute pugnacité conquérante, est producteur de force exclusivement réactive, alors que la meilleure défense — voire la seule qui soit véritablement efficace — est l'attaque. Cet état d'esprit mène donc inévitablement à la servitude, à la victoire des rivaux intérieurs ou extérieurs, et il finit de ce fait par sécréter une haine honteuse et inavouée du pouvoir de l'homme sur l'homme, c'est-à-dire de ce pouvoir que la référence catholique à l'ordre des choses interdit de condamner ; il faut « faire avec » ce pouvoir mais, afin de prévenir ses tendances congénitales aux débordements tyranniques, on est en demeure de le rendre inoffensif, ainsi de le diviser en autant de parties qu'il y aura des personnes, par là de l'affaiblir sans l'exténuer. Mais telle est bien l'idée démocratique, tout simplement. D'où la préférence des papes précédant de peu l'ère moderniste pour les démocraties dites tempérées, c'est-à-dire, en termes réalistes, pour les ploutocraties paternalistes saupoudrées de vertu et mouillées d'eau bénite. Le simple fait de la dichotomie, en la personne humaine, entre la formalité de citoyen terrestre et celle de citoyen céleste, conditionne déjà, sous des dehors de neutralité, une certaine conception de la vie terrestre, qui l'atrophie. On peut bien plaider en faveur du devoir de se subordonner au bien commun politique selon la formalité terrestre, au point de lui donner sa vie ; si la formalité céleste réduit le bien commun terrestre à un instrument aussi provisoire qu'il est onéreux, le sujet de ces deux formalités tendra invinciblement à réduire à peau de chagrin le service qu'il doit à la formalité terrestre.

Il n'est qu'une manière cohérente de soutenir la supériorité intrinsèque du bien commun sur le bien particulier, et de conserver à celui-là, en tant que politique le privilège du statut de cause finale ; c'est d'établir que — à la manière dont, analogiquement, un mobile est tout entier quoique non totalement dans chacun des moments intermédiaires de son mouvement — la *personne est tout entière quoique non totalement ordonnée au bien commun terrestre comme à sa* fin, *tout entière et totalement ordonnée au Souverain Bien qu'est la béatitude comme à sa fin* ultime.

Donc, pour conjurer la démocratie qui est toujours mauvaise en soi (ce qui est bon, ce sont certaines mesures démocratiques exercées à l'intérieur d'un régime non démocratique, effectivement mono-archique), il faut soutenir deux choses :

a) Le bien commun est non pas « primo et per se » la paix terrestre en vue de la moralité du citoyen de la cité céleste, mais il est d'abord *la réalisation en acte, à l'intérieur d'une communauté de destin expressive d'une manière paradigmatique (nationale) d'être homme, de toutes les virtualités saines de la nature humaine.* Et c'est en visant le bien commun ainsi conçu que l'on obtient l'ordre et la paix véritables, car dans cette perspective la société a la forme d'une « extra-position » de l'âme, d'une réalisation collective de l'essence ou nature humaine, de telle sorte que l'homme est « chez lui » dans la société ainsi hiérarchisée : la cité est un « homme en grand », l'homme s'inscrit dans l'extériorisation subsistante et communautaire de sa vie intérieure, ce qui produit deux bienfaits. D'une part, est conjurée en principe toute possibilité de désaccord entre la partie et le tout. D'autre part, la reconnaissance du caractère non politique (théorétique) de la fin ultime n'induit pas une castration des ambitions politiques, ainsi immanentes, de la vie humaine individuelle et collective. La cité ne remplit son office d'instrument (auquel elle ne se réduit pas) efficace au service de l'homme que si ce dernier vise le bien de la cité — à savoir le bien commun — comme sa fin, et s'y veut tout entier ordonné.

b) L'homme comme *personne* est *tout entier et non totalement ordonné à la cité comme à sa fin* ; la fin politique et la fin ultime ne procèdent pas d'une partition de l'homme en deux fins hétérogènes, mais exprime les deux moments obligés d'un même amour. Et cette disposition des choses suppose elle-même qu'il existe un désir naturel de Dieu, lequel n'implique pas — au rebours des aversions des théologiens catholiques réactionnaires — de manière nécessaire la thèse du Père de Lubac. Il convient alors, pour ne pas verser dans l'hérésie moderniste nourrie par le Père de Lubac, de définir un point de suture entre nature et surnature, capable d'assurer la fonction d'un principe de continuité (pour ne pas écarteler l'homme entre une fin immanente et une fin transcendante) qui soit en même temps principe de rupture entre les deux (afin de préserver l'absolue gratuité de la grâce et la possibilité théorique, que Dieu eût pu ratifier sans injustice, d'un état de pure nature). D'où l'intromission du concept de réflexion ontologique déjà convoqué pour penser rationnellement le bien commun :

Le bien commun du Politique — bien fini — ne peut être cherché et voulu tel un bien auquel on se rapporte, ayant ainsi raison de fin sans être fin ultime, que si le Souverain Bien souverainement commun se veut et se cherche en lui dont il fait ainsi une idéale anticipation de soi-même, avant la création du monde et d'un esprit fini. Cette formule ne signifie rien d'autre que celle, plus communément reçue, selon laquelle les perfections qui subsistent dans les créatures à l'état dispersé et fini surexistent, en s'infinitisant, à l'état d'unité dans la vie divine. Or si tous les degrés finis de bonté ont raison de moments intemporels du Bien absolu ou infini, c'est que ce Bien divin se révèle inclusif de sa propre altérité à soi, se faisant le résultat souverain d'une victoire sur toute finitude assumée. Le degré le plus humble de cette finitude, radicalisé en degré nul de bonté, a concomitamment raison d'extrême du bien fini *et* d'absence de bien : une perfection considérée dans le degré nul de sa mesure équivaut à la nullité ou négation de cette perfection ; le terme en lequel se radicalise toute finitude peut alors être considéré sans contradiction selon la double formalité de moment de la vie divine ou surnaturelle, *et* de détermination naturelle (« terminus a quo » de l'existence du créé), ainsi comme point de suture entre l'absolu et le relatif, non ablatif de la transcendance de l'absolu et de la contingence intrinsèque de la créature. Le mode d'existence du fini tel qu'il préexiste en Dieu n'est pas le mode d'existence de ce fini tel qu'il est en lui-même, comme créature ; mais le terme qui radicalise toute finitude, entendu comme néant de bonté, par là comme néant d'être, fait s'identifier les modes divin et créaturel d'exister du fait que rien ne fait se différencier, pris en lui-même, un néant d'un autre, fors le terme (infini ou fini) dont il est la néantisation.

TABLE DES MATIERES